T0209061

Sammlung Metzler
Band 214

Rolf Selbmann

Der deutsche Bildungsroman

2., überarbeitete und erweiterte Auflage

Verlag J. B. Metzler
Stuttgart · Weimar

Die Deutsche Bibliothek – CIP-Einheitsaufnahme

Selbmann, Rolf:
Der deutsche Bildungsroman / Rolf Selbmann. -
2., überarb. und erw. Aufl. -
Stuttgart ; Weimar : Metzler, 1994
(Sammlung Metzler ; M 214)

ISBN 978-3-476-12214-8
NE: GT

ISSN 0058-3667
ISBN 978-3-476-12214-8
ISBN 978-3-476-04101-2 (eBook)
DOI 10.1007/978-3-476-04101-2

SM 214

© 1994 Springer-Verlag GmbH Deutschland
Ursprünglich erschienen bei J. B. Metzlersche Verlagsbuchhandlung
und Carl Ernst Poeschel Verlag GmbH in Stuttgart 1994

EIN VERLAG DER SPEKTRUM FACHVERLAGE GMBH

Inhalt

Vorwort zur 2. Auflage

Seit dem Erscheinen der 1. Auflage vor 10 Jahren hat sich die Forschungslandschaft zum Thema »Bildungsroman« so sehr verändert, daß eine bloße Ergänzung des Bandes um neuere Literatur und gelegentliche Korrekturen überholter Einsichten nicht mehr genügen kann. Eine grundlegende Überarbeitung war angesagt. Zudem hat der damals vorgelegte Versuch einer systematischen Gattungsbestimmung des Bildungsromans sowohl Zustimmung als auch Widerspruch hervorgerufen, wobei vor allem letzterer nötigt, Mißverständliches zu verdeutlichen, etliches neu zu überdenken und offensichtlich Falsches zurückzunehmen. An der Ausgangsthese freilich, daß Begriff und Gattung des Bildungsromans nichts weniger als geklärt sind, daß die Geschichtlichkeit der Gattung (und ihrer Interpretation) noch verstellt ist und daß deshalb sowohl die Gattungsgeschichte als auch die ihr zugrundeliegenden Texte einer Ideologisierung zur schlechthin deutschen Romanform unterliegen, hat sich nichts geändert.

Der Aufbau des Bandes bleibt, abgesehen von geringfügigen Modifizierungen, bestehen, weil er sich bewährt hat. Die als 2. Auflage vorgelegte Neufassung bemüht sich außerdem um eine noch deutlichere Systematisierung und stärkere Zuspitzung, auch auf die Gefahr hin, es nicht allen recht zu machen. Einige Rezensenten der 1. Auflage haben die Anzahl der den einzelnen Romanen gewidmeten Seiten ausgezählt und bemängelt, daß dabei bedeutende Bildungsromane im Vergleich zu anderen, eher am Rand der Gattung angesiedelten Texten zu kurz kämen. Genau dies war jedoch beabsichtigt und wird daher noch verschärft, da es nicht darauf ankommt, die Texte zu »würdigen« oder nach dem Grad ihrer Übereinstimmung mit irgendeiner Bildungsroman-Definition zu prüfen, sondern ihre jeweils ganz eigene, oftmals verzwickte oder gebrochene Auseinandersetzung mit dem Komplex »Bildung« darzustellen. Allerdings wird nunmehr der Ausblick auf den Bildungsroman der Gegenwart stärker akzentuiert und sein Textkorpus erweitert, ohne auch diesmal der Illusion zu verfallen, alle Bildungsromane »behandeln« zu können.

Der damals angekündigte und fertiggestellte Sammelband, der die wichtigsten älteren und zum Teil an entlegenen Stellen publizierten Aufsätze zum Bildungsroman enthält, ist mittlerweile erschienen

(Zur Geschichte des deutschen Bildungsromans. Darmstadt 1988. Wege der Forschung 640).

München, im September 1993   R. S.

Abkürzungen
der fortlaufend im Text zitierten Romane

A   Christoph Martin Wieland: Geschichte des Agathon. Vollständige Ausgabe. Hrsg. von Friedrich Beißner. München 1983.

Ab   Johannes R. Becher: Abschied. Roman. Berlin und Weimar 1981.

AuG   Freiherr Joseph von Eichendorff: Sämtliche Werke. Hist.-Krit. Ausgabe hrsg. von Wilhelm Kosch und August Sauer. Regensburg o. J. Band 3: Ahnung und Gegenwart.

AR   Karl Philipp Moritz: Anton Reiser. Ein psychologischer Roman. Mit Textvarianten, Erläuterungen und einem Nachwort hrsg. von Wolfgang Martens. Stuttgart 1972.

B   Günter Grass: Die Blechtrommel. Roman. Hamburg und Zürich 1988.

BA   Peter Handke: Der kurze Brief zum langen Abschied. Frankfurt 1981 (= suhrkamp taschenbuch 172).

E   Karl Immermann. Die Epigonen. Familienroman in neun Büchern 1823–1835. (= Werke in 5 Bänden hrsg. von Benno von Wiese. 2. Band. Frankfurt 1971).

gH   Gottfried Keller: Sämtliche Werke und ausgewählte Briefe. Hrsg. von Clemens Heselhaus. München 1968. Band 1: Der grüne Heinrich.

H   Friedrich Hölderlin: Sämtliche Werke. Hist.-Krit. Ausgabe hrsg. von D. E. Sattler. (= Frankfurter Ausgabe). Band 10 und 11: Hyperion. Frankfurt 1982.

J   Botho Strauß: Der junge Mann. Roman. München 1987. (= dtv 10774).

K   Friedrich Hegrad: Komischer Roman. 2 Theile. Leipzig und Wien 1786.

L   Johann Wolfgang von Goethe: Werke. Berliner Ausgabe. Berlin 1970. Band 10: Wilhelm Meisters Lehrjahre.

M   E. T. A. Hoffmann: Die Elixiere des Teufels/Lebens-Ansichten des Katers Murr. München 1969. (= Werke in Einzelausgaben 2).

ME   Robert Musil: Gesammelte Werke in neun Bänden hrsg. von Adolf Frisé. Reinbek 1978. Band 1–5: Der Mann ohne Eigenschaften.

N	Eduard Mörike: Maler Nolten. Novelle. Hrsg. von Herbert Meyer. Stuttgart 1967. (= Hist.-Krit. Gesamtausgabe 3).
Ns	Adalbert Stifter: Der Nachsommer. Eine Erzählung. Hrsg. von Max Stefl. Augsburg 1954. (= Ausgabe in Einzelbänden 7).
O	Novalis: Werke, Tagebücher und Briefe Friedrich von Hardenbergs. Hrsg. von Hans-Joachim Mähl und Richard Samuel. München 1971. Band 1: Das dichterische Werk, Tagebücher und Briefe [Heinrich von Ofterdingen].
PC	Adolph Freiherr Knigge: Geschichte Peter Clausens. Zweyte, von dem Verfasser verbesserte Auflage. Frankfurt 1794. Reprint Frankfurt 1971.
RH	Wilhelm Raabe: Romane und Erzählungen in 4 Bänden. Hrsg. von Karl Hoppe. Berlin und Darmstadt 1955. Band 2: Der Hungerpastor.
RS	Wilhelm Raabe: Romane und Erzählungen in 4 Bänden. Hrsg. von Karl Hoppe. Berlin und Darmstadt 1955. Band 3: Der Schüdderump.
S	Gustav Freytag: Soll und Haben. Roman. München 1976.
Sch	Johann Gottlieb Schummel: Empfindsame Reisen durch Deutschland. 3 Theile. Wittenberg und Zerbst 1771–1773.
St	Wilhelm Raabe: Romane und Erzählungen in 4 Bänden. Hrsg. von Karl Hoppe. Berlin und Darmstadt 1955. Band 4: Stopfkuchen.
T	Jean Paul: Werke in 12 Bänden. Hrsg. von Norbert Miller. München 1975. Band 5 und 6: Titan.
Tm	Ludwig Tieck: Werke in 4 Bänden. Hrsg. von Marianne Thalmann. Darmstadt 1975. Band 3: Romane [Der junge Tischlermeister].
W	Johann Carl Wezel: Herrmann und Ulrike. Ein komischer Roman in vier Bänden. Leipzig 1780. Reprint Stuttgart 1971. (= Deutsche Neudrucke. Reihe Texte des 18. Jahrhunderts).
Z	Thomas Mann: Der Zauberberg. Roman. Frankfurt 1967.

1. Wandlungen des Bildungsbegriffs

Der Begriff »Bildung« ist ein unübersetzbares Wort, die Sache nicht. Speicherung, Systematisierung und Weitergabe kultureller Identität wirken zweifellos als anthropologische Grundkonstanten zur Abgrenzung einer Kulturgemeinschaft gegen Fremdes und als Medium kollektiver Selbstfindung. Griech. »paideia«, lat. »humanitas«, differenzierte die eigene Sozialgemeinschaft gegenüber den Barbaren durch Sprachverfügung, Schriftgebrauch und gemeinsame Geschichte. Das christliche Mittelalter füllte die Denkform neu, indem es eine eigene Begrifflichkeit entwickelte. »Bildung« (ahd. bildunga, mhd. bildunge) umschrieb ursprünglich eine Wertaura, die »Bild«, »Abbild« und »Ebenbild« (imago) bedeutete, aber auch »Nachbildung« (imitatio), »Gestalt« (forma) und »Gestaltung« (formatio). Immer stand eine vorbildhaft gemeinte Gottesbildlichkeit, nach der der Mensch ausgeprägt werden sollte, im Zentrum. Im Rahmen der spätmittelalterlichen Mystik wurde Bildung zum Schlüsselbegriff einer Imago-Dei-Theorie im Umkreis Meister Eckharts. In seiner leicht abgewandelten Bedeutung als »transformatio« zielte der Begriff auf die Wiedergewinnung des verlorenen paradiesischen Unschuldszustands, meinte also sowohl Umgestaltung des mit der Erbsünde belasteten Menschen als auch »Überbildung«, Neueinprägung des göttlichen Bildes.

Spätestens seit der Mitte des 18. Jahrhunderts beginnt die Säkularisierung dieses bislang ausschließlich theologischen Begriffs. Bildung umschreibt nicht mehr bloß die Wirkung Gottes auf die Menschen, sondern umfaßt auch eine der Natur immanente Kraft. Im Zuge dieser pietistischen Säkularisierung läßt sich ein umfassender Begriffswandel beobachten, der zur Verinnerlichung und Individualisierung von Bildung führt und sowohl die Ablösung des Begriffs aus der Schriftlichkeit der Bildungsinstitutionen als auch die Infragestellung heilsgeschichtlich vorgegebener Bildungsziele in Angriff nimmt. Statt dessen wird nun ihr potentiell in die Zukunft offener Prozeßcharakter betont. Bildung, zum Synonym für »Erziehung« oder »Entwicklung« geworden, streift als »Selbstbildung« eines eigenverantwortlichen Individuums die Denkschablone des erduldeten Geprägtwerdens ab. An ihre Stelle tritt das Bild vom Samenkorn, dem zwar der (genetische) Rahmen seiner Entfaltung vorgezeichnet ist, das aber dennoch eine individuelle Gestalt entwickeln kann.

Bedeutete für die Aufklärungszeit »Bildung« die Ausbildung der rationalen Fähigkeiten des Menschen (z.B. J. G. Sulzer 1745: »Bildung des Verstandes und des Urteils«), so erhält der Begriff bei Johann Gottfried Herder weitere Bedeutungsvertiefungen. Durch die Betonung der Individualität des Bildungssubjekts und der Zielgerichtetheit des Bildungsprozesses weitet sich der Begriff aus. »Bildung« kann auch lebendiges Wirken des Lehrenden und Aktivität des Sich-Bildenden, und zwar einzelner Menschen wie ganzer Völker (»Bildung des Nationalcharakters«) umfassen. Dieser nun sog. humanitätsphilosophische Bildungsbegriff, der seine nationalen und sogar politischen Konnotationen niemals ganz ablegt (»politische Bildung«, allerdings selten), sucht zwischen der »Anbildung« äußerer Einflüsse und der »Ausbildung« innerer Anlagen für den sich Bildenden einen Ausgleich.

Die Naturwissenschaften des 18. Jahrhunderts steuern die botanisch-morphologische Begrifflichkeit bei (vgl. Johann Friedrich Blumenbach, *Über den Bildungstrieb und das Zeugungsgeschäft*. Göttingen 1781). Im Bild der sich aus einem Keim organisch entwikkelnden Pflanze ist die göttliche Leitung bzw. die religiöse Teleologie des Bildungsprozesses so gut wie getilgt; genau hier erhebt sich die Frage nach der Willensfreiheit und der Autonomie des Bildungssubjekts. Entsprechend fächerte sich der Bildungsbegriff auf. Die sog. Präformationslehre erklärt Bildung als Vergrößerung und Fortentwicklung schon vorhandener Teile, die sog. Epigenesislehre nimmt eine Entwicklung durch Neubildung aus Anlage und Umwelteinflüssen an. Während »Entwicklung« demnach die Entfaltung einer schon fertig angelegten Gestalt beschreibt, »Erziehung« andererseits die Umgestaltung nach vorgefaßten Prinzipien bedeutet, meint Bildung eine »allgemeine Formierung« angelegter Kräfte an den zufälligen, d.h. nicht göttlich und menschlich vorausgeordneten Wirkungsmechanismen der Umwelt. Die Eigentümlichkeit der Anlagen bleibt bei dieser Art der Entfaltung bewahrt; alle Anlagen sollen gleichwertig, gleichberechtigt und gleichzeitig ausgebildet werden.

Mit diesem nun offenen Ende des Bildungsprozesses ging ein umfassender Wandel des Menschenbilds einher. Für die deutsche Klassik stieg der Bildungsbegriff zur zentralen Kategorie ihres Weltdeutungsmodells auf, durch sie wurde der Bildungsbegriff in drei wesentlichen Aspekten erweitert: Die Vorbildhaftigkeit der Antike (Winckelmann), die Verbindung mit Metamorphosevorstellungen (Goethe) und als ästhetisches gegenrevolutionäres Erziehungskonzept (Schiller). Spätestens seit Johann Joachim Winckelmann gilt die Nachahmung der antiken Kunst als unverzichtbares Element jedes erfolgreichen Bildungswegs. Die Vorstellung, in der Antike habe die Menschheit ihre bisher höchste Bildungsstufe erreicht, gibt der darauf fußenden Bildungsidee der Klassik einen sowohl rückwärtsgewandten als auch ideal-utopischen Charakter. Goethes Bildungskonzept betonte besonders die Ganzheits- und Harmonievorstellungen im Zusammenhang mit »Bildung«. Indem er seine eigene Bildung wie auch die eigene Person so unerhört wichtig nimmt, verlegt er das Schwergewicht vom Bildungsziel auf die einzelnen, schon durchschrittenen oder noch zu durchschreitenden Stufen der Bildung. In Verbindung mit den breiter ausgeführten Metamorphosevorstellungen entwickelt sich eine Analogie: Bildung als naturgesetzlicher, organischer Reifevorgang und als pädagogisches Prinzip. Schillers Briefe *Über die ästhetische Erziehung des Menschen* (1795) verknüpfen dann die Bildung unmittelbar mit den politischen Ereignissen der Zeit. Die hohen Erwartungen auf grundsätzliche Veränderungen der alten Welt reiben sich schmerzlich an den realen Erfahrungen mit der Französischen Revolution und ihren Auswirkungen.

Mit Wilhelm von Humboldt gewinnt solches Denken seinen Höhepunkt: Bildung kann schließlich sowohl Ausbildung und Anbildung als auch Entfaltung und Assimilation bedeuten. Im Umfeld eines so ausgefächerten Begriffs entwickeln sich erste Ansätze eines Bildungsskeptizismus, der sich im Verlauf des 19. Jahrhunderts zum Bildungspessimismus steigern wird. Noch Herder war es gelungen, den Bildungsprozeß als gesellschaftlichen Vorgang mit dem Bildungsziel als individuell erstrebtem Zustand zu verbinden: Sozialisation als Personalisation. Humboldt hingegen sah die »Diskrepanz zwischen der klassisch-idealistisch-neuhumanistischen Bildungskonzeption« und der »bürgerlichen Standes- und Berufsbildung, wie sie die utilitaristische Staatspädagogik des aufgeklärten Absolutismus vorsah« (Vierhaus 519). Während die Aufklärungspädagogik (etwa im sog. Philanthropismus) noch an eine allgemeine Bildung und Bildsamkeit der Menschheit glaubte, rückte Humboldt den individuellen Bildungsprozeß immer stärker in die Nähe eines Ideals; Bildung wurde weiter verinnerlicht und zur Wunschvorstellung, die Kluft zwischen Naturzustand und Zivilisation zu überbrükken:

»etwas zugleich Höheres und mehr Innerliches, nämlich die Sinnesart, die sich aus der Erkenntnis und dem Gefühle des gesamten geistigen und sittlichen Strebens harmonisch auf die Empfindung und den Charakter ergießt.« (Humboldt, zit. nach: Assmann 25)

Bis um 1800 hatte der Bildungsbegriff seine ursprüngliche Bedeutungsvielfalt aufgegeben, zugleich aber neue Dimensionen im Bereich politisch-moralischer Vorstellungen hinzugewonnen. Dies geschah zumeist über deren Negation, wie am Beispiel von Schillers Bildungskonzept zu sehen ist, das als Reaktion auf die ersten Phasen der Revolution entworfen war, sozialen Veränderungen als Voraussetzung der Bildungsprozesse eine Absage erteilte und statt dessen einen Bewußtseinswandel des Einzelnen zur Grundlage jeder künftigen Gesellschaftsentwicklung erklärte. Hieraus erwuchs ein antirevolutionäres Bildungsverständnis, hier wurde die Bildungsidee der Aufklärung zum Kampfbegriff gegen jede soziale Veränderung umgebogen und zur Verhinderung unerwünschter politischer Entwicklungen benutzt.

Bevor Bildung endgültig zum Etikett gesellschaftlichen Ranges und zum Kennzeichen der Zugehörigkeit zu den »gebildeten Ständen« verkam, differenzierte sie sich in doppelter Weise weiter aus. Einerseits tilgte die nun beginnende Historisierung den noch aufgeklärten zielgerichteten Fortschrittsimpetus innerhalb des Bildungsprozesses; Bildung konnte jetzt als Bewahrung und Traditionsvermittlung gegen die fortschreitende Zeit angesehen werden. Zum anderen kamen Normierungsversuche auf, wie sie etwa Friedrich Immanuel Niethammer mit seinem Projekt eines *Nationalbuches als Grundlage der allgemeinen Bildung der Nation* (1808) vortrug (und für das sich auch Goethe interessierte). Dabei ging es, gerade weil der Verlust des Sinngehalts von Bildung offenkundig geworden war, um die Vorgabe eines verbindlichen Bildungskanons. In ihrer inflationären Form, nämlich als humanistisches Schulwissen, zeichnet sich diese Art von Bildung demonstrativ durch ihre Unbrauchbarkeit für die Alltagsgeschäfte aus. Dadurch funktioniert sie aber als Luxusgut und als Ausweis für einen höheren gesellschaftlichen Status. Diese höhere, zweckfreie Bildung zeigt bald ein Doppelgesicht. Einerseits postuliert sie ihre Privatisierung mit der Behauptung, das rundherum freie Individuum auszubilden, andererseits versteht sie sich immer auch als »Nationalbildung« (Fichte) im Dienst eines Staates, der seine nationale Identität im Geistigen suchte, weil ihm die erstrebte Nationalstaatsbildung (noch) verschlossen war. Die preußischen Reformen sahen den Bildungsstand des Einzelnen und den Staatswohlstand in direkter Relation. Die Verfügung über Bildung beschreibt seither die Nähe oder die Ferne zur Staatsmacht.

Die Verstaatlichung der Bildung zum gymnasialen Schulsystem diente dem besitzenden Bürgertum als Ferment der Zusammengehörigkeit, als Abgrenzung gegen untere Schichten und zur Gleichstellung mit dem Adel. Das (humanistische) Gymnasium betrieb Sozialisation vorwiegend durch Traditionsvermittlung und die Betonung des Gestrigen als Idealmodell für das Zukünftige. Der gesellschaftliche und ökonomische Fortschritt war ausgeschlossen. Für die übrigen Bürger entstand neben dem humanistischen Gymnasium die »Bürgerschule«, neben der Universität die »Technische Hochschule«, zu der die »Realschule« den Zugang ermöglichte, ohne daß man von den klassischen Bildungsgütern genossen haben mußte. Die technisch-naturwissenschaftliche Bildung behielt bis ins 20. Jahrhundert hinein den Geruch des Zweitrangigen. Dieser Wandel des ehemals fortschrittlichen Bildungsprinzips zur rigiden Klassenabschottung erscheint um so erstaunlicher, als die rapiden Veränderungen der Gesellschaft in der Folge der Industrialisierung eigentlich ganz andere Anforderungen stellten als die Kenntnis alter Sprachen.

Die (staatlich geförderte) Differenzierung von Elementar-, Berufs- und höherer Bildung forcierte zugleich die Veränderung der Bildungsinhalte. Die Selektion an den Kriterien des zeitlos Gültigen und Lebensfernen führte zur Kanonisierung des »Klassischen« und dessen weiterer Reduktion zum Bildungszitat als Nachweis eigener Zugehörigkeit. Georg Büchmanns *Geflügelte Worte* (zuerst 1864) strichen den »Citatenschatz des deutschen Volkes« zu Schnitzeln der Halbbildung zusammen, so daß diese als banale Verhunzungen des kategorischen Imperativs zu benutzen waren. Bildung wird zum Besitz, den man leichthin erwerben kann, der Privilegien und Prestige verschafft, und den man deshalb offensiv zu verteidigen hat. Indem die Besitzenden die unteren Schichten am Zugang zur höheren Bildung hindern, entsteht dem Bildungsbesitz sein Gegenstück: die Kombination von Mittellosigkeit und Ungebildetheit als Kennzeichen des Proletariats. Das sich seit der Mitte des 19. Jahrhunderts politisch organisierende Proletariat strebte deshalb danach, die »bürgerliche Bildung« nicht nur als »Klassenbildung« (Marx) zu entlarven, sondern sie auch in sog. »Arbeiterbildungsvereinen« gleichsam nachzuholen. Dieser Bildungsoptimismus der stärker reformerisch ausgerichteten Arbeiterschaft – »Bildung macht frei« – spornte freilich eher dazu an, bildungsbürgerliche Vorstellungen zu imitieren als eigene Formen klassenspezifischer Bildung zu entwickeln.

Zur gleichen Zeit kommt eine radikale kulturpessimistische Bildungskritik auf, die den »Bildungsphilister« (Nietzsche) verhöhnt und nach einer fundamentalen Umwertung aller Bildungsvorstellungen ruft. Auf der einen Seite erwuchsen daraus elitäre Bildungsvorstellungen, die die Mehrheit des Volkes auf eine bloß elementare Erziehung beschränken und aus dem eigenen Bildungsvorsprung einen politischen und moralischen Führungsanspruch ableiten wollten. Die konsequente Fortführung solcher Anschauungen reichte bis hin zur Diffamierung intellektueller Bildung zu Lasten echter Gesinnung und Körperertüchtigung im Nationalsozialismus. Auf der anderen Seite standen Versuche, die naturwissenschaftlich-technische Entwicklung in den Bildungsbegriff aufzunehmen. Hier knüpfte, nach dem Zusammenbruch der traditionellen Bildungswerte im Ersten Weltkrieg, der stärker gesellschaftlich ausgerichtete Bildungsbegriff der Weimarer Republik an.

Während nach 1945 die DDR erfolglos versuchte, den alten Zusammenhang von Bildung und Arbeiterbewegung zu bewahren, belebte sich in den ersten restaurativen Jahrzehnten der Bundesrepublik die Erinnerung an den neuhumanistischen Bildungsbegriff. Erst in den 60er Jahren begann eine grundlegende Neudiskussion um das »Bürgerrecht auf Bildung« (Dahrendorf), um die Ausschöpfung von »Bildungsreserven« als gesellschaftliche Ressourcen und um die »emanzipatorische Bildung« als aktuellem Bildungsziel. In der Gegenwart ist Bildung keine zentrale Kategorie öffentlicher Auseinandersetzung und nationaler Identitätsfindung mehr. Wer heute »Bildung« gleichsam pur, ohne abfedernde begriffliche Ergänzung in den Mund nimmt, gibt sich als Gestriger zu erkennen oder gerät zumindest in Legitimationsbedrängnis.

2. Der Begriff »Bildungsroman«

2.1 Historische Bestimmungen.
Von Blanckenburg bis Hegel

Einen Bildungsroman beschreibt, auch wenn er ihn noch nicht so benennt, zum erstenmal Friedrich von Blanckenburg mit seinem »Versuch über den Roman« von 1774. Zwar kennt Blanckenburg den Begriff des Bildungsromans noch nicht, kommt ihm aber mit seinen Bestimmungen für den normalen Roman sehr nahe, wenn er die »innre Geschichte« eines Helden, nicht die Darstellung äußerer Handlungsabläufe als »das Wesentliche und Eigenthümliche eines Romans« festsetzt (Blanckenburg 392). Man hat darauf hingewiesen, daß diese Bestimmungen Blanckenburgs für einen psychologisch argumentierenden, biographisch ausgerichteten Roman nichts weniger als neu sind, sondern zum größten Teil an Wielands *Geschichte des Agathon* (1. Fassung 1766/67) gewonnen wurden (Wölfel, Lämmert). Da für Blanckenburg als der »festgesetzte Zweck« jedes Romans »die *Ausbildung,* die *Formung* des Charakters« eines Helden gilt (321), wird in der Tat eine Art Bildungsroman zur Norm der Romanpoetik erhoben.

Zu bedenken ist allerdings, daß Blanckenburg einen Roman beschreibt, der noch gar nicht existiert, sondern eine idealtypische Konstruktion darstellt. Blanckenburg bindet deshalb seine Legitimation dieser noch verachteten Gattung an die traditionell als höchste Schreibweise eingestufte Dramatik. In »gattungstheoretischer Parallelisierung« (Voßkamp 145) versuchen Roman und Romantheorie, den Aufstieg des neuen bürgerlichen Dramas mitzumachen. In beiden Schreibweisen sind Vorgang wie Ausgangspunkt nahezu identisch. Die soziologische Begründung liegt auf der Hand: der Aufstieg des Bürgertums verlangt nach ›bürgerlichen‹ literarischen Gattungen, die eine gleichgerichtete Opposition gegen Staatsroman und Staatsaktion aufbauen. Sowohl der nichtheroische Roman als auch das bürgerliche Trauerspiel zielen auf die gleichen bürgerlichen Wertvorstellungen ihrer bürgerlichen Leser und Zuschauer. Sowohl der Romanaufstieg als auch die Dramenentwicklung sind daher nur möglich auf dem Hintergrund einer Verbreiterung des lesenden wie des zuschauenden Publikums, eines Mittelstandes der sog. Gebildeten. Dieses gebildete bürgerliche Individuum begreift sich als Mensch schlechthin, nicht mehr als Standesperson. Denn das Kennzeichen seiner Zugehörigkeit zur Schicht privilegierter Leser und Zuschauer ist nicht länger die endgültig festgeschriebene geburtsständische Position, sondern ein entwicklungsfähiger und -bedürftiger Status, der vom Bildungsstand und gemeinsamen politischen Gesinnungen bestimmt wird.

Natürlich nimmt Blanckenburg seine Maßstäbe aus der konventionellen Romandiskussion. Dadurch, daß sein »Versuch« wenige Monate vor Goethes *Werther* erscheint (Lämmert 543), kann Blanckenburg auch kaum Beispiele aus der deutschen Romanproduktion anführen. Neben Fieldings *Tom Jones* und den Romanen Richardsons ist es allein Wielands 1766/67 erschienene *Geschichte des Agathon*, auf die sich Blanckenburg berufen kann. Diese wird ihm dann allerdings zum Muster der Gattung: »Solche Romane aber haben wir vielleicht nicht mehr, als zwey oder drey; – vielleicht gar nur einen.« (Blanckenburg, Vorbericht VII).

Da Blanckenburg sein Modell gegen die poetologische Verachtung des Romans konzipiert, betont er gerade diejenigen Strukturzüge besonders auffällig, die den Kunstcharakter des Romans unterstützen. Gegen den Vorwurf des bloß Romanhaften und Pikaresken, also des Kunst- und Planlosen der Romanschreiberei hat Blanckenburg die Gattungsdefinition als *Idealtypus* entworfen. Zum zweiten orientiert er sich für die Kennzeichnung der Romanstruktur an den Regeln des schon angesehenen Dramas, wie seine Verwendung des Begriffs der »Scene« belegt (Blanckenburg 327: »Diese Scene ist fürs Ganze des Werks so nothwendig, als irgend eine.«). Als dritte Beobachtung ist festzuhalten, daß Blanckenburg mit seiner Forderung nach einer »inneren Geschichte« eines *Einzelhelden* gegen die Schauplatz- und Figurenfülle des Abenteuerromans angeht und damit dem einsträngig um die Entwicklungsgeschichte eines Helden zentrierten Roman Bahn bricht, der dann im 19. Jahrhundert zur Normalform werden sollte. Aus dem Geist des 18. Jahrhunderts ortet Blanckenburg allerdings noch keinen feindlichen Gegensatz des Helden zu der ihn beeinflussenden Umwelt, wie dies später Hegel tun wird. Mit seiner Bestimmung: »Der Dichter soll die Empfindungen des Menschen bilden« (Blanckenburg 435) rückt Blanckenburg viertens einen *didaktisch-moralischen Nutzen*, dessen Fehlen der Gattung bislang immer unterstellt worden war (vgl. Gotthart Heidegger, *Mythoscopia Romantica oder Discours von den so benannten Romans,* 1698), in den Blick: nicht nur der Held, auch der Leser des Romans soll gebildet werden! Dies setzt aber stillschweigend den schon gebildeten Autor/Erzähler voraus, der seine eigene

Bildungsgeschichte als Erzählintention einfließen läßt. Insofern kann man davon sprechen, daß Blanckenburg mit seiner Definition den Bildungsroman entwirft, indem er den herkömmlichen Roman verinnerlicht, didaktisiert und ästhetisch aufwertet. Die Wirksamkeit von Blanckenburgs Position im 18. und 19. Jahrhundert war jedoch gering, sein *Versuch* ohne große Resonanz (Lämmert 575).

Der Dorpater Ästhetikprofessor Karl Morgenstern (1770–1852) wäre heute wohl vollständig vergessen, hätte er nicht dem Bildungsroman den Namen gegeben. Fritz Martini hat eingängig dargestellt, welchen Wandel der Bildungsromanbegriff schon bei Morgenstern selbst durchmacht. Das beginnt mit der verspäteten Rezeption Blanckenburgs und der Begriffserfindung 1803 im Bewußtsein, einen neuen Terminus zu schaffen (»mit einem, meines Wissens bisher nicht üblichen Worte« – Morgenstern, Über das Wesen... 47) bis zur selbstbewußten Einordnung der eigenen Begriffsschöpfung in die Literaturgeschichte (»Begriff des *Bildungsromans,* als der vornehmsten und das Wesen des Romans im Gegensatz zum Epos am tiefsten erfassenden besondern Art«, ebd. 61). Mit seiner universalen Begriffserweiterung macht Morgenstern seine Begriffsprägung dann allerdings selbst zur Leerformel, wenn er behauptet, jeder gute Roman sei im Grunde ein Bildungsroman.

Mit der mangelnden Breitenwirkung dieser Begriffsprägung – Morgensterns drei Vorträge sind an sehr entlegenen Stellen publiziert – muß auch die geringe Originalität der inhaltlichen Bestimmung des Bildungsromans gesehen werden. Bei Karl Wilhelm Ferdinand Solger, Friedrich Schleiermacher oder Karl Rosenkranz bis hin zu Lexikonartikeln der Zeit gilt die »individuelle Bildungsgeschichte« (Brockhaus 4. Aufl. 1817, Artikel »Roman«) als die wünschenswerte Normalform jedes Romans. Diese Hintergründe sind mitzudenken, wenn man Morgensterns Abhandlungen genauer untersucht. Im ersten seiner drei Vorträge präsentiert Morgenstern unter dem Titel »Über den Geist und Zusammenhang einer Reihe philosophischer Romane« die gesamte deutsche Romanproduktion des 18. Jahrhunderts als philosophische Romane. Der Begriff Bildungsroman fällt am Rande der Abhandlung eher beiläufig mit dem Hinweis auf Blanckenburg:

»Schon im J. 1803 entwarf der Verf. dieses Fragments den Plan einer Schrift: *Ueber Bildungsromane,* der, nach seiner Idee ausgeführt, ein Gegenstück zu *Blanckenburg's,* ihm damals nur dem Titel nach bekannten, *Versuche über den Roman,* geworden seyn würde.« (Morgenstern, Über den Geist... 194, Fußnote).

Die Begriffe Bildungsroman und philosophischer Roman meinen

dasselbe (ebd. 194: »der *philosophischen* oder überhaupt der *Bildungsromane*«). Seine noch recht vage Begriffsbestimmung gewinnt Morgenstern – und das mag überraschen – nicht etwa an Goethes *Wilhelm Meister*, sondern an den Romanen Friedrich Maximilian Klingers! Aber auch dessen Romane werden eher beiläufig behandelt. Wichtiger ist Morgenstern die reale Person des Dichters, oder besser: die höhere Identität von Dichterbiographie und Heldenfigur der Romane. Mit der These: »Der wahre Dichter ist ohne den wahren Menschen ein Unding« (ebd. 188) verschiebt Morgenstern das Augenmerk vom Werk auf den Verfasser. Als »Spiegel des ganzen Menschen« (ebd. 183) vermittelt der Autor im Roman »die Geschichte seiner eignen Bildung und Vollendung« (ebd. 193). An seinem Roman soll und kann man die »Bearbeitung, Fortbildung, Umbildung ihrer [= der Autoren] selbst als *Schriftsteller*« beobachten (ebd. 183) und in den Heldenfiguren abgespiegelt sehen. So fällt Morgenstern die verallgemeinerbare »beobachtungswürdige Erscheinung« bei Wieland, Goethe, Schiller und Klinger auf: daß diese nämlich »die Laufbahn ihrer Bildung vor den Augen des Publicums mit sehr wesentlichen Verschiedenheiten ihrer Art und Kunst, und jeder mit eigenthümlich bezeichneten Fortschritten, zurücklegten« (ebd. 182). Dieser literarische Exhibitionismus in der Darstellung des eigenen Bildungsprozesses scheint der Angelpunkt zu sein, an dem Morgenstern seinen Bildungsroman-Begriff festmacht. An der »Bildungsgeschichte« Klingers verdeutlicht er exemplarisch den Idealfall eines Bildungsprozesses, der zum Bildungsroman führt. Ohne den (Goetheschen ?) Begriff der Stufe zu verwenden, werden dennoch vier repräsentative Etappen (»vier Umstände«) angesetzt, denen Morgenstern entscheidende Bedeutung für Klingers Bildungsgang zumißt: »sein Studium französischer Schriftsteller; sein Lesen der Alten; seine Reisen; sein vieljähriges Leben in der Hauptstadt des größten nordischen Reiches« (ebd. 184). Neben dieser Stufenanalogie findet sich hier schon die dann bei Hegel und Dilthey verschärfte Entgegensetzung von dichterischer Innenwelt (»die Welt, die der Edle im reinen, weiten Herzen trägt«) und Realität (»eine andere, die wirkliche Welt« ebd. 181). Wenn für Morgenstern Klingers Romane diejenigen Goethes und Wielands überragen, dann durch Eigenschaften, die überraschen mögen, weil darin auf Zeitgeschichte und Politik der Gegenwart verwiesen wird, an denen sich Morgensterns Bildungsroman-Begriff offenbar orientiert:

»Bey allen nicht genug zu preisenden Schönheiten dieser Werke scheint den am meisten mit Liebe behandelten Helden dieser Bildungsromane doch etwas sehr Wesentliches zu fehlen, wodurch sie wenigstens für Jugendbildung weniger fruchtbar werden: *hohe moralische Kraft, durchgreifender männlicher Charakter.* [...] nicht bloß Romanhelden, sondern Helden: Männer. Wahrlich, wir leben in einer Zeit, wo Europa der Männer bedarf.« (ebd. 195)

Mit seinem 1819 gehaltenen, 1820 in zwei Teilen gedruckten Vortrag »Ueber das Wesen des Bildungsromans« macht Morgenstern einen entscheidenden Schritt in Richtung auf eine systematische Klassifizierung der Gattung. Den Anstoß gibt die (historische) Einsicht, daß die bloße Adaption von Blanckenburgs *Versuch* »jetzt nicht ausreichen« würde (47). Daß Morgenstern im Bewußtsein eines romantheoretischen Neuansatzes vorgeht, zeigt die bescheiden-selbstbewußte Einführung des Bildungsroman-Begriffs als einer eigenständigen Neuprägung, »die mir mit einem, meines Wissens bisher nicht üblichen Worte, *Bildungsroman* zu nennen erlaubt sey.« (ebd. 47). Die Bestimmungen dieses neu zu definierenden Romans im Kontrast zwischen Epos und Drama bleiben indes konventionell und gehen nicht über Blanckenburg hinaus. An Morgensterns Bildungsroman-Definition, bei der er übrigens den Begriff der »Bildungsgeschichte« wieder aufnimmt, sollte man die Zweiteilung in einen stofflich motivierten, stufig aufgebauten Bildungsweg des Helden und in einen Bildungsprozeß des Lesers nicht übersehen. Hier wäre – dies als Vorgriff – bei der Unterscheidung zwischen Bildungsroman und Entwicklungsroman vielleicht anzusetzen:

»*Bildungsroman* wird er heißen dürfen, erstens und vorzüglich wegen seines Stoffs, weil er des Helden Bildung in ihrem Anfang und Fortgang bis zu einer gewissen Stufe der Vollendung darstellt; zweytens aber auch, weil er gerade durch diese Darstellung des Lesers Bildung, in weiterm Umfange als jede andere Art des Romans, fördert.« (ebd. 13)

Die Abgrenzung gegen den didaktischen Roman der Aufklärung leistet Morgenstern nur flüchtig (»nichts Didaktisches«); sie bezieht sich, wie auch die weitere Differenzierung von philosphischem Roman, Kunstroman und allgemeinem Bildungsroman, auf die klassische Bildungskonzeption einer harmonisch gedachten, allgemein menschlichen Bildung. An dieser Stelle wird dann doch Goethes *Wilhelm Meister* zum Paradigma der Gattung, zum »vorzüglichsten seiner Art, aus unserer Zeit für unsere Zeit« (ebd. 25).

Man hat deutlich gemacht, daß Morgensterns Überlegungen zum Bildungsroman nicht bloß den mittlerweile zum Gemeingut gewordenen Bildungsgedanken der Aufklärung verpflichtet sind, sondern als Teil einer gelebten Bildungsidee gelesen werden müssen (Martini). Veröffentlichungsart, Anlaß, Stilhöhe und Tonfall der drei Vorträge verweisen auf einen missionarisch vertretenen Bildungsanspruch, der sich gegen die drohende Gefahr der Spezialisierung und Technisierung der Wissenschaften im beginnenden 19. Jahrhundert richtet. In allen Äußerungen Morgensterns ist zudem der als repräsentative Bildungsgeschichte stilisierte eigene Lebenslauf eingewoben, um den Morgenstern »eine Geschichte seiner Bildung in Romanform« geplant haben soll (Martini 48).

Unter diesem Blickwinkel ist der dritte Vortrag Morgensterns »Zur Geschichte des Bildungsromans« zwar insofern »von enttäuschender und verworrender Oberflächlichkeit« (Martini 60), als der Terminus nun völlig verschwimmt. Einige interessante Beobachtungen bleiben dennoch festzuhalten. Zuerst einmal ist die in den früheren Vorträgen ansatzweise historische Betrachtung jetzt konsequent durchgeführt. Das weite Ausholen Morgensterns in die antike und europäische Romangeschichte dient dabei nicht bloß dem Nachweis der eigenen Belesenheit, sondern zu einer freilich unsystematischen und vagen Differenzierung dessen, was unter einem Bildungsroman zu verstehen sei. Seine verschwommene Begriffsbestimmung hindert Morgenstern keineswegs an einer sicher gehandhabten Einordnung der Romane. Die Frage nach einem Maßstab Morgensterns bleibt freilich unbeantwortet, vielleicht steckt sie in jenem »gemeinsamen Geist« (Morgenstern, Zur Geschichte... 44), jenem *spiritus rector*, dem »Geist bürgerlicher Rechtlichkeit und Sittlichkeit«, den Morgenstern zum Wertmaßstab auch für die ästhetische Qualität der Romane heranzieht (ebd. 45) und der bei aller Vagheit sehr viel zu tun hat mit einer Bildungsidee, die den Anspruch erhebt, Leben *und* Werk des Romanschriftstellers zu durchdringen.

Etliche Formulierungen Morgensterns um objektive und subjektive Darstellung oder zum Prinzip der poetischen Verklärung der Wirklichkeit lassen sein stillschweigendes Einschwenken auf theoretische Positionen vermuten, die im ersten Viertel des Jahrhunderts bereits in die allgemeine Romanpoetik übernommen worden waren. In seinen *Vorlesungen über die Ästhetik* (gehalten 1818–1829) hatte der mit Morgenstern gleichaltrige Georg Wilhelm Friedrich Hegel eine der folgenreichsten Romantheorien begründet, obwohl dies sicherlich nicht beabsichtigt war: der Roman war für Hegel nur ein Randphänomen des Epischen. Der Roman als »moderne bürgerliche Epopöe« erhält bei Hegel die Aufgabe, den »Konflikt zwischen der Poesie des Herzens und der entgegenstehenden Prosa der Verhältnisse« darzustellen und zugleich zu vermitteln (Ästhetik 983). Da Hegel damit eines der Spannungsverhältnisse bezeichnet, die immer wieder zur Charakterisierung des Bildungsromans herangezogen werden, lassen sich seine allgemeinen Ausführungen zum Roman auch auf den Bildungsroman beziehen:

»An diese Auflösung des Romantischen, seiner bisherigen Gestalt nach, schließt sich *drittens* endlich das *Romanhafte* im modernen Sinne des Wortes, dem der Zeit nach die Ritter- und Schäferromane vorangehen. – Dies Romanhafte ist das wieder zum Ernste, zu einem wirklichen Gehalte gewordene Rittertum. Die Zufälligkeit des äußerlichen Daseins hat sich verwandelt in eine feste, sichere Ordnung der bürgerlichen Gesellschaft und des Staats, so daß jetzt Polizei, Gerichte, das Heer, die Staatsregierung an die Stelle der chimärischen Zwecke treten, die der Ritter sich machte. Dadurch verändert sich auch die Ritterlichkeit der in neueren Romanen agierenden Helden. Sie stehn als Individuen mit ihren subjektiven Zwecken der Liebe, Ehre, Ehrsucht oder mit ihren Idealen der Weltverbesserung dieser bestehenden Ordnung und Prosa der Wirklichkeit gegenüber, die ihnen von allen Seiten Schwierigkeiten in den Weg legt. Da schrauben sich nun die subjektiven Wünsche und Forderungen in diesem Gegensatze ins unermeßliche in die Höhe; denn jeder findet vor sich eine bezauberte, für ihn ganz ungehörige Welt, die er bekämpfen muß, weil sie sich gegen ihn sperrt und in ihrer spröden Festigkeit seinen Leidenschaften nicht nachgibt, sondern den Willen eines Vaters, einer Tante, bürgerliche Verhältnise usf. als ein Hindernis vorschiebt. Besonders sind Jünglinge diese neuen Ritter, die sich durch den Weltlauf, der sich statt ihrer Ideale realisiert, durchschlagen müssen und es nun für ein Unglück halten, daß es überhaupt Familie, bürgerliche Gesellschaft, Staat, Gesetze, Berufsgeschäfte usf. gibt, weil diese substantiellen Lebensbeziehungen sich mit ihren Schranken grausam dem Idealen und dem unendlichen Rechte des Herzens entgegensetzen. Nun gilt es, ein Loch in diese Ordnung der Dinge hineinzustoßen, die Welt zu verändern, zu verbessern oder ihr zum Trotz sich wenigstens einen Himmel auf Erden herauszuschneiden: das Mädchen, wie es sein soll, sich zu suchen, es zu finden und es nun den schlimmen Verwandten oder sonstigen Mißverhältnissen abzugewinnen, abzuerobern und abzutrotzen. Diese Kämpfe nun aber sind in der modernen Welt nichts weiteres als die Lehrjahre, die Erziehung des Individuums an der vorhandenen Wirklichkeit, und erhalten dadurch ihren wahren Sinn. Denn das Ende solcher Lehrjahre besteht darin, daß sich das Subjekt die Hörner abläuft, mit seinen Wünschen und Meinen sich in die bestehenden Verhältnise und die Vernünftigkeit derselben hineinbildet, in die Verkettung der Welt eintritt und in ihr sich einen angemessenen Standpunkt erwirbt. Mag einer auch noch soviel sich mit der Welt herumgezankt haben, umhergeschoben worden sein, – zuletzt bekömmt er meistens doch sein Mädchen und irgendeine Stellung, heiratet und wird Philister so gut wie die anderen auch: die Frau steht der Haushaltung vor, Kinder bleiben nicht aus, das angebetete Weib, das erst die Einzige, ein Engel war, nimmt sich ohngefähr ebenso aus wie alle anderen, das Amt gibt Arbeit und Verdrießlichkeiten, die Ehe Hauskreuz, und so ist der ganze Katzenjammer der übrigen da. – Wir sehen hier den gleichen Charakter der Abenteuerlichkeit, nur daß dieselbe ihre rechte Bedeutung findet und das

Phantastische daran die nötige Korrektion erfahren muß.« (Hegel, Ästhetik 557f.)

Hegel lieferte damit, ohne den Begriff des Bildungsromans zu verwenden, dessen geschichtsphilosophische Legitimation. Indem Hegel den alten ritterlichen Roman vom modernen abhebt, sieht er auch letzteren historisch, nämlich als Produkt der bürgerlichen Gesellschaftsordnung. Hegels Bild vom modernen Rittertum, dem sich die Bildungsromanhelden anbequemen, enthält wirkungsmächtige Konsequenzen, die bis in heutige Definitionen wie Topoi der Gattungsbestimmung weiterleben. Hegel verkürzt und erweitert zugleich die bisher gültige Romanpoetik in mehrfacher Weise.

1. Für Hegel ist die Moderne als »sichere Ordnung der bürgerlichen Gesellschaft und des Staats« definiert; dem entspricht der moderne Roman als epochale Ausdrucksform einer verfestigten Ordnungsstruktur anstelle der Ritterromane aus der Zeit der »Zufälligkeit«, des »Phantastischen« und der »chimärischen Zwecke«. Dieses sein Gegenmodell trägt zukünftig jeder Roman in sich.

2. Alle Romanhelden geraten als »neue Ritter« – weibliche Protagonisten sind für Hegel nicht denkbar – in einen grundlegenden Gegensatz zur objektiv gegebenen Wirklichkeit, an der sie sich schmerzhaft und mit voraussehbarem Ausgang abarbeiten müssen.

3. Diesen behaupteten Gegensatz zwischen den »subjektiven Zwecken« der Figuren und der objektiven Weltordnung kleidet Hegel durchgängig in eine Kriegs-, Kampf- und Unterdrückungsmetaphorik.

4. Bildung bedeutet in diesem Zusammenhang »Erziehung des Individuums an der vorhandenen Wirklichkeit«, die restlose Anpassung des Subjekts, sein »Einbilden« in die bestehenden Verhältnisse und ihrer »Vernünftigkeit«!

5. Der drastische »Katzenjammer« am Ende, an dem alles »Phantastische« »die nötige Korrektion erfahren« haben »muß« (!), erklärt, warum Hegel seine Romanschilderung nicht mit einem glücklichen Ende ausklingen läßt. Es erscheint daher höchst zweifelhaft, ob die Anspielung auf Goethes *Wilhelm Meister* (»Lehrjahre«) überhaupt trifft, wenn Hegel den ironisch-unsicheren Romanschluß Goethes in die philiströse Fortsetzung weiterschreibt.

Für Hegels Weltbild war mit dem Hereinholen der Romanwelten in sein Realitätskonzept durch das entindividualisierende Abschleifen zu dröger Normalität (»ein Philister so gut wie die anderen auch«) der Fall erledigt. Für die beschriebenen Romane jedoch legt eine solche

Prognose, den Sprung aus einer so hindernisreichen Welt in eine dem »Phantastischen« gewogenere Traumwelt zu wagen, zumindest nahe, falls sich das Subjekt nicht bloß »die Hörner abläuft«, sondern sich den Kopf einzuschlagen in Gefahr gerät: der Weg in die poetische Innerlichkeit ist für den Bildungsromanhelden als Lebensalternative schon vorgezeichnet. Das erwartbare Happyend der Bildungsromane, über das sich Hegel mokiert und das er über das übliche Romanende in den »Katzenjammer« des Philisterstadiums weiterschreibt, definiert nicht mehr den Kunstroman um 1800, sondern viel eher ein zeitloses Erzählmodell des trivialen Liebes- und Unterhaltungsromans der Epoche. Mit Hegel, so wäre festzustellen, verläßt die Bildungsromantheorie endgültig die gleiche Ebene mit der Romanproduktion. Die Parodie des Bildungsromans steht schon am Beginn seiner Trivialisierung. Indem der Bildungsroman als *historische Gattung* und als Gegenentwurf zur objektiven Wirklichkeit verstanden wird, verfehlen ihn alle bisherigen Definitionsversuche, die den Roman auf eben diese Wirklichkeit beziehen wollten. Sie beschreiben nur mehr Erzählstrukturen, die für die Trivialromane der Zeit Gültigkeit haben.

2.2 Die literaturwissenschaftliche Diskussion

Mit Wilhelm Dilthey beginnt die eigentliche Geschichte der Bildungsroman-Forschung. Zwar hat Dilthey den Begriff nicht erfunden, doch hat er ihn erfolg- und folgenreich in die literaturwissenschaftliche Diskussion eingeführt:

»Ich möchte die Romane, welche die Schule des Wilhelm Meister ausmachen (denn Rousseau's verwandte Kunstform wirkte auf sie nicht fort), Bildungsromane nennen. Göthes Werk zeigt menschliche Ausbildung in verschiedenen Stufen, Gestalten, Lebensepochen. Es erfüllt mit Behagen, weil es nicht die ganze Welt sammt ihren Mißbildungen und dem Kampf böser Leidenschaften um die Existenz schildert; der spröde Stoff des Lebens ist ausgeschieden. Und über die dargestellten Gestalten erhebt das Auge sich zu dem Darstellenden, denn viel tiefer noch, als irgend ein einzelner Gegenstand, wirkt diese künstlerische Form des Lebens und der Welt.« (Wilhelm Dilthey, Leben Schleiermachers. I. Band. Berlin 1870. 282)

Hat Diltheys Bildungsroman-Bestimmung mit derjenigen Morgensterns mehr als den Namen gemein? Die sich auf Dilthey berufenden Interpreten haben zumeist übersehen bzw. nicht genügend beachtet, in welchem Zusammenhang Dilthey seinen Begriff entwickelt. In seiner Darstellung *Leben Schleiermachers* (1870) versucht Dilthey die geschichtliche Einordnung einer »Epoche innerer Bildung« (ebd. XI) über die Figur Schleiermachers, den er an einem geschichtlichen Wendepunkt ansiedelt: »Der ganze Lebensgehalt der voraufgegangenen Epoche erhielt in ihm die Wendung auf das handelnde Leben, auf die Herrschaft der Ideen in der Welt« (X). Insofern ist es für das richtige Verständnis von Diltheys Bildungsroman-Prägung nicht ohne Bedeutung, daß der Terminus Bildungsroman im zweiten Buch (unter der Überschrift: »Fülle des Lebens. Die Epoche der anschaulichen Darstellung seiner Weltanschauung«) an den Werken von Schleiermachers »dichterischen Genossen« vorgeführt wird: nach der Erwähnung von Ludwig Tiecks Roman *Franz Sternbalds Wanderungen* versucht Dilthey eine systematische Behandlung romantischer Romane unter dem Begriff »Künstlerroman« (283). Als Dilthey nun seine Bildungsroman-Prägung einführt, meint er dreierlei: 1) ausdrücklich und ausschließlich Romane der *Wilhelm Meister*-Nachfolge; 2) Romane im Umkreis einer bestimmten Romantikergruppe, nämlich von Friedrich Schlegel, Tieck, Wackenroder und Novalis; und 3) den Bildungsroman als Unterart des »Künstlerromans«!

In Diltheys zugegeben knapper Begriffsbestimmung steckt indes noch mehr. Drei Aspekte, die in der Bildungsroman-Diskussion bis zum heutigen Tage Bedeutung haben, sind dort schon im Keim enthalten. Zum ersten baut Dilthey die schon bei Schlegel, Morgenstern und Hegel begonnene Analogiebildung zur biologisch-organischen Evolutionstheorie weiter aus. Sprachbilder wie »Stufe« oder »Reife« haben sich in der Gattungsgeschichte so festgesetzt, daß ohne sie kaum eine Begriffsbestimmung des Bildungsromans auskommt. An solchen so gut wie nie mehr nach ihrer angeblich zeitlos gültigen Aussage befragten Metaphern wäre der Wendepunkt zu zeigen, an dem eine historische Definition in griffige Spielmarken eines ideologisierten Romanverständnisses zerfällt. Zum zweiten deutet Dilthey unauffällig auf eine (gebildete) Erzählerfigur im Bildungsroman hin, die die bloße Romanhandlung (»die dargestellten Gestalten«) dominiert und auf die die Aufmerksamkeit des Lesers gerichtet sein soll (»erhebt das Auge sich zu dem Darstellenden«). Drittens schließlich setzt Dilthey mit dem schon von Morgenstern benutzten Begriff der »Bildungsgeschichte« einen Hilfsbegriff ein, der nicht näher ausgeführt wird, m. E. aber einen erzählanalytisch brauchbaren Strukturbegriff darstellt, um eine Textform zu bezeichnen, die zwischen einem ›fertigen‹ Bildungsroman und einem Bildungs-»Motiv« zu stehen kommt (vgl. Kap. 3.2). Daß dieser Bildungsroman von Dilthey als eine mehrdimensional einzuordnende Romanart gedacht ist, zeigt die merkwürdige Eigendynamik, die der Bildungsroman erhält, indem er seine eigene Romanstruktur gleichsam selbständig fortentwickelt, als mache die Geschichte des Bildungsromans selber einen Bildungsprozeß durch (283: »So begann der Künstlerroman sich in den jungen Dichtern zu entfalten«).

Als Wilhelm Dilthey in seinem Buch *Das Erlebnis und die Dichtung* (1906) den Bildungsroman – jetzt als eine eingeführte Gattung – ausführlicher behandelt, geschieht dies bezeichnenderweise im Abschnitt über Hölderlins *Hyperion*.

»Von dem Wilhelm Meister und dem Hesperus ab stellen sie alle den Jüngling jener Tage dar; wie er in glücklicher Dämmerung in das Leben eintritt, nach verwandten Seelen sucht, der Freundschaft begegnet und der Liebe, wie er nun aber mit den harten Realitäten der Welt in Kampf gerät und so unter mannigfachen Lebenserfahrungen heranreift, sich selber findet und seiner Aufgabe in der Welt gewiß wird.« (327)

Dilthey betont darin weder die Zeitlosigkeit noch das Musterhafte der Gattung, sondern ausdrücklich das Historische, ja das Anachronistische des »damaligen« Bildungsromans (328)! Hatte Dilthey 1870 noch behauptet, Rousseaus Erziehungsromane seien nur eine »verwandte Kunstform« und hätten keine Auswirkung auf die Entstehungsgeschichte des Bildungsromans gehabt, so vollzieht er jetzt die Kehrtwendung und behauptet, daß nämlich die Bildungsromane »unter dem Einfluß Rousseaus in Deutschland aus der Richtung unsres damaligen Geistes auf innere Kultur hervorgegangen sind« (327). Herkunft, Stoff und Thematik des Bildungsromans bleiben also einer überwundenen Epoche verpflichtet. Mit Hegel liest Dilthey den Bildungsweg des Helden als unfreiwilligen Austrieb aus einem paradiesischen Urzustand in eine feindliche Welt; der Weg des Helden aus einem unbewußten Glückszustand (»in glücklicher Dämmerung«) durch zahllose Konflikte führt zwar zu dessen Reife, jedoch in seltsamer Abwehr der bildungsbestimmenden Umwelt: schon in *Leben Schleiermachers* hatte Dilthey am Bildungsroman »mit Behagen« registriert, daß dort »nicht die ganze Welt sammt ihren Mißbildungen und dem Kampf böser Leidenschaften um die Existenz« geschildert werde, sondern »der spröde Stoff des Lebens« von der Darstellung ausgeschlossen sei (Dilthey, Schleiermacher 282). Jetzt wird noch stärker der »Kampf« »mit den harten Realitäten der Welt« betont und die Beschränkung des Romans auf die »Interessensphäre des Privatlebens« gelobt. Der Held gerät spätestens hier in einen unauflösbaren Gegensatz zu Gesellschaft und Staat als »fremde Gewalt« (Dilthey, Erlebnis und Dichtung 328) und damit in einen Widerspruch zu den politischen und sozialen Realitäten der erzählten Zeit. Sodann faltet Dilthey den Bildungsgang seines prototypischen Helden in auf einander bezogenen »Stufen« aus, die »einen Eigenwert« besitzen und »zugleich Grundlage einer höheren Stufe« sind. Aus der Sicht des Betrachters läßt sich eine »gesetzmäßige Entwicklung« ablesen; die dergestalt entstandenen einzelnen Etappen »erscheinen als die notwendigen Durchgangspunkte« einer »Bahn zur Reife und zur Harmonie« (327). Namentlich der nach dem Kampf »mit den harten Realitäten der Welt« vorausgesetzte harmonische Abschluß eröffnet eine folgenschwere Perspektive, unter der der Bildungsroman tendenziell zum Roman der Innerlichkeit wird.

Mit dem von Dilthey postulierten Bildungsroman als einer »typischen Form« (ebd. 328) sind endgültig die Weichen auf eine ideologische Verhärtung des Gattungsbegriffs gestellt. Der Schritt von dieser typischen Form zur typisch deutschen Form ist um so kleiner, je ehrerbietiger der Abstand zwischen dem Betrachter und den herangezogenen Texten geworden ist. Ebenfalls 1906 definiert Herm. Anders Krüger in seiner Abhandlung über den (damals zeitgenössischen) neueren deutschen Bildungsroman folgendermaßen:

»*eine Romanart, die ein ganz ausgesprochen nationales Gepräge trägt*, wie sie eigenartiger, individueller kein anderes Volk aufzuweisen hat, *den deutschen Bildungsroman*, der im letzten Jahrhundert ganz eigentlich der Roman der Dichter und Denker war und es voraussichtlich auch bleiben wird.« (Krüger 270)

Die historische Perspektive Diltheys verschiebt sich hier im Sinne eines populären Literaturverständnisses, bei dem der Bildungsroman nicht nur als die deutsche Sonderform der Romangeschichte erscheint, sondern sogar in den Dienst der nationalstaatlichen Einigung tritt:

»Mit Wilhelm Raabes ›Hungerpastor‹ wird in der Entwicklung des deutschen Bildungsromans ein gewisser Abschluß erreicht. Der deutsche Nationalcharakter ist nunmehr gleichsam zu der inneren Abrundung gelangt, der die äußere Vollendung, die Arbeitstüchtigkeit und die militärische Leistungsfähigkeit zur Zeit der großen Einigungskriege entspricht.« (ebd. 267)

Aber auch in Arbeiten mit wissenschaftlichem Anspruch läßt sich die Tendenz feststellen, im Bildungsroman den Gipfel- und Vereinigungspunkt möglichst aller geistesgeschichtlichen Strömungen zu sehen, was sich dann in der Rede vom *Wilhelm Meister* als »des größten Bildungsromans, den die Zeit hervorgebracht hat«, niederschlägt:

»Wie sämtliche Tendenzen der Zeit in dem Gedanken der Erziehung zusammenfließen, so vereinigt der Bildungsroman alle sonst gesonderten

Seiten der Romanliteratur. Die Richtung auf das Innenleben läßt ihn als einen nahen Verwandten des sentimentalen Romans erscheinen, aber indem die Subjektivität hier nicht in der leeren Gegensätzlichkeit zur Welt, sondern als sich erfüllend mit den Weltinhalten geschildert wird, nimmt er das Streben nach Weltkenntnis in sich auf und die Form des Reiseromans bietet sich oft als die gegebene Weise, dem Helden eine solche Kenntnis zu vermitteln. Damit sie ihm aber nicht bloß ein äußeres Wissen, sondern ein inneres Erleben wird, bedarf er der kritischen Stellung zur Welt, und die Kritik, die sich nicht selten zur Satire steigern kann, wird ein wesentliches Ferment des Bildungsromans.« (Wundt 54f.)

Verdienstvoll ist hieran sicherlich der Versuch, den Bildungsroman in die allgemeine Romangeschichte einzuordnen. Daraus erwächst jedoch leicht die Gefahr, den Bildungsroman als gleichsam historisch gesteigerte Ausprägung eines ahistorischen Entwicklungsschemas anzusehen. Dann entstehen verkürzte, auf den Bildungs- und Entwicklungsgang einer Heldenfigur reduzierte Gattungsbestimmungen, die letztlich beliebig austauschbar bleiben:

»Als Entwicklungsromane werden hier alle die erzählenden Werke verstanden, die das Problem der Auseinandersetzung des Einzelnen mit der jeweils geltenden Welt, seines allmählichen Reifens und seines Hineinwachsens in die Welt zum Gegenstand haben, wie immer Voraussetzung und Ziel dieses Weges beschaffen sein mag.« (Gerhard 1)

Melitta Gerhard, die in ihrem bekannten und 1968 unverändert wiederaufgelegten Buch *Der deutsche Entwicklungsroman bis zu Goethes ›Wilhelm Meister‹* so definiert, behandelt daher z.B. Wielands *Geschichte des Agathon* als »psychologischen Entwicklungsroman« (87ff.) und den *Wilhelm Meister* als »modernen Bildungsroman« (131ff., 160), ohne daß ein Unterschied zwischen Entwicklungsroman und Bildungsroman deutlich würde.

Ernst Ludwig Stahl hat in seiner 1934 erschienenen, heute noch grundlegenden Studie bis in die antike und christliche Vorgeschichte des Bildungsgedankens ausholen müssen, um dort die Fundamente für einen praktikablen Bildungsbegriff freizulegen. Erst von daher gelingt eine ideen- und geistesgeschichtliche Abgrenzung des Bildungsromans vom Erziehungsroman, vom Abenteuerroman, vom biographischen und vom Entwicklungsroman. Für Romane, die nicht ganz eindeutig als Bildungsromane einzuordnen sind, benutzt auch Stahl gleichsam unter der Hand Hilfsbegriffe wie »Bildungserzählung« (126) und »Bildungsgeschichte« (135), um Romane zu bezeichnen, die »keine Bildungsromane im humanitätsphilosophischen Sinne« sind (135), in denen aber Bildungsstrukturen aufzufinden sind.

Lehrreich mag in diesem Zusammenhang ein Vergleich der Artikel »Bildungsroman« im *Reallexikon der deutschen Literaturgeschichte* zwischen der 1. Auflage 1924/25 (von Christine Touaillon) und der 2. Auflage 1958 (von Hans Heinrich Borcherdt) sein. In der 1. Auflage ist der Bildungsroman eine geschichtlich unbestimmte Gattung seit Wickram und Grimmelshausen und entspricht wohl dem Entwicklungsroman Gerhards; seine Grenzen zu anderen Romanarten verschwimmen:

»So nennt man jenen Roman, welcher die seelische Entwicklung eines Menschen von den Anfängen bis zur Erreichung einer bestimmten Lebensausbildung darstellt. In rationalistisch gerichteten Zeiträumen fließen seine Grenzen oft mit denen des *Erziehungsromanes* zusammen, der pädagogische Einzelfragen aufrollt [...] und die äußeren Daseinsbedingungen stärker berücksichtigt als den inneren Gang menschlicher Entwicklung. Romantisch gesinnte, die Einheit alles Lebens empfindende Epochen begünstigen den eigentlichen *Bildungsroman*. Sein Held soll nicht bloß einseitig für ein begrenztes Ziel erzogen, sondern allseitig gebildet werden, und die großen Lebensmächte sollen bei dieser Bildung mitwirken. Je allgemeiner die naturwissenschaftliche Durchdringung des Lebens wird, desto stärker setzt sich der Begriff der Entwicklung durch. An die Stelle der bewußten Beeinflussung des Helden tritt das naturgemäße Geschehen, und aus dem Bildungsroman wird der *Entwicklungsroman*.« (Reallexikon, 1. Aufl., 141f.)

Daß mit Goethes *Wilhelm Meister* der Bildungsroman seinen Höhepunkt erreicht und zu einer Art Universalroman wird, ist ebenso selbstverständlich wie die nationalliterarische Einordnung: »Der Br. ist eine dem Deutschen besonders liebe Gattung« (145).

Für die 2. Auflage des *Reallexikons* knüpft H. H. Borcherdt ausdrücklich an Dilthey an und greift auf dessen Ableitung der Gattung von der Bildungsidee der Goethezeit zurück. Die Gliederung nach Bildungsziel, -weg und Kompositionsprinzip des Bildungsromans führt Borcherdt zu einer handgreiflichen Typologie des Romans, einem »Normalaufbau in drei Phasen«, nämlich in »Jugendjahre«, »Wanderjahre« und »Läuterung« (177); so entsteht eine aus dem *Wilhelm Meister* abgeleitete, verkürzte und zugleich säkularisierte Heilsgeschichte in griffigem Triadenschema. Dabei ist freilich zu bedenken, daß sich Borcherdts Artikel auf eine ausführliche Studie des Verfassers von 1941 stützt, mit den zu erwartenden Tributen an den Zeitgeist, etwa wenn Borcherdt eine »neue Wertung des Bildungsgedankens« »aus dem Geiste unserer Zeit« verspürt und »die Eingliederung des Einzelmenschen in die gemeinschaftliche Ganzheit, deren Wirklichkeit das Volk ist«, proklamiert (Borcherdt, Der deutsche Bildungsroman, 1941, 6).

Fritz Martinis Untersuchung zur Begriffs- und Theoriegeschichte kann als der Ausgangspunkt einer neueren Bildungsroman-Forschung angesehen werden. Martini weist darin erstmalig nach, daß der Begriff des Bildungsromans nicht von Dilthey, sondern von Morgenstern geprägt worden ist und damit die Begriffsprägung und die Frühgeschichte des Bildungsromans viel enger zusammengehören, als man gemeinhin annimmt. Die historische Einordnung der Person und des Werks von Morgenstern, die Martini leistet, belegt einmal mehr, welchen Verkürzungen und Wandlungen der Bildungsromanbegriff schon bei Morgenstern selbst unterworfen war. Wie nötig eine scheinbar so trockene Begriffsgeschichte ist, beweisen Martinis Schlußbemerkungen, die von der nachfolgenden Forschung zu wenig ernst genommen worden sind. Martini kann zeigen, daß der Bildungsroman keine »kategoriale ästhetische Form«, sondern eine »historische Form« ist, deren Voraussetzungen weniger in einer isolierbaren »formalen Strukturgesetzlichkeit«, sondern »primär im Stofflichen, Thematischen und in seiner Wirkungsabsicht und -funktion liegen« (62). Erst mit dem erneuerten Bewußtsein der Historizität von Bildungsroman und Bildungsroman-Begriff werden Strukturuntersuchungen sinnvoll, die Gattungsgeschichte nicht bloß als Textreihungen an der Meßlatte ahistorisch normierter Definitionen verstehen.

Lothar Köhns umfänglicher Forschungsbericht zum »Entwicklungs- und Bildungsroman« (1968/69) setzt genau an diesem Punkt an. Mit ihm hat die Forschungsliteratur eine bis heute gültige kritische Zusammenfassung und Sichtung erfahren. Den Bewertungen der einzelnen Forschungsbeiträge ist in Präzision und Knappheit kaum etwas hinzuzufügen. Köhns Abhandlung geht von einem dialektischen Verständnis des Bildungsromans aus, einem Gattungsbegriff, der einerseits »zum Klischee erstarrt«, andererseits in seiner Verwendung »immer noch lebendig, ja unentbehrlich« sei (3). Dieses Doppelgesicht des Bildungsromans, das den Begriff sowohl stofflich-inhaltlich als auch formal-strukturell von anderen Gattungsbegriffen unterscheidet, muß daher zugleich typologisch und historisch in die Romangeschichte eingeordnet werden. Historisch ist dabei nach Köhn festzuhalten, daß der deutsche Bildungsroman »eine Leistung Goethes und seiner Zeitgenossen ist, daß man auf jeden Fall vorher keine nach Gehalt und Gestalt präzis vergleichbaren Romane finden wird« (8). Typologisch kann der Bildungsroman zugleich als »konkrete historische Gattung oder Dichtungsart« vom Entwicklungsroman als einem »quasi-überhistorischen Aufbautypus« eindeutig abgegrenzt werden (9). Für eine so eindeutige Festlegung ist der Leser sicherlich dankbar, auch wenn sie nur einen kleinen Schritt zum Verständnis des Bildungsromans bedeutet. Köhn sieht genau, daß gerade »die definitorische Offenheit des Komplexes« Bildungsroman die »Voraussetzung seiner hermeneutischen Brauchbarkeit« darstellt (78); eben dadurch ist der Begriff ja für die Literaturwissenschaft unentbehrlich geworden. Eine Strukturuntersuchung der Bildungsromane, die Köhn als dringend wünschenswert ansieht, steht 1969 und auch heute noch vor der Aufgabe, daß »Strukturkategorien« für eine solche Romananalyse erst einmal entwickelt werden müssen. In die Gattungsgeschichte des Bildungsromans gehören für Köhn mit Recht auch Texte, die nur eine »Teilstruktur«, eine Art »integrierte Bildungs- und Entwicklungsstruktur« in sich tragen (78), ohne daß sie deshalb ganz eindeutig als ›richtige‹ Bildungsromane klassifiziert werden könnten. Hier wären vielleicht solche Einsichten einer historischen Strukturforschung mit dem tradierten, freilich metaphorischen Begriff der »Bildungsgeschichte« zu verbinden.

Jürgen Jacobs' Kölner Habilitationsschrift von 1972 gehört inhaltlich und forschungsgeschichtlich in diesen Zusammenhang, versteht sie sich doch ähnlich wie Köhns Forschungsbericht als eine Summe. Jacobs faßt die Bildungsromangeschichte in Einzelinterpretationen übersichtlich, lesbar und problembewußt zusammen. Freilich erliegt Jacobs seiner formalästhetischen Prämisse, »daß die Schlüssigkeit der Lösung, zu der die Bildungsgeschichte ihren Helden führt, jeweils ablesbar ist an der ästhetischen Stimmigkeit des Werkes« (8). Was sich hinter diesem Stimmigkeitsmaßstab verbirgt, ist nichts anderes als die Normierung der gesamten Gattung am *Wilhelm Meister* und damit an einer Norm, der weder die Nachfolger noch die Vorläufer von Goethes Bildungsroman gerecht werden. Der Bildungsroman wird deshalb zur »unerfüllten Gattung« (271).

Etliche Studien zur Geschichte des Bildungsromans fallen hinter den erreichten Forschungsstand zurück, weil sie gleichsam naiv, also unbelastet von jeder Forschungsgeschichte, eine eigenständige Neusicht der Romane vornehmen wollen. Solche ›Summen‹ haben den guten Sinn, (zumeist) ausländische Studenten an die (für sie vielleicht ungewohnte) Romanart heranzuführen. Doch die dabei notwendigen Verkürzungen wiegen die Unbekümmertheit mancher Autoren nicht auf, längst überholte Gemeinplätze nochmals aufzuwärmen, weil die Forschungsliteratur der letzten Jahrzehnte (vermutlich mangels Sprachkenntnis) nicht zur Kenntnis genommen wird (Bertini, Moretti). Vor allem ausländische Arbeiten betonen die Sonderstellung des deutschen Bildungsromans innerhalb der europäischen Romangeschichte (Jost); nur selten werden allerdings die angedeuteten gesamteuropäischen Verbindungslinien wirklich ausgezogen.

2.3 Die neuere Forschung

Seit den 70er Jahren ist eine Zunahme derjenigen Arbeiten zu verzeichnen, die durchweg historisch argumentieren, sei dies nun form-, kultur-, geistes- oder sozialgeschichtlich. Martin Swales hat in mehreren Arbeiten versucht, den Bildungsroman als deutsche Romanform des bürgerlichen Zeitalters darzustellen. Als fiktive Auseinandersetzung mit der unpolitischen Ideologie des Bildungsbürgertums gerät der Bildungsroman leicht in eine Sonderlingsecke, vor der er in Schutz genommen werden muß. Auch Swales versucht, eine Gemeinsamkeit aller Bildungsromane herauszufiltern:

»Alle diese Bildungsromane scheinen mir eines gemeinsam zu haben: sowohl die Romanhandlung als auch der erzählerische Kommentar werden von einer grundlegenden Spannung zwischen Nacheinander und Nebeneinander, zwischen Erzählung und Reflexion, zwischen Wirklichkeit und Möglichkeit getragen. Diese Spannung wird zum strukturbestimmenden Prinzip und verleiht dieser Romanform eine unverkennbare Ambivalenz.« (Swales, Utopie und Bildungsroman, 223).

Dieses »Zwitterhafte am Bildungsroman« (ebd.), die eben nicht harmonisch aufgelöste, sondern durchgehaltene Spannung macht für Swales gerade das eigentliche Gattungsmerkmal aus und nähert den Bildungsroman der literarischen Utopie an. Ob damit der Bildungsroman auch dem heutigen Leser einen direkten, identifikatorischen Zugang ermöglicht, weil er dem modernen Erzählen näher liege als der Gesellschaftsroman, ist eine kühne These, die freilich eine Untersuchung verdiente. Eins jedenfalls ist bei all diesen Arbeiten deutlich: die naive Fixierung auf den Bildungsgang des Protagonisten wird mittlerweile sogar den Interpreten dubios. Man erkennt den utopischen Charakter des Bildungsromans (Swales), die Erzählintention über die Heldenfigur hinaus (Beddow 2: »the development of the hero is not the ultimate concern«) oder den offenen Romanschluß nicht als Abweichung vom harmonischen Ende, sondern als Normalfall (Sorg).

Neben solchen Zweifeln an der harmoniegeladenen Zielstrebigkeit des Bildungsromans fallen in der jüngeren Forschung Tendenzen auf, die auf eine stärkere Systematisierung der Gattungsproblematik abzielen und dabei auf umfassendere Theoriekonstrukte zurückgreifen. Dabei besteht die Gefahr, daß man es sich leicht macht, indem man sein Theoriemodell an einem auf 3–5 Romane reduzierten Textkorpus entwirft und damit den eigentlichen Schwierigkeiten der Gattungsgeschichte ausweicht.

Reiner Wild hat versucht, die Zivilisationstheorie von Norbert Elias auf die Literaturwissenschaft zu übertragen. Dabei ist es die didaktische Funktion von Literatur, die dazu dient, in gesellschaftlich geforderte Standards einzuüben. Die Geschichte des Bildungsromans ist unter dieser Perspektive die Endphase einer ›Zivilisierung‹ der didaktischen Funktion, die mit dem moralischen Appell in Form katechetischer Unterweisungen beginnt, dann im höfischen Barockroman die »Vorführung und Darstellung von Personen, welche die Standards erfüllen«, anbietet (76) und schließlich für die Dynamisierung des Menschenbilds im 18. Jahrhundert den Bildungsroman als einen neuen Texttyp bereitstellt.

Jochen Hörisch hat das Augenmerk auf den »befremdet befremdlichen Blick« gerichtet (Hörisch 16), mit dem die Bildungsromane die zur Gewohnheit gewordenen bürgerlichen Sozialisationsprozesse verfolgen. Wilhelm Voßkamp hat in zahlreichen Aufsätzen im Anschluß an N. Luhmanns Systemtheorie literarische Gattungen als »literarisch-soziale Institutionen« aufgefaßt und am deutschen Bildungsroman den historischen Gattungsbildungsprozeß des 18. Jahrhunderts modellhaft aufzeigen wollen: Der »gattungskonstituierende Selektionsprozeß« des Bildungsromans ordnet sich ein in die allgemeine Romandiskussion um den hohen und niederen Roman, um empfindsam-didaktische Prüfungsromane, den komischen Roman, die Briefkultur und das Aufkommen der modernen Autobiographie; ein neues mittleres Lesepublikum entsteht anstelle des bisherigen Gelehrtenpublikums und wird am Ende des Jahrhunderts für die aufkommende Trivialliteratur verantwortlich werden; die literarische Funktion des auf diese Weise entstandenen Bildungsromans ist dann als »identitätsstiftende, politische Defizite ausfüllende literarisch-soziale Institution« begreifbar; der Bildungsroman als eine solche »Bedürfnissynthese« tritt dabei in der Form der personalen Utopie anstelle der in Deutschland fehlenden Zeitutopie auf (36f.).

Auch der Versuch, den problematischen Bildungsromanbegriff durch eine praktikablere Terminologie zu ersetzen, ist mehrfach gemacht worden, etwa als »Krisen- und Krankheitsgeschichte« moderner Subjektivität (Schings 43), als »symbolischer Roman« oder als »anthropologischer Roman«. Hartmut Steinecke hat in Anlehnung an die poetologische Diskussion des 19. Jahrhunderts den Begriff des »Individualromans« vorgeschlagen und gezeigt, daß der Bildungsromanbegriff so sehr in die Geschichte der *Wilhelm Meister*-Rezeption eingebunden ist, daß er zur Differenzierung kaum mehr taugt. Bemühungen, einen »Identitätsroman« zu begründen (Ratz), waren wenig ergiebig, weil ihnen ein Identitätsbegriff zugrundeliegt, der soziale Realität und Erzählfunktionen psychologisierend ineins setzt und damit noch unschärfer als der Bildungsromanbegriff ist. Bedenkenswert erscheint die jüngste Kritik am Bildungsroman (Engel 246), die mit Recht dessen poetologische Schwäche konstatiert, daß nämlich ein selbst historisch gewordener Begriff gleichzeitig einen Anspruch auf Ahistorizität erhebe. Die Alternative, der nach romantischem Begriffsvorlauf entworfene »Transzendentalroman«, gilt freilich nur für die Goethezeit und mißachtet die wirkungsgeschichtliche Prägung der Romane bis ins 20. Jahrhundert durch eben dieses Bildungsroman-Paradigma.

Das »Arbeitsbuch« von Jürgen Jacobs und Markus Krause, eine deutliche Modifizierung von Jacobs' Habilitationsschrift von 1972, beruht auf einem offenen Gattungsbegriff, ohne sich freilich ganz von der Normierung am *Wilhelm Meister* als dem alleinigen Erfüller einer unerfüllten Gattung freizumachen. Im Zentrum steht das Streben eines Helden, den »Ausgleich mit der Welt« zu suchen, auch wenn eingeräumt wird, daß dieser Ausgleich oftmals nur »vorbehaltvoll und ironisch« sein kann (Jacobs/Krause 37).

Mit dem Anspruch, der »wenig hilfreichen« Forschung auf die Sprünge zu helfen (11), hat Gerhart Mayer die bisher umfangreichste Monographie über den Bildungsroman geschrieben. Mayer entwirft eine eingängige Systematik auf der Grundlage von Piagets Entwicklungsbegriff (dessen Wahl nirgends begründet wird), nämlich eine »konstante Grundstruktur« des Bildungsromans (19f.), für die einzelnen Epochen jedoch »Strukturtypen«, epochentypische Abwandlungen des ahistorischen Grundschemas; diesen Epochen glaubt er jeweils »Antibildungsromane« zuordnen zu können. So konsequent Mayers Systematik zu sein scheint, so konventionell und widersprüchlich fällt ihre Anwendung aus. Seine Definition der Grundstruktur nach 5 Merkmalen (Thematik der Adoleszenz, Einsträngigkeit des Erzählens, Bildungsziel der Gewinnung einer Ich-Identität, Eigenheiten der Heldenfigur, didaktischer Erzähler) verwischt die Trennung zwischen Bildungs- und Entwicklungsroman wieder. Andererseits erfüllen nun die fragwürdigsten Romane der Jahrhundertwende, des Dritten Reichs oder des Sozialismus die aufgestellten Gattungsmerkmale am problemlosesten. Hans Grimms *Volk ohne Raum* kommt als Bildungsroman besser weg als z.B. *Der Zauberberg;* Musils *Mann ohne Eigenschaften* wird nur kurz erwähnt, wohingegen der sozialistische Bildungsroman breiten Raum ein-

3. Versuch einer Gattungsbestimmung

3.1 Zur Problematik der Gattung »Bildungsroman«

Der völlige Verzicht auf einen Gattungsbegriff »Bildungsroman«, wie er vorgeschlagen wurde, hätte zwar den Vorteil, ein vorzeitiges Wegdefinieren derjenigen Grenzbereiche zu vermeiden, in denen gerade die bedeutendsten Texte angesiedelt sind. Dem Streit, ob dieser oder jener Roman *schon* ein Bildungsroman, *noch keiner* oder *keiner mehr* ist, kann dann zwar ausgewichen werden; gelöst ist das Problem aber noch nicht. Vielmehr erliegt man dann einer schein-pragmatischen Vorstellung von restloser Systematisierbarkeit, die es nicht gibt.

Wenn man sich daher auf die Erstellung eines Gattungsbegriffs »Bildungsroman« einläßt, so zweifellos unter der Voraussetzung, daß der Gattungsbegriff historisch wandelbar ist wie die Texte, die ihn bestimmen. Für die hier anstehenden Romane bedeutet dies zuerst einmal, jedes Gattungsschema aufzugeben, das die Textreihe auf gelungene, echte, richtige oder reine Bildungsromane absucht. Kunst-werkvorstellungen von Perfektion, Stimmigkeit oder Ausgeglichen-heit verhindern die historisch offene Gattungsbildung und führen Normierungen doch wieder heimlich durch die Hintertür ein.

Wie sich auf literaturwissenschaftlichem Gebiet ein historisch gedachter Gattungsbegriff erstellen läßt, hat Hugo Kuhn für die mittelhochdeutsche Literatur vorgeführt. Das Unbefriedigende der traditionellen Gattungseinteilungen bildet auch hier den Ausgangs-punkt. Um sein Gattungssystem nicht auf einer einzigen Ebene, der bloß inhaltlichen Texteinordnung anzusiedeln, unterscheidet Kuhn drei verschiedene Bereiche historischer Ordnungen von Texten: einmal »strukturelle Gebrauchstypen«, die zunächst nur historisch eingeschränkt verwendbar sind; sodann höhere, »wirkliche Ord-nungsgruppen«, die aus diesen Gebrauchstypen aufgebaut sind; schließlich eine alle Schichten verbindende, gemeinsame Zielstre-bigkeit bestimmter Gattungstendenzen. Der literaturgeschichtliche Zusammenhang verläuft zugleich quer zu diesen drei Ebenen. Der Vorzug dieses Modells liegt auf der Hand: die Untersuchung von Gattungskonstituenten des Bildungsromans, die die Zugehörigkeit eines Textes zu einer Gattung bestimmen, braucht sich nicht länger nur auf inhaltliche Merkmale zu richten.

Stimmen Texte nämlich in Kernmerkmalen, die standardisierend wirken, überein, so ist ihre Varianz in peripheren Merkmalen möglich, ja wünschenswert. Hier ergeben sich prinzipiell unendliche Kombinationsmöglichkeiten, ohne den Text aus der Gattung auszusondern. Denn während das Gattungssystem auf diesen Text über die standardisierenden Merkmale steuernden Druck ausübt, stellt der Text selber dem Gattungssystem nur einen Teil seiner Konstituenten zur Verfügung. In der Folge ergibt sich ein konstantes Gattungssystem, das freilich durch jeden neu zugeordneten Text laufend erweitert wird. Der Wandel des Gattungssystems bleibt als nach vorne potentiell offen.

Bringt man diese gattungstheoretischen Überlegungen mit der Forschungsgeschichte in Einklang, dann ergeben sich daraus mehrere Konsequenzen.

An der Entstehungsgeschichte des Bildungsroman-Begriffs war ablesbar, daß der Terminus spätestens bei Dilthey, ja schon seit Hegels sarkastischer Formulierung der historischen Perspektive der jeweiligen Betrachter entspringt, d. h. daß der Bildungsroman nicht mehr als zeitgenössische Romanform angesehen wird. Dieses Auseinanderdriften von Bildungsromanproduktion und Bildungsromandefinition beginnt merkwürdigerweise genau zu dem Zeitpunkt, an dem die Interpreten den Bildungsroman auf die Heldenperspektive beschränken wollen und damit die Unterschiede zwischen Bildungsroman und Entwicklungsroman einebnen. Kaum jemandem ist jedoch aufgefallen, daß diese Definitionen neben einer stereotypen Eingrenzung des *Wilhelm Meister* den in der jeweiligen Zeit vorherrschenden Trivialroman sehr genau beschreiben! So kennzeichnet z. B. Hegels Definition genauer als den Bildungsroman den sentimentalen Liebesroman des Biedermeier; Diltheys Begriffsverbreitung trifft präzise die klassik-epigonalen, wilhelminischen und neuromantischen Happy-End-Geschichten. Umgekehrt benutzt mancher Bildungsroman solche trivialisierten Romanschemata, die durch Vervielfältigung, Wiederholung und Abnutzung dem Musterbuch konventionellen Erzählens im 19. Jahrhundert zur Verfügung stehen. Dieser Zusammenhang zwischen Bildungsroman und Trivialroman liefert die Erklärung, warum im Laufe des 19. Jahrhunderts der anspruchsvolle Roman der Gefahr des Trivialen ausweicht, indem er die Bildungsromanform zu vermeiden sucht oder ihr wenigstens nicht restlos verfällt. Andersherum formuliert: Der Trivialroman des 19. Jahrhunderts ist desto trivialer, je mehr er sich das Schema des Bildungsromans anverwandelt!

Eine andere, damit zusammenhängende Beobachtung ist ebenfalls bis heute nur am Rande behandelt und auch dann immer als historischer Zufall abgetan worden. Ich meine die Gleichzeitigkeit in der Entstehung von Bildungsroman-Definitionen und von bestimmten Romanen. Solche gleichgerichteten Denkformen sind da erkannt, wo man etwa das Aufkommen des biographisch-psychologisch orientierten Romans in der 2. Hälfte des 18. Jahrhunderts, speziell Wielands *Geschichte des Agathon*, mit Blanckenburgs *Versuch* parallel setzt. Schon eher wie historischer Zufall wirkt es, wenn Morgensterns Begriffsbestimmungen des Bildungsromans und ihre Verfestigungen am Muster des *Wilhelm Meister* mit der Entstehung von E. T. A. Hoffmanns Bildungsroman-Parodie *Kater Murr* (1819/21) zeitlich zusammenfallen! Die sog. Renaissance eines neueren deutschen Bildungsromans um und kurz nach 1900 beginnt ziemlich genau zeitgleich mit der Autorität Diltheys bei der Einführung des Bildungsromans als Terminus der Literaturwissenschaft. So bliebe zu fragen, inwieweit Martinis so dezidiert historisch argumentierende Untersuchung der Bildungsromangeschichte (1961) sich auf Denkformen zurückführen läßt, aus denen sich auch G. Grass' Bildungsroman-Parodie *Die Blechtrommel* (1959) speist, ein Roman, der ja nicht zum wenigsten auch als historischer Roman gelesen werden kann! Die neuere kritische Befassung der Literaturwissenschaft mit dem Bildungsroman in den späten 60er und 70er Jahren läßt sich dann auf Tendenzen in der gegenwärtigen Romanproduktion beziehen, die mit Stichworten wie verstärktes Interesse an der Biographie oder neue Subjektivität angedeutet seien, ohne daß gleich Entwicklungsgesetzmäßigkeiten der Gattung abgeleitet werden müssen. Die Forschungsgeschichte zum deutschen Bildungsroman wäre dann, so verstanden, nicht nur ein Ausschnitt aus der Wissenschaftsgeschichte der Germanistik, sondern zugleich eine höchst indirekt vermittelte Wirkungsgeschichte des Romans!

Eine dritte Beobachtung macht, wer die Forschungsgeschichte zum Bildungsroman als Entwicklung, nicht bloß von ihrem Endpunkt aus betrachtet. Schon Blanckenburg hatte mit seiner Forderung einer inneren Geschichte neben dem zu bildenden Helden einen gebildeten Autor und einen ebenfalls in den Bildungsprozeß einbezogenen Leser vorausgesetzt. Erst recht gilt dies für Morgenstern, der die bildende Wirkung des Romans zum mitentscheidenden Kriterium der Gattungszuordnung macht. Noch bei Hegel ist ein Schlaglicht von der einsträngig geschilderten Heldenlaufbahn abgezogen, wenn er fordert, daß das Abenteuerliche und Phantastische des Heldenlebens durch die Distanz des Erzählers »die nötige Korrektur erfahren muß« (Ästhetik 558). Sogar Dilthey weist dem Erzähler (dem »Darstellenden«) eine die Heldenhandlung überragende Position im Bildungsroman zu. Für das Gattungsverständnis vom 18. bis ins 20. Jahrhundert hinein scheint also ein Abglanz des didaktischen Erzählers der Aufklärungspoetik für den Bildungsroman ein entscheidendes Merkmal zu sein. Nimmt man dies ernst, dann würde die Struktureigenheit des Bildungsromans gerade in diesem intensiven Wirkungszusammenhang zwischen einem gebildeten Erzähler, einem zu bildenden Helden und einem in diesen Prozeß hineingezogenen Leser liegen!

3.2 Bildungsroman und Bildungsgeschichte

In einem ersten Definitionsschritt ist es nötig, die an den Bildungsroman angeblich angrenzenden oder in ihn hinüberspielenden Romanformen des Entwicklungsromans und des Erziehungsromans auszugrenzen. Dies ist insofern einfach, als sowohl der Erziehungs- als auch der Entwicklungsroman Romantypen bezeichnen, die beide ausschließlich inhaltlich, d. h. stofflich und handlungsbezogen definiert sind. Der Erziehungsroman stellt dabei den Erziehungsprozeß in den Mittelpunkt, mithin neben den zu Erziehenden, meist den Helden des Romans, eine Erzieherfigur oder feste Erziehungsnormen, die im Laufe des Erziehungsprozesses erreicht werden müssen. Dabei tritt die Normenvorgabe, in einer Erzieherfigur verkörpert oder nicht, gleichwertig neben den Romanhelden. Dies macht den offensichtlichsten Unterschied zum Entwicklungsroman aus, der einen Entwicklungsweg seines Helden, zumeist am Vervollkommnungsmodell orientiert, darstellt. Die Grenzziehungen zwischen beiden Romantypen sind sicherlich als fließend anzusehen, wobei allerdings der Begriff des Entwicklungsromans die umfassendere Kategorie darstellt, da er einen viel allgemeineren Vorgang benennt: jeder Erziehungsroman ist zugleich auch Entwicklungsroman!

Geht man einen Schritt weiter, dann empfiehlt es sich, diese ahistorisch zu verstehenden Roman*typen* eindeutig vom Bildungsroman als einer historisch genau eingegrenzten Roman*art* oder *-gattung* abzuheben. Darüber hinaus erscheint es aus zwei Gründen sinnvoll, den Bildungsroman nicht bloß als inhaltlich definierte Romanart zu verstehen: zum einen, weil eine Unterscheidung zwischen Bildung/Entwicklung/Erziehung, wenn die Begriffe auf die Romanstruktur einer einsträngig erzählten Heldengeschichte aufgesetzt werden, keinerlei Trennschärfe besitzt, mit der Folge, daß alle drei so säuberlich getrennten Romanbegriffe wieder ineinanderlaufen; zum andern aus historischen Gründen, die mit der Entstehung des Bildungsroman-Begriffs zu tun haben: die Besonderheit einer eigenen Gattung Bildungsroman liegt ja gerade in ihrer nicht bloß inhaltlich-stofflichen Ausrichtung, sondern in entscheidenden Funktionen der Erzähler- und der Leserfigur für die Wirkungsintention der Gattung.

An dieser Stelle hat die einschneidende Vorentscheidung zu fallen, ob man nämlich den Bildungsroman an einen geistesgeschichtlich sehr eng umrissenen Bildungsbegriff anbindet und ihn damit auf den *Wilhelm Meister* und eine handvoll Romane in seinem thematischen und zeitlichen Umkreis beschränkt. Diese Lösung zielt, literaturgeschichtlich konsequent betrieben, auf die Beschreibung einer letztlich *ausgestorbenen Romanform* (Laufhütte, Engel), die nur noch literarhistorisches Interesse beanspruchen kann, und der Kappung ihrer poetologischen Prägekraft bis in die Gegenwart. Ein so definierter Bildungsroman macht Gattungs*geschichte* eigentlich überflüssig und den Bildungsroman in der Tat zu einer unerfüllten Gattung. Faßt man jedoch den zugrundeliegenden Bildungsbegriff als epochenübergreifend gültig oder gar als ahistorische Kategorie auf, dann geraten die eben noch trennscharfen Grenzen zum Entwicklungsroman ins Schwimmen, weil keine Unterschiede mehr zwischen Bildungsweg und Entwicklungsgang, personaler Identitätsfindung und Adoleszenzkrise auszumachen sind. Als Bildungsroman müßte dann im Grunde jeder Roman gelten, der die Lebensgeschichte eines Einzelhelden erzählt.

Beiden Gefahren versucht eine Gattungsbestimmung zu entgehen, die historisch determinierte Merkmale mit epochenübergreifenden kombiniert, den Bildungsroman also als *historische Gattung* versteht, der auf *ahistorischen Strukturen* beruht. Dies funktioniert, wenn die Gattungsbildung auf mehreren, hierarchisch geordneten Ebenen angelegt ist.

1. Als epochenübergreifende, literaturgeschichtlich konstante *Grundstruktur* wäre zuerst die einsträngige, auf die Lebensgeschichte eines Einzelhelden zentrierte Erzählung in Romanform anzusetzen. In ihrer bis ins 18. Jahrhundert gültigen und für die gesamte europäische Erzähltradition nachweisbaren *historischen* Ausprägung erscheint diese als Abenteuer- oder Picaro-Roman, als ein Erzählmodell, das mit dem Bildungsroman nichts zu tun hat, sondern auf die Darstellung von Weltfülle, Handlungshäufung, Drastik usw. ausgerichtet ist. Dieses Erzählmuster *kann* in seinen fortgeschrittenen Formen als Entwicklungsroman modifiziert sein (etwa Fieldings *Tom Jones*), aber auch noch im Sinn der älteren heilsgeschichtlichen Orientierung funktionieren (*Parzival, Simplizissimus* usw.).

2. Diese ahistorische erzählerische Grundstruktur füllt sich seit

der zweiten Hälfte des 18. Jahrhunderts mit den aufkommenden Bildungsvorstellungen inhaltlich und autorintentional. Diese Füllung bedeutet das erste *historische* Merkmal der Gattungsgewinnung. Zugleich ist es ein *graduelles*, denn diese Füllung verläuft in unterschiedlichen Abstufungen und Intensitäten. Auf dieser Ebene tritt »Bildung« als Stoff, Motiv oder als Erzählelement in ganz verschiedenartige Romanformen ein und funktioniert unabhängig vom Erzählschema des einsträngigen Entwicklungsganges oder einer autobiographisch erzählten Lebensgeschichte. »Bildung« erscheint auf dieser Ebene in den Romanen als bloße Nennung, als Zitat oder in bedeutsamer Auseinandersetzung, sie kann durch zustimmendes Aufgreifen für die jeweiligen Texte als tauglich befunden, aber auch durch Ironisierung, Einschränkung oder Abweisung beiseite geschoben oder ausgegrenzt werden.

3. Solche *Bildungselemente* fungieren als tragende Bausteine von Bildungsgeschichten. *Bildungsgeschichte* darf eine solche Erzählstruktur dann heißen, wenn innerhalb der Grundstruktur der einsträngigen Heldengeschichte Bildung erzählerisch thematisiert wird. Diese erzählerische Thematisierung kann z.B. durch die zeitgerechte Anpassung des alten Abenteuerromans an das moderne Erziehungs- oder Entwicklungsmodell geschehen, etwa auf dem Wege der »Sinnaufladung« durch pädagogische Reflexionen oder durch Vorworte, mit deren Hilfe konventionelle Schelmenromane gerne nachträglich umgedeutet werden (Knigges *Peter Claus*), durch die Einführung zentraler, mustergültig gebildeter Erziehergestalten als Leitfiguren für den Protagonisten wie in Wielands *Agathon* oder auf negativem Weg, indem Bildungsprozesse relativiert oder ad absurdum geführt, Bildungsziele bezweifelt oder nicht erreicht werden. Diese unbedingt historisch aufzufassende Romanstruktur bleibt dabei an zwei literaturgeschichtliche Voraussetzungen gekoppelt, nämlich an einen seit der Aufklärung gewandelten Bildungsbegriff im beschriebenen Sinn und an ein modernes, selbstreflexives Erzählbewußtsein, wie es nicht vor der Mitte des 18. Jahrhunderts angesetzt werden kann. Klar abgegrenzt ist davon die aus traditionellem Erzählen hervorgegangene Erzählerironie auch älterer epischer Texte. Der Begriff der Bildungsgeschichte bezeichnet also eine nun historisch definierte Struktur innerhalb jeder möglichen Romanform, trete diese nun als Schelmen-, Entwicklungs-, Gesellschafts- oder Zeitroman auf.

4. Als *Bildungsroman* kann ein Roman dann bezeichnet werden, wenn »Bildung« als *zentraler Diskurs* thematisiert wird, mithin die Bildungsgeschichte mit dem Anspruch auftritt, verbindliche Instanz für den gesamten Roman zu sein. Das bedeutet nicht, daß die

Bildungsgeschichte der *alleinige* Gegenstand des Romans sein muß oder daß keine andere Diskurse thematisiert werden dürften. Ebenfalls ist es für die Zuordnung als Bildungsroman gleichgültig, ob die Bildungsgeschichte gelingt, bruchlos verläuft, zu Fehlbildungen führt, dem Helden verloren geht usw. Diese Bildungsroman-Definition wäre also nicht mehr an ein harmonisches Ende oder an einen vollständig durchlaufenen Bildungsweg des Helden gebunden. Damit entfielen auch die in sehr vielen gattungsgeschichtlichen Bestimmungen versteckt enthaltenen Negativwertungen von Bildungsromanen (z. B. der Held erreiche sein Bildungsziel nicht, werde nicht richtig gebildet usw.). Es gelänge dadurch, negative Bildungsromane, Antibildungsromane oder Bildungsroman-Parodien nicht als Verfalls- und Verflachungserscheinungen aus der Gattungsgeschichte auszugrenzen, sondern in ihnen eigenständige Verarbeitungen spezifischer Bildungsvorstellungen zu sehen. Damit könnten auch Halb- und Grenzformen der Gattung erfaßt werden, bei denen z. B. die Bildungsgeschichte eines Erzählers für diesen zwar unbeschränkte Gültigkeit behält, nicht aber für den Helden, dessen Bildungsgeschichte nicht vollzogen werden kann.

Selbst für die Moderne könnten dann all diejenigen Romane als Bildungsromane gelten, die sich mit als *historisch begriffenen* Bildungsdiskursen auseinandersetzen, diese etwa restaurieren oder reaktivieren wollen, als Gegenfolie des eigenen Entwurfs betrachten oder ihre partielle Brauchbarkeit oder völlige Verfehltheit für die jeweilige Gegenwart aufzeigen.

4. Die Entstehung des Bildungsromans

4.1 Die Bildungsgeschichte im Roman des 18. Jahrhunderts

An Romanen des 18. Jahrhunderts, die zwar noch keine Bildungsromane sind, aber schon Bildungsgeschichten ihrer Helden präsentieren, können Entstehung und Vorgeschichte des Bildungsromans studiert werden. Zur besseren Systematik lassen sich dabei vier (in der Romanpraxis natürlich ineinander verschlungene) Stränge aufdröseln.

1. Das *Handlungsschema* des *Reiseromans*, zentral schon im traditionellen Abenteuerroman enthalten, erweist sich als besonders geeignet, den Lebensweg einer Figur in Form von Reisestationen, als Addition von Erfahrungen, als Entwicklungsweg oder gar als eine Bildungsreise vorzuführen. Im Unterschied zum älteren Picaro-Roman werden nun nicht mehr bloß funktionale, oftmals im exotischen oder utopischen Raum gelegene Stationen der Weltdurchquerung geschildert und Erkenntnisse für ein resignatives Ende gesammelt (wie etwa im *Simplizissimus*). Schon während seiner Reise, bei sinnhaften Engführungen oder in eingefügten Reflexionen gibt der Held seine jeweiligen Einsichten kund. Ein Roman wie Johann Gottlieb Schummels *Empfindsame Reisen durch Deutschland* (1771/72) läßt den Helden eine solche Raumbewegung vollziehen. Mehr als ein Jahrzehnt später zeigt *Die Geschichte Peter Clausens* (1783/85) des Freiherrn Knigge, daß sogar der traditionelle Schelmenroman durch das Aufgreifen der Bildungsthematik und die Erzählerkommentare sehr nahe an das moderne Paradigma des Bildungsromans herangeführt werden kann. Noch erwirbt dieser Held nur Erfahrungen, durchläuft also keinen Bildungsprozeß.

2. Das *Theater* dient zahlreichen Romanen der Epoche als zentraler *Erzählstoff* und ihren Helden als exemplarisches Bildungsmittel. Die Theatromanie der Zeit, die im *Anton Reiser* und in *Wilhelm Meisters theatralischer Sendung* eine wirkungsmächtige Verführungskraft für die Romanhelden darstellt, erweist sich deshalb als so ergiebig und beliebt, weil an ihr so gut wie alle Aspekte der Identitätsfindung der Helden vorgeführt werden können: die Ablösung aus einem fast immer als bedrückend empfundenen Elternhaus, die sich wie von selbst ergebende Verknüpfung mit dem Handlungsschema des Reisens, gesellschaftlich unsanktionierte, freie Liebeser-

fahrungen, erste Kunsterlebnisse, der Widerspruch zwischen eigenen Wunschvorstellungen und den tatsächlichen Verhältnissen usw.

3. Der *Typus des komischen Romans*, wie er in Untertiteln gern bezeichnet wird, steht für eine moderne Handlungsstruktur und eine (im Sinn des empirischen 18. Jahrhunderts) »realistische« Wirklichkeitssicht. Beides wird sich der Bildungsroman zu Nutzen machen. Die Bezeichnung als »komischer Roman« führt in die Irre, geht es doch nirgends um Komik im heutigen Sinn, sondern (parallel zur Ausdifferenzierung »bürgerlicher« Theaterformen) um die Abgrenzung einer in der Gegenwart handelnden und untragisch verlaufenden Romanform, in Opposition zum hohen Staatsroman und zum bloß unterhaltenden Abenteuerroman. Der komische Roman, der deshalb eher als ein sozialer Roman zu bezeichnen ist, stellt die Einpassung des bürgerlichen Subjekts in ein befriedigendes Umfeld dar; der gelegentliche Aufstieg in den Adel, die reiche Heirat, die angesehene soziale Stellung und der Glückszufall des Endes gehören zu den Strukturmerkmalen des Typus. Besonders die Zielstrebigkeit des Lebenswegs in Form einer aufsteigenden Entwicklungslinie sowie die Sinngebung eines solchen Lebens nicht von seinem Ende her, sondern aus sich selbst deuten auf den Bildungsroman voraus. Das für diese Romanart notwendige didaktisch-auktoriale Erzählen enthält aber auch die Tendenz zur Desillusionierung des aufgeklärten Erziehungsoptimismus. Wezels *Herrmann und Ulrike* (1780) und Hegrads *Komischer Roman* (1786) kommen in der Ausfaltung dieses Strukturtyps den Formen des Bildungsromans schon sehr nahe.

4. Die moderne *Autobiographie* mit ihrer Fokussierung der *eigenen Lebensgeschichte* und der Bedeutsamkeit des Ich trägt für den Bildungsroman ein doppeltes bei. Sie interpretiert eine (beliebige) Lebensgeschichte als zielgerichteten Entwicklungs- oder Bildungsgang, als kausal oder final definierte Schicksalskurve, authentisch beglaubigt durch das Leben des Verfassers. Zugleich problematisiert sie die Spannung innerhalb des autobiographischen Helden, zwischen dem aus der rückblickenden Distanz erzählenden und dem an das Geschehen verhafteten erlebenden Ich. Jung-Stillings humorlose, auf den religiösen Heilsweg ausgerichtete *Lebensgeschichte* stünde am Anfang dieser Linie, die dann Kellers *Grüner Heinrich* zum selbstreflexiven, den Bildungsroman auch strukturell problematisierenden Höhepunkt führen wird.

Schon im Titel setzt sich Johann Gottlieb Schummel mit seinem dreiteiligen Roman *Empfindsame Reisen durch Deutschland* (Wittenberg und Zerbst 1771/72) Laurence Sternes *Sentimental Journey* (1768) zum Vorbild und gibt damit zu erkennen, daß für ihn die Grenzen zwischen Imitation und Übersetzung, zwischen Kontrafaktur und Umformung fließend werden. Die Ansage des englischen Vorbilds bedeutet dabei mehr als eine modische Übernahme der Gattung des Reiseromans. Spätestens seit Fieldings *Tom Jones* (1749) und Sternes *Tristram Shandy* (1760/67) konnte der englische Roman nicht bloß als Vorbild für realistischen Romanstoff, sondern zugleich als Beispiel hochgradiger Bewußtheit des Erzählens gelten. Schummels empfindsamer Reiseroman gehört in der Nachfolge solcher Muster deshalb in die weitere Vorgeschichte des Bildungsromans, weil sich auf den Reisestationen des Helden die ersten Spuren seiner Bildungsgeschichte finden lassen, auch wenn der Roman insgesamt noch weit von einem Bildungsroman entfernt ist. Noch tritt der Held kaum als Handelnder in Erscheinung; er ist keine individuell geprägte Persönlichkeit, sondern eine Figur, die erzählte Erfahrung zwischen Erzähler und Leser vermitteln soll. Autor und Leser sind deshalb an keiner Stelle des Romans sonderlich an seiner Person interessiert. Es ist kennzeichnend, daß wir erst im dritten Band seinen Namen erfahren.

Bei seiner Reise durch Deutschland gelangt der Held sehr schnell an Grenzen, denn die Reisen durch Deutschland sind viel weniger als das (»Empfindsame Reisen durch Deutschland – Durch Deutschland? Nimmermehr! Es ist ja nur durch Leipzig, Bauzen und noch ein paar ungenannte Oerter: machen die zusammen Deutschland aus?« Schummel III, 318). Der Reiseroman, dessen zurückgelegte Wegstrecke so gering ist, macht damit deutlich, daß es um Erfahrungen geht, die nicht an topographische Gegebenheiten gebunden sind. Wie die Vorlage für seinen Roman findet Schummel auch für seine Erzählintention das Vorbild in England: Wie Lessing, der zur Einführung seiner *Miss Sara Sampson* (1755), des ersten bürgerlichen Trauerspiels in Deutschland, auf englische Vorläufer hatte zurückgreifen müssen, um ein bürgerliches, d. h. privatmenschliches Theaterstück auf die Bühne bringen zu können, übernimmt auch Schummel dieses neue bürgerliche Theater als Funktionsmodell seines Romans. Ganz im Sinne dieser aufgeklärten Wirkungs- und Illusionstheorie bietet er die Empfindungen und Erlebnisse seines Helden dem Leser zur Identifikation an. Schon die Vorrede des

Romans, im Tonfall Sternes übrigens, nimmt das Bild vom Theater auf, um die Wirkungsweise des Romans zu erläutern: »Da ist der Vorhang auf und nun sollt ihr ein Spiel zu sehen bekommen, das ihr noch nie gesehen habt; so gewiß als mein Kopf kein Guckkasten ist« (Schummel I, 2). Der Theaterzuschauer, so ist zu schließen, soll dem Romanleser gleichfalls als Vorbild für die adäquate Rezeptionsweise dienen.

Das Theatererlebnis bleibt für den Helden und für den Romanverlauf zwar ohne Folgen und scheint wie auch die meisten der übrigen Erzählepisoden ohne erzählerische Funktion für den Roman. Doch die empfindsame Abschweifung übernimmt die Aufgabe, Held und Leser das rechte Verhaltensmuster des Erlebens und Empfindens bereitzustellen. Sicherlich kann man noch nicht von einem Bildungserlebnis sprechen. Die didaktische Orientierung des Erzählers jedoch wirkt besonders auffällig. Im ausführlichen Nachwort kommt Schummel auf die Bildungsabsichten seines Romans zu sprechen. »Wird nicht vielleicht mancher Jüngling sich aus meinem Buche ein leichtsinniges Moral-System erbaut haben?« (III, 314) befürchtet der Erzähler, denn die dem Leser angebotene Identifikation entpuppt sich jetzt als zweischneidig. Gerade als Lebenshilfe und Bildungsanweisung soll der Roman nicht zu verstehen sein, da weder der Erzähler noch sein Held ein Bildungsvorbild abgeben können. Der Erzähler bekennt seine Unreife (der Roman sei das »Werk eines drey, biß vier und zwanzigjährigen Jünglings« III, 314) und flüchtet in einen Bescheidenheitstopos. Aber gerade dadurch wird der strukturelle Zusammenhang zwischen dem Bildungsstand des Erzählers, dem Bildungsprozeß des Helden und den Bildungsabsichten am vornehmlich jugendlichen Leser sichtbar. Deshalb spricht Schummel »insbesondere meine iungen Leser« an, denen er seinen Helden nicht als »Muster eines Jünglings« vorstellt, sondern als ein »Jüngling, wie er ist, nicht wie er seyn sollte« (III, 317). Diese so wirklichkeitsgetreue Heldenfigur könnte ja in der Tat auf den ersten Blick wie ein Bildungsromanheld aussehen. Doch der Erzähler relativiert seinen Protagonisten sofort als situationsabhängige Figur (»daß ich dieses nur schreibe – nur itzt schreibe – nur itzt denke – und daß ich es bei mehrerer Erfahrung gewiß nicht wieder denken werde.« ebd.) Diese »Erfahrung« ist das Stichwort, um das der Autor sein Schielen nach dem Leser kreisen läßt. Die kritische Verarbeitung fremder »Erfahrung« verlangt vom Leser eine skeptische Aufmerksamkeit, die jeder Literatur mißtrauen soll, die sich als Lebenshilfe ausgibt (»Kurz, lesen Sie mein Buch mit einem sceptischen Geiste, mit dem Sie ohnehin ieden Roman lesen sollten« III, 318).

Diese Skepsis gegenüber nur erzählten, vom Romanhelden gemachten Erfahrungen, wie sie in der Forderung nach richtigem Lesen gipfelt, rückt Schummels empfindsamen Reiseroman in die Nähe einer Bildungsgeschichte. In der Reiseroman-Struktur sind schon die Punkte der Heldenerfahrung offengelegt, die zu Bildungsstationen werden können. Wie weit Schummel vom Bildungsroman entfernt bleibt, zeigt sein Versuch, nach diesem seinem Jugendwerk den pädagogischen Zugriff auf den Leser zu verstärken, aus dem dann ein Erziehungsroman entsteht (*Wilhelm von Blumenthal. Oder das Kind der Natur. Eine deutsche Lebensgeschichte.* Leipzig 1780f.). Eine Bildungsgeschichte kann diese eher an Rousseaus *Emile* orientierte »Lebensgeschichte« nicht sein. Im Ziel dieser Lebensgeschichte berührt sich der Roman mit Johann Karl Wezels *Herrmann und Ulrike* (1780), was die pragmatische Einpassung in die bürgerliche Gesellschaft betrifft, hier unterscheidet er sich vom Bildungsroman.

4.1.2 Adolph Freiherr Knigge: »Geschichte Peter Clausens« (1783/85)

Als »deutschen Gil Blas« bezeichnen englische und französische Übersetzungen die *Geschichte Peter Clausens* (1783/85) des Freiherrn von Knigge und stellen den Roman damit in die Reihe der Schelmenromane und in die Picaro-Tradition. Der Roman selbst erzählt die Abenteuer, die sein Held Peter Claus durchlebt. Peter Claus wird Bedienter, Soldat, Deserteur, Gauner und Schriftsteller; als Violinvirtuose Signor Clozzetti wird er hoffähig, als Claus von Clausbach geadelt und schließlich Finanzminister seines Landesherrn. Nach Hofkabalen fällt er jedoch in Ungnade und zieht sich auf sein Landgut zurück, wo er sein Leben beschließt.

Mit der Gattungsvorgabe des Schelmenromans ist der Erfahrungs- und Vitalitätsvorsprung des Helden gegenüber seiner Umgebung schon vorausgesetzt. Dieses Strukturmodell erlaubt es Knigge, eine komisch-distanzierte Erzählweise mit einer positiv gesehenen Heldenfigur zusammenzubinden, so daß eine Lebensgeschichte entsteht, an der man erste Ansätze zu einer Bildungsgeschichte erkennen kann. Dies zeigt z. B. eine Bildungsreise, die Peter Claus mit seinem Fürsten unternimmt:

»Der Endzweck der Reise schien sehr nützlich. Der Fürst wollte die Einrichtungen in fremden Provinzen und Ländern kennenlernen, um daraus Kenntnisse für sich zu sammeln.« (PC III, 55)

Diese »Kenntnisse« des Fürsten sind aber keine originalen Erfahrungen, sondern nur beliebige, aufgeschnappte Bildungsbrocken von zweifelhaftem Wert. Peter Claus bleibt skeptisch gegenüber einer solchen höchst indirekt erlangten Lebenserfahrung. Erst recht der Erzähler mokiert sich über einen Reisebericht, den der Fürst von seinem Kammerdiener anfertigen läßt, und der nichts anderes als die topographische Beschreibung eines Dorfes beinhaltet: Die akribisch registrierte Erfahrung der Wirklichkeit verkommt zur philiströsen Aufzählung. Der Held hingegen versucht, seine empirischen Eindrücke zu einer lebendigen Menschenkenntnis auszubilden (»Meine Beobachtungen giengen aber mehrentheils nur auf Beobachtung der Sitten und Charakter der Menschen. Dies ist immer mein Lieblingsstudium gewesen.« PC III, 73). Diese Menschenkenntnis, systematisch geordnet wie in Knigges berühmtem Buch *Über den Umgang mit Menschen* (1788), enthält sowohl den Drang zur praktischen Anwendung als auch die Neigung zum Rückzug aus ihr. Eine solche Rückzugsidylle hat sich Peter Clausens Freund Reyerberg geschaffen. Er erstrebt ein vorbildliches, stilles Landleben, das »die Jugend zweckmäßig bildet, nicht cultivirt« (PC III, 101), also eine Bildungsidylle, gleichsam die vorweggenommene Pädagogische Provinz nach dem Nützlichkeitspostulat der Aufklärung. Peter Claus ahmt nach seinem Rückzug aus der Politik diese Lebensweise nach, nur erweitert er sie, weil er sie für die Erziehung seines Sohnes nutzen möchte. Als Grundlage dieses Erziehungsprogramms dient die eigene Lebenserfahrung. »Aus den Resultaten meiner Erfahrungen« (PC III, 199) leitet Peter Claus seine Erziehungsmaximen ab, die auf Empirie abzielen und noch keinen Bildungsprozeß anwerfen. Immerhin ist die bloße Aneinanderreihung von Abenteuerfolgen zugunsten des Prozeßcharakters ihrer Aneignung überwunden, wenn Peter Claus erkennt, daß es darauf ankommt, sich »vollständig zu entwickeln« (PC III, 200).

Zwar ist das Interesse des Autors weitgehend identisch mit dem der Aufklärung, doch auch die individuellen Erfahrungen des Helden bleiben nicht ohne Wirkung auf den Leser. Der Held zeigt am Ende seines Lebens eine höhere Stufe der Einsicht, wenn in ihm der Plan heranreift, eine Lebensbeschreibung zur Reflexion des eigenen Abenteuerlebens zu verfassen. Trotz des resignativen Rückzugs, wie es im Strukturmodell des Schelmenromans festgeschrieben ist, werden nämlich die Fragen an die Zukunft nicht ausgespart. Peter Claus begreift seine selbst entwickelten Erziehungsvorstellungen als das eigentliche Vermächtnis seines Lebens. Sie am Fürsten auszuprobieren war gescheitert, über die Erziehungserfolge an seinem eigenen Sohn erfahren wir nichts. Ganz sicher aber zielt Knigge weit über die

Heldenfigur sehr direkt auf den bildsamen Leser (»Mögten Sie Alle weiser, reiner von dergleichen Fehlern wie ich sein!« PC III, 299). Erfahrung, so wäre zu folgern, meint nicht mehr nur das Erleben von Handlungen und Erzähltatsachen nach dem pikaresken Romanmuster, sondern ist entwickelbar und (als Erziehungsprogramm) auch tradierfähig. Als Bildungsgeschichte, verkleidet im Gewand des Schelmenromans, ist deshalb mit Knigges *Peter Claus* ein Schritt zum Bildungsroman getan, zumal Knigge sich selbst auf das Strukturschema des Bildungsromans berufen möchte. In einer Selbstbeschreibung seines Romans stellt er uns den Helden vor als »einen lebhaften Knaben aus der niedrigsten Volksclasse, der in der ersten Erziehung gänzlich vernachlässigt worden«; Peter Claus »lerne immer nur erst dann, wenn es zu spät ist« und nütze die gemachten Erfahrungen nicht richtig aus: »und so geht es denn mit seiner Bildung langsam – Aber die Erziehung des Schicksals ist doch nicht verlohren« (Knigge-Katalog ebd. 50). Im Helden verbindet sich also der Bildungsbegriff mit aufgeklärten Erziehungsmaximen und einer Schicksalssteuerung in Richtung auf den sozialen Aufstieg. Damit ist in der Tat ein zentrales Strukturmuster des Bildungsromans angesprochen. Freilich: Knigges Behauptung, dem Helden »reift seine mannigfaltige Erfahrung endlich zu einem festen Systeme von Weisheit und Tugend« (ebd.), legt den Verdacht nahe, daß die ältere Form des Schelmenromans in der nachträglichen Selbstinterpretation (1790!) mit viel Gespür für den Bewußtseinswandel zum moderneren Bildungsroman umgedeutet werden soll!

4.1.3 *Johann Carl Wezel: »Herrmann und Ulrike« (1780)*

»Der Roman ist eine Dichtungsart, die am meisten verachtet und am meisten gelesen wird« (W I). Mit diesem berühmten ersten Satz der Vorrede zu seinem »komischen Roman« erklärt Wezel die neue Romangattung aus dem Widerspruch zwischen unakzeptierter Poetologie und Publikumserfolg. Neben diesem wirkungsästhetischen Spannungsverhältnis baut Wezel ein zweites auf. In der Fortsetzung von Blanckenburgs Bestimmungen möchte er die moderne, gesellschaftsorientierte Form des komischen Romans zwischen dem mittlerweile etablierten Drama (in seiner stofflich und intentional »bürgerlichen« Form) und der aktuellen, authentizitätsheischenden erzählten Lebenslinie ansiedeln: »wenn man sie auf der einen Seite der Biographie und auf der andern dem Lustspiele näherte: so würde die wahre *bürgerliche Epopeë* entstehen, was eigentlich der Roman seyn soll« (W II). Wezels Erzählung vom Lebensweg Herrmanns durch

allerlei Hindernisse, sein sozialer Aufstieg aus Kleinbürgerverhält-
nissen in die Nähe eines aufgeklärten Fürsten, die gerechte Strafe für
seine Widersacher und seine endliche glückliche Verbindung mit
Ulrike folgt in der Reihungsstruktur den bekannten Schemata.
Erzähler wie Held intendieren zweifellos eine Bildungsgeschichte,
wie der umfängliche, Erziehungsgrundsätze thematisierende Diskurs um die einflußreiche Figur des Hauslehrers Schwinger signali-
siert. Doch bleibt der Stellenwert dieser Bildungsgeschichte dem
Roman weitgehend äußerlich: Der Bildungsweg des Helden ist am
sozialen Aufstieg, nicht an einer im Ergebnis offenen Identitätsfindung orientiert, die glückliche Lösung ergibt sich nicht als Folge
eines gelungenen Bildungswegs, sondern wird durch das lenkende
Eingreifen des Fürsten, vergleichbar Knigges *Peter Claus*, bewirkt.
Was Wezel in seiner Vorrede programmatisch als »stufenweise
Entwickelung des Hauptcharakters«, zugleich als »Entwickelung der
Fabel« (W V) postuliert hatte, beschreitet den Weg zum Bildungsroman, es erhebt den Titelhelden Herrmann aber noch nicht zu
einem deutschen Agathon. Gerade das Auftauchen einer zweiten
Hauptgestalt schon im Titel macht das ältere Schema des Abenteuerromans durchsichtig, dessen Handlungsstruktur von Anfang an
auf die Überwindung der Hindernisse bei der Vereinigung mit der
Geliebten angelegt war. Die zweifellos angezogene Bildungsgeschichte fungiert als *ein* Diskurs unter mehreren zumindest gleichwertigen.

4.1.4 Friedrich Hegrad: »Komischer Roman« (1786)

Mit einer vergleichbaren leserpädagogischen Konzeption, aber einem zentralen Stellenwert der Bildungsgeschichte für das Roman-
gefüge hat Friedrich Hegrad 1786 seinen *Komischen Roman* verfaßt.
    Die Gattung des komischen Romans, die hier (wie bei Scarrons
Le Roman comique) sogar zum alleinigen Romantitel wird, verweigert sich nur scheinbar einer ernsthaften Auseinandersetzung mit
Bildungsfragen, schiebt allerdings die Auflösung der Bildungsgeschichte aus der Romanhandlung hinaus. In der Vorrede begründet
Hegrad die Gattungswahl mit der mittleren Stillage, die einem
bürgerlich-privaten Gegenstand angemessen sei (»zur Abwechslung
für das Publikum, das sich vielleicht doch nicht immer mit *Religions-
und Staats-Sachen* abgeben mag« – K, Vorrede).
    Als »Satyre« schildert der Roman die Lebensgeschichte der
Landjunkerkinder Karl und Jakobine. Die Verwicklungen und
Abenteuer, die sogleich beginnen, werden zumindest bei Karl

als die Folgen einer gutgemeinten, aber falschen Erziehung dargestellt. Schuld daran ist Karls Hofmeister Silberbach, dessen eigene Bildung empfindsam-ästhetisch und wirklichkeitsfern ist (Silberbach »redete verschiedene Sprachen mit vieler Fertigkeit und sehr richtig; spielte mit Empfindung Klavier; sang ganz artig, und machte mehr als mittelmäßige Verse« K I, 13). Was Silberbach jedoch fehlt, sind nicht nur pädagogische Fähigkeiten, sondern die dazu vorausgesetzte Menschenkenntnis und Lebenserfahrung (»Sein Geist drang nicht so tief ein, daß er das Aufkeimen, und die Entwicklung der Seele seines Zöglings gehörig hätte beobachten können.« K I, 12). Die hier anknüpfende Kritik des Erzählers an einer nur theoretischen Bildung (»Kunst aus Büchern«) spiegelt bei Hegrad wie schon bei Knigge wider, wie wichtig die Rolle der Menschenkenntnis für den Bildungsprozeß genommen wird: »Wie schwer ist diese Kunst, den Menschen zu kennen, und ihn auszubilden.« (ebd.) Damit verläßt der Erzähler seine Bildungsgeschichte und die Ebene des bloßen Vorführens von Lebensläufen, indem er für sein Räsonnement ausführliche Aufmerksamkeit beansprucht.

Der Romanheld soll in die Stadt ziehen, um seine Hauslehrerbildung zu vervollständigen, doch gerät er in den Trubel der großen Welt, in dem der Leser ihn aus den Augen verliert. Der Handlungsfaden geht zu Silberbach über, der Karl in »ganz Teutschland, Pohlen, Rußland, England, Frankreich und Italien« sucht. Aus einer Suchreise, die »ihrem Hauptzweck nach vergebens war«, wird unvermittelt eine Bildungsreise Silberbachs: »Indessen hab' ich eben diesen Reisen, meine Bildung und mein ganzes gegenwärtiges Glück zu verdanken.« (K II, 72). Während hier das gewohnte und auch für viele Bildungsromane konstitutive Reisemotiv angeschlagen wird, vollzieht sich in Silberbach ein entscheidender Bewußtseins-, ja Bildungsprozeß. Nicht etwa der Held, sondern Silberbach erkennt nun seine Fehler als Hofmeister und reflektiert sie kritisch (»Ich darf sagen, daß ich damals, als ich Sie erziehen sollte, viele Belesenheit und Kenntnisse hatte. allein es waren solche, die weder mir noch Ihnen für diese Welt nützlich seyn konnten« – K II, 72f.). Daß das Einbringen nutzbar zu machender »Erfahrung« als notwendig erachtet wird, läßt gewandelte Bildungsgrundsätze Silberbachs vermuten. Doch die neue Wirklichkeitssicht verspielt die Chance; sie wird zu im Grunde simplen Verhaltensregeln nach dem Nützlichkeitsprinzip abgebogen. Silberbach nennt dies mit Recht seine »Hausphilosophie« (K II, 74). Die kritisch-ironische Distanz des Erzählers ist allerdings nicht zu übersehen.

Das »Ende gut, alles gut« (K II, 220) beschließt aber nicht den Roman, sondern leitet über in ein Gespräch der Protagonisten, in dem noch einmal die Lebensprinzipien unter der Perspektive der Bildung diskutiert werden. Bildung meint dabei die Summe negativer Erfahrungen, aus denen man zu lernen hat. Dies ist die geheime Begründung des Erzählers, warum er die Bildungsthematik in der Gattung des komischen Romans behandelt hat: nur als »Satyre« kann das ernste Anliegen zugleich von seiner Kehrseite und ironisch gesehen werden. Seine Kehrseite zeigt der Roman auch in der Schlüsselfigur des Hauslehrers Silberbach, der nicht nur zur Hauptgestalt neben den Helden aufrückt und diesen in den Hintergrund drängt. An und durch Silberbach verwandelt sich der Erziehungsroman in eine Bildungsgeschichte des Erziehers. Diese zweite Möglichkeit einer Bildungsgeschichte, die der Roman vorführt, verläuft außerhalb gängiger Bildungswege, auch wenn der Ausgangspunkt in der herkömmlichen Verbindung von Schulbildung und Bildungsreise liegt. Beide Wege werden zwar ironisch gesehen, weil sie der Lebenspraxis nicht standhalten. Die Perspektive des Kosmischen und des ironischen Erzählers entspricht im Roman der Funktion der zeitgenössischen Komödientheorie. Doch die mittlere Stillage erlaubt in der »Satyre« eine Verkomplizierung des didaktischen Erzählens, bei dem der Erzähler auf eindeutige pädagogische Unterweisungen verzichtet, weil er den Leser auf andere Weise zu sich heranrückt: erst indem es der Romankunst gelingt, die Identifikation des Lesers mit dem Erzähler anstelle des Helden zu bewerkstelligen, kann die Bildungsgeschichte den Anspruch erheben, mehr als ein Diskurs im Roman zu sein.

4.1.5 Autobiographie und Bildungsgeschichte

Bisher ist wohl deutlich geworden, daß die Bildungsgeschichte im Roman des 18. Jahrhunderts auf ihrem Weg zum Bildungsroman eine Gesinnungsgemeinschaft zwischen Erzähler und Leser aufbaut, die nicht zum wenigsten hinter dem Rücken der Heldenfigur stattfindet. Die in pietistischer Tradition stehenden Autobiographien verkomplizieren insofern diese Struktureigenheit, als sie eine (Teil-)Identität von Erzähler und Held gleichsam gattungsbedingt vorauszusetzen und erzählerisch zu thematisieren scheinen. Es ist offensichtlich und vielfach dargestellt worden, daß die Entstehung dieser modernen Form der Biographie eine entscheidende Rolle für die Entstehungsgeschichte des deutschen Bildungsromans spielt. Die Autobiographie präsentiert die Entwicklungsgeschichte eines Helden zugleich in der Weise, daß sich in ihr die Selbstbildungsgeschichte des Autors ablesen läßt. Gerade hier ist die Perspektive, unter der dies geschieht, entscheidend für die Zuordnung zur Geschichte des Bildungsromans. An Jung-Stillings *Lebensgeschichte* (I. Teil 1777, VI. Teil erst 1816/17 erschienen) kann etwa gezeigt werden, wo die Unterschiede zwischen der pietistischen Autobiographie und dem Bildungsroman verlaufen. Die Ähnlichkeiten im Entwicklungsgang des Helden und die autobiographische Nähe des Erzählers zum Autor lassen leicht übersehen, daß der Lebensweg des Autobiographie-Helden als Läuterungsprozeß, nicht als Bildungsprozeß konzipiert ist. Auch Stillings Geschichte soll ja keinen potentiell offenen, d.h. veränderbaren Lebensgang darstellen, sondern den Nachweis eines göttlich gesteuerten, prädestinierten Ausgangs liefern. Die christliche Erbauung, nicht die Bildungsabsicht steuert den Erzählablauf und verlangt einen erbaulichen, keinen gebildeten Erzähler. Sogar die Passivität des Helden, eines der Handlungsmerkmale des Bildungsromans, tritt in der pietistischen Autobiographie auf, jedoch mit umgekehrtem Vorzeichen, nämlich als völlige Ergebung in die göttliche Fügung, nicht als selbstgewähltes, selbstentschiedenes Wirkenlassen irgendwelcher Bildungseinflüsse. Der soziale Aufstieg, den Jung-Stilling wie viele der Bildungsroman-Helden durchmacht, geschieht gleichsam nebenbei, unerkämpft und wirkt beinahe ungewollt; er dient zum Nachweis der göttlichen Fügung, während im Bildungsroman der soziale Aufstieg des Helden gerne als Signum eines gelungenen Bildungsweges angesehen wird. Gerade an der Funktion des Zufalls oder des Schicksals, in der pietistischen Autobiographie immer eindeutig als göttliche Fügung gesehen, kann für den Bildungsroman der unplanbare Ausgang und die Beeinflußbarkeit des Heldenlebens offenkundig werden. Der Darstellung von Lebensstationen als Bildungsstufen im Bildungsroman entspricht bei der Autobiographie die religiöse Legitimation jeder Lebensetappe. Im verschobenen Eigenwertigkeitsbewußtsein des Helden, das zwischen extremem Minderwertigkeitsgefühl und ekstatischer Selbstüberschätzung hin- und herspringt, liegt letzten Endes der gravierendste Unterschied, der Stillings Lebensgeschichte von der Bildungsgeschichte abhebt. Strukturähnlichkeiten mit dem Bildungsroman ergeben sich also dann, wenn man allein die Handlungsebene des Helden untersucht. Denn der der pietistischen Autobiographie unterlegte Bildungsbegriff kennt nur die ältere Bedeutung einer ausschließlich göttlichen »Einbildung« (vgl. Kap. 1). Ein souveräner Erzähler kann sich von einer solchen Einbindung in eine göttliche Weltordnung ebenso wenig ablösen wie ein freier Leser, der mehr will als erzählte Erbauung.

4.2 Wielands *Agathon* und Moritz' *Anton Reiser*

Am Beginn der eigentlichen Geschichte des Bildungsromans stehen zwei gegensätzliche Ausprägungen der Gattung, in denen das idealtypische Modell schon relativiert und seine Problematik aufgezeigt wird. Beide führen die Strukturen des Bildungsromans auf ihre extremen Möglichkeiten. Dabei zieht Wielands *Geschichte des Agathon* die Linie des philosophischen Aufklärungsromans nach dem Muster von Voltaires *Candide* (1739) aus und verbindet sie mit einem selbstironisierenden Erzählinteresse. Der Roman bedient sich dabei der Muster des Entwicklungsromans, des modernen didaktischen, leserorientierten Erzählers und der Modellierung typischer Gestalten als Gegenfiguren zum Helden. Von Anfang an reflektiert der *Agathon* freilich auch Zweifel an der Bildbarkeit seines Helden; diese stellt er als Ernüchterung eines genialischen Schwärmers durch die Lebenserfahrung dar. Trotz der starken Skepsis des Erzählers behält der Roman aber seinen utopischen Charakter bei.

Am ganz gegensätzlichen Pol steht Moritz' autobiographischer Roman. Sein *Anton Reiser* erhebt die eigene Lebensgeschichte zur Leitlinie des Romans. Dieser erhält seine Sinngebung nicht wie *Agathon* als Voraussetzung des Erzählprozesses, sondern erst als dessen Ergebnis. Der scheinbar bloß registrierende Erzähler, der die Aufspaltung in einen erlebenden und in einen distanziert erzählenden Teil schon vorwegnimmt, zeichnet sich nicht durch fundamentalkritische Ironie (wie im *Agathon*), sondern durch systematische Kritik an seinem Protagonisten aus. Im Helden bekommt der Leser kein didaktisches Modell vor Augen gestellt, sondern einen authentischen, biographisch beglaubigten Fall. Diese Wirklichkeitsdurchsättigung des blutleeren Vorführmodells des Aufklärungsromans weist der Bildungsgeschichte des Helden einen veränderten Stellenwert zu. Ihr kann der autobiographisch gebundene, stark psychologisierende Erzähler keine Ziele mehr vorgeben. So herrschen denn eher Bildungsverhinderung, -behinderung und die psychische Verkrüppelung durch die gesellschaftlichen Bedingungen vor. Aus ihnen lebt sich nicht der Held frei, sondern der Autor, indem er sich von seiner autobiographischen Heldenfigur freischreibt.

4.2.1 Christoph Martin Wieland: »Geschichte des Agathon« (1766/67; 1773; 1794)

Mit Wielands *Geschichte des Agathon* wird die Bildungsgeschichte erstmals zur eindeutigen Leitlinie eines ganzen Romans. In seinen drei, eine jahrzehntelange Beschäftigung dokumentierenden Fassungen umgreift Wielands Romankonzeption zugleich die Entwicklungsgeschichte der gesamten Gattung; an ihnen läßt sich auch der Wandel vom ironisch-vorbehaltlichen Bildungsoptimismus zu einer desillusionierten Wirklichkeitssicht ablesen. Im »Vorbericht« zur ersten Fassung postulierte Wieland das Programm seiner Bildungskonzeption an einer Heldenfigur, deren »Individualitätscharakter« er in inneren Wandlungen darstellen wollte. Blanckenburg hatte sich bei der Abfassung seines *Versuchs* genau auf dieses Programm berufen mögen. Wielands Held Agathon unterliegt dabei einer Versuchsanordnung wie für physikalisch-chemische Experimente:

>»Weil, vermöge des Plans, der Charakter Agathon auf verschiedene Proben gestellt werden sollte, durch welche seine Denkart und seine Tugend *geläutert*, und dasjenige, was darin *unecht* war, nach und nach von dem reinen Golde *abgesondert* würde« (Vorbericht z. 1. Fassung).

Dieses gleichsam experimentelle Ausprobieren der Heldenreaktionen geschieht im Verlauf des Romans in einem etwas gekünstelt wirkenden, luftleeren Raum mit der Tendenz, in die Utopie überzuspringen; die antike Einkleidung der Romanhandlung hat auch von daher ihren guten Sinn, begünstigt sie doch die experimentelle Distanzierung mehr, als es die Zeitgenossenschaft des Helden könnte. Nicht nur dies isoliert den Helden von der Realität, auch die übrigen Figuren treten als Verkörperungen typischer Verhaltensweisen und philosophischer Grundsätze auf, die eher an Figuren der Typenkomödie gemahnen als an wirklichkeitsgesättigte Romangestalten. So besteht denn auch der Bildungsprozeß des Helden nicht in einer Veränderung seiner Anlagen und Grundsätze durch von außen kommende Einflüsse, wie dies der Bildungsbegriff des 18. Jahrhunderts eigentlich vorschreibt, sondern in einer Entschälung des wahren Wesens der Helden.

Im Bild solcher alchimistischen Purifizierung wird nicht nur die grundsätzliche, gleichsam experimentelle Wiederholbarkeit der Lebensgeschichte des Helden behauptet und ihm damit jede individuelle Charakterentwicklung abgesprochen; der Erzähler begreift sich auch als naturwissenschaftlicher Beobachter eines mechanistisch verstandenen Lebensablaufs: »die wahren Triebräder seiner Handlungen so genau als uns möglich sein wird zu erforschen« (A 6).

Zugleich besteht Wieland darauf, seinen Titelhelden nicht als »Modell eines vollkommenen tugendhaften Mannes« zu entwerfen, sondern in ihm ein »Bild eines wirklichen Menschen« zu geben (Vorbericht). »Bild« gegen »Modell«: Die Wirklichkeitsverpflichtung des Helden meint das Wahrscheinlichkeitspostulat des Aufklärungsromans, das den Bildungsbegriff noch deutlich dominiert, der im »Vorbericht« des *Agathon* noch ganz im Geruch der phantasieverdächtigen Einbildungskraft steht (vgl. A 9: »willkürlich nach der Phantasie oder den Absichten des Verfassers gebildet«; »sich einen Menschen vorzubilden […] wie eine Moral« usw.). Ein solcher Purifizierungs- und Läuterungsprozeß greift die Identität des Helden in ihrem Kern nicht an, sondern kratzt nur an der Politur gesellschaftlicher Verhaltensweisen. Das eigentliche Bildungsziel des *Agathon*, nämlich den Kern moralischer Werte und Maximen gegen alle Widrigkeiten zu bewahren, treibt der Roman in den Konflikt mit den ganz gegensätzlichen Verhaltensdispositionen. Weder eine Bildungsentwicklung des Helden noch eine Verbesserung der sozialen Zustände kann deshalb am Roman abgelesen werden. So ist denn das fragmentarische Ende der 1. Fassung des *Agathon* nur konsequent; die 2. und 3. Fassung des Romans führen ein positives Ergebnis auch keinesfalls an einem abgeschlossenen Bildungsgang Agathons vor, sondern an der Lehrerfigur des Archytas, der bereits vorbildlich verkörpert, was Agathon nur anstreben kann. Die 3. Fassung von 1794 hat Wieland 1799 durch ein Gespräch zwischen Agathon und seinem philosophischen Gegenspieler Hippias »im Elysium« ergänzt, in dem zwar der neue, wachstumsmetaphorisch formulierte und durch den Erfolg von Goethes *Wilhelm Meister* durchgesetzte Bildungsbegriff eingeführt wird:

»und der wahre Grund dieses Unterschiedes liegt nicht, wie viele meynen, in der *Ausbildung*, sondern in der *innern Form* selbst, welche sich wohl verbilden, verzerren und verstümmeln, aber nicht anders *ausbilden* läßt als durch *Entwickelung*; nicht wie der Künstler aus demselben Marmorblock einen *Apollo* oder *Marsyas* bilden kann, sondern wie der Keim einer Pflanze, Stiel, Blätter, Blume u.s.w. aus sich selbst herausbildet, wiewohl auch Boden, Wasser, Luft, Wärme, Licht und andere äussere Ursachen das ihrige dazu beytragen müssen.« (A 591).

Sinnigerweise formuliert aber nicht Agathon, sondern Hippias diese Position!

Schon längst hat der Erzähler als souveräner Arrangeur solcher Konstellationen die Erzieherrolle für seinen Helden übernommen. Dies ist die geheime Ursache sowohl für die reflektorisch kommentierte Darstellung der zunehmenden Einsichten Agathons als auch für eine an den offensichtlichen Vorbildern Sterne und Fielding geschulte, jedoch eigenständige Erzählerironie Wielands im Spannungsverhältnis von fiktivem Stoff und realhistorischer Grundierung, von Wahrscheinlichkeitspostulat und erzählantreibendem Zufall (A 19ff.: »Über das Historische im Agathon«). Während der Held in seinen Selbstreflexionen über gemachte »Erfahrungen«, die eher die Position des Hippias bestätigen, nicht hinauskommt, überhebt sich der Erzähler durch die Kontrastierung – etwa die »fehlerhafte« Bildungsgeschichte des Dionysius von Syrakus (A 318ff.) –, durch die kritische Relativierung von Agathons Selbstdefinitionen (»aber wir zweifeln sehr«) oder durch einen Handlungsverlauf, der den Helden gezielt in die Irre führt.

Die Bildungsgeschichte hat damit die Romanform, die zur Darstellung eines individuellen Heldenschicksals dient, vollständig in Besitz genommen und dadurch den Bildungsroman konstituiert. Daß jedoch vieles programmatisch und Theorie bleibt, hängt mit dem Mangel an autobiographischer Identifikation zwischen dem Erzähler und seinem Helden zusammen. So mag man »Agathons Schutzrede« (A 439ff.), seine programmatische Auseinandersetzung mit seinem Gegenspieler Hippias, auf der Folie von Wilhelm Meisters berühmtem Bildungsbrief als uneingelöstes und uneinlösbares Postulat lesen. Wie jener ist auch die »Schutzrede« als Antwort auf die vorausgegangene Positionsbestimmung des Widerparts bezogen, in einen relativierenden Handlungszusammenhang eingebettet und durch einen äußerst ironischen Kommentar des Erzählers begleitet, der die schwärmerische Euphorie Agathons konterkariert. Agathon entwickelt kein Bildungsprogramm wie Wilhelm Meister, sondern unterzieht seine idealistischen Bestrebungen einer desillusionierenden Selbstkritik, deren rhetorisches Pathos ihre Relativität zweifellos erhöht. Agathon hat, im Sinne seines programmatischen Namens angetreten, »das möglichst Gute« gegen die widrigen »Umstände« nicht durchsetzen können (A 439). Der dadurch ausgelöste Erkenntnisprozeß führt zwar zu Zweifeln am eigenen Ich (A 443: »Ich kannte die Menschen zu wenig, und traute mir selbst zuviel.«) und zur »Umwälzung in meinem Gemütszustand« (A 445), tastet aber den Wesenskern nicht an. Am Ende steht eine Läuterung des Helden, die Befestigung seiner weiterhin gültigen Prinzipien: »Du siehest, meine Erfahrungen, meine Verirrungen, meine Fehltritte selbst, dienten am Ende nur mein Gemüt zu läutern, mich in meinen Grundsätzen zu befestigen« (A 446). Agathon versteht seinen Lebensweg erst dann als einen Bildungsprozeß, als er sich entschließt, diese Lebensgeschichte selbstreflektierend aufzuschreiben, mithin »sein eigener Biograph zu werden« und dadurch »alles dessen, was ich mir seit ihrer ersten Bildung von den verschiedenen Veränderungen, durch welche sie [= Seele] bisher gegangen ist, bewußt bin, vollständiger und getreuer als durch eine mündliche Erzählung« (A 546). Erst dort, wo das ironische, aber eben immer beliebige Spiel des Erzählers mit seiner modellhaften Heldenfigur autobiographisch verbürgt und durch lebensgeschichtlichen Ernst befestigt wird, wo sich Aufklärungsroman und Autobiographie verbinden, entsteht der Entwurf des Bildungsromans.

4.2.2 Karl Philipp Moritz: »Anton Reiser« (1785/90)

Der 1785 bis 1790 mit dem Untertitel »Ein psychologischer Roman« erschienene *Anton Reiser* steht an der literaturhistorischen wie gattungsgeschichtlichen Schnittstelle von Autobiographie und Bildungsroman. Dem *Modellfall* bei Wieland tritt hier die *Fallgeschichte* gegenüber. Darüber hinaus erscheint er als Zeitroman, der die eigentümliche Theatromanie der zweiten Hälfte des 18. Jahrhunderts als zentralen Diskurs thematisiert. Denn den Drang des Helden, seinen Lebensweg in einer Theaterlaufbahn kulminieren zu lassen, begreift der Erzähler als überindividuelles, zeittypisches Schicksal:

»Es war wirklich damals die glänzendste Schauspielerepoche in Deutschland, und es war kein Wunder, daß die Idee sich in eine so glänzende Laufbahn, wie die theatralische war, zu begeben, in den Köpfen mehrerer jungen Leute Funken schlug, und ihre Phantasie erhitzte« (AR 355).

Der *Anton Reiser* reiht sich damit den literarisch-biographischen Manifestationen dieser epochalen Theaterleidenschaft ein, wie sie auch *Wilhelm Meisters theatralische Sendung* zum Ausgangspunkt nimmt. Daß gerade Wilhelm und Anton – beide stammen aus kleinbürgerlichen Verhältnissen – diesen Weg gehen wollen, spiegelt die gesellschaftlichen Repressionen des 18. Jahrhunderts, denen gerade die unteren Schichten am stärksten ausgesetzt waren. Die Wendung zum Theater als Selbstdarstellung im Ästhetischen gilt dann als individueller Ausweg und dient zur Kompensation der sozialen Unterdrückung.

Freilich: auch wenn der *Anton Reiser* aus solchen Quellen gespeist wird, so geht er doch über die autobiographische Darstellung einer Theaterlaufbahn weit hinaus. Der Erzähler des *Anton Reiser* dreht nämlich ganz im Sinne seines psychologischen Romans das Verhältnis von gesellschaftlich vermittelter Theaterleidenschaft und selbstgewähltem Lebensweg um, wenn er Reisers Theaterneigung nicht als Anlaß, sondern als Ergebnis eines Lebensgeschichte ansieht:

»Aus den vorigen Teilen dieser Geschichte erhellet deutlich: daß Reisers unwiderstehliche Leidenschaft für das Theater eigentlich ein Resultat seines Lebens und seiner Schicksale war, wodurch er von Kindheit auf, aus der wirklichen Welt verdrängt wurde, und da ihm diese einmal auf das bitterste verleidet war, mehr in Phantasien, als in der Wirklichkeit lebte« (AR 382).

Die Begründungen des Erzählers, der Reisers Lebensweg als Realitätsverdrängung und die Rolle der Theaterbestrebungen nicht nur als Tribut an den Zeitgeist, sondern als Flucht in eine Phantasiewelt deutet, betonen die psychologischen Ursachen für diesen Gegensatz von Wirklichkeit und Einbildung. Reisers Theatertrieb ist nur ein psychischer Mechanismus unter anderen, der sich jeweils im Widerspruch zur negativ erfahrenen Wirklichkeit ausbildet. Schon in seinem Elternhaus flüchtet sich Reiser als Reaktion auf die Unterdrückung elementarer Bedürfnisse in eine Phantasiewelt des Lesens. Nicht zufällig wird hier von seiner unersättlichen »Begierde« des Lesens gesprochen, und zwar als Ersatz für entzogene Welt (»Durch das Lesen war ihm nun auf einmal eine neue Welt eröffnet, in deren Genuß er sich für alle das Unangenehme in seiner wirklichen Welt einigermaßen entschädigen konnte.« AR 16).

Auch die Unterdrückung beim Hutmacher Lobenstein kompensiert Reiser auf diese Weise. Hier ist der Zusammenhang von Wirklichkeitserfahrung und dazu kontrastierender Illusionsausbildung besonders deutlich abzulesen. Der fast völlige Ichverlust, »zwischen dem schrecklichsten Lebensüberdruß, und der instinktmäßigen unerklärlichen Begierde fortzuatmen«, drängt Reiser in eine neue Phantasiewelt:

»Als *Tier* wünschte er fortzuleben; als Mensch war ihm jeder Augenblick der Fortdauer seines Daseins unerträglich gewesen. Allein wie er sich schon so oft aus seiner wirklichen Welt in die Bücherwelt gerettet hatte, wenn er aufs Äußerste kam, so fügte es sich auch diesmal, daß er sich gerade vom Bücherantiquarius die Wielandsche Übersetzung vom Shakespear liehe – und welch eine neue Welt eröffnete sich nun auf einmal wieder für seine Denk- und Empfindungskraft.« (AR 265f.)

Mit Hilfe der Shakespeare-Lektüre nämlich gelingt es Reiser, die selbstzerstörerische Ich-Isolation aufzubrechen. In ganz ähnlicher Funktion ist die Shakespeare-Lektüre im *Wilhelm Meister* der Katalysator für eine Öffnung zur gesellschaftlichen Umwelt. Doch während Wilhelm Meister durch Jarno mit Hilfe der dramatischen Lektüre für ein »tätiges Leben« (L 199) gewonnen und vom Theater weggelockt werden soll, geschieht mit Reiser das Gegenteil. Reisers Lesebegierde ist der Schlüsselreiz, der das Theaterspiel als Trieb zur Selbstdarstellung und -aussprache erst auslöst (»und seine größte

Begierde war, das alles, was er beim Lesen empfand, mitzuteilen« AR 266). In diesem Zusammenhang ist es auffällig, in welch hohem Maß Reisers Lebensgang, nicht nur sein Theaterstreben durch Literatur gesteuert wird. Damit ist zugleich die Tendenz verbunden, mit Hilfe von Literatur das eigene Leben zu poetisieren. Diese literaturgesättigte Atmosphäre im *Anton Reiser* erhält ihre Bedeutung für die Bildungsgeschichte, wenn Reiser versucht, sein Leben an literarischen Werken auszurichten. Dieser nicht nur kompensatorische, sondern auch emanzipatorische Vorgang wendet sich anfangs präzise gegen die Ablehnung nichtreligiöser und fiktiver Literatur im quietistischen Elternhaus (»Sein Vater war ein abgesagter Feind von allen Romanen« AR 33). Reisers weitere heimliche Bekanntschaft mit fiktiver Literatur (»Das unaussprechliche Vergnügen verbotener Lektüre« AR 33) gibt dieser einen hohen Stellenwert in der Begriffs- und Gedankenwelt des Helden. Zentraler Begriff dafür ist die »Einbildungskraft«, die jede Romanhandlung für Reiser durch sein Hineinversetzen unversehens zum Theaterstück macht:

»Die Erzählung von der Insel Felsenburg tat auf Anton eine sehr starke Wirkung, denn nun gingen eine Zeitlang seine Ideen auf nichts Geringeres, als einmal eine große Rolle in der Welt zu spielen, und erst einen kleinen, dann immer größeren Zirkel von Menschen um sich her zu ziehen, von welchen er der Mittelpunkt wäre« (AR 34)

Bildung, sobald dieser Begriff im Roman auftaucht, meint zuerst literarische Geschmacksbildung: »Durch diese einzige so oft wiederholte zufällige Lektüre bekam sein Geschmack in der Poesie eine gewisse Bildung und Festigkeit« (AR 40). Die literarische Bildung, die Reiser erlangt, muß freilich deutlich von seiner übersteigerten Einbildungskraft abgehoben werden. Der vom Pietismus geprägte Begriff der Einbildungskraft wird erstmals von Moritz in dieser speziellen Bedeutung außerhalb der religiösen Sphäre gebraucht. Wichtig wird dieser Begriff für die Geschichte des deutschen Bildungsromans: Von *Wilhelm Meister* oder dem *Titan* bis hin zu Kellers Begriff der poetischen Einbildungskraft beginnt die Bildungsgeschichte der Romanhelden in der Regel als Entwicklung der Einbildungskraft. Reisers Einbildungskraft ist hier allerdings noch pejorativ verwendet und meint eine übersteigerte Form der identifikatorischen Phantasie. Das, was den Leser, Dichter und Schauspieler Reiser an diese übertriebene Einbildungskraft bindet, ist der jeweils fehlende »Beruf«. Reisers Schauspielerleidenschaft war »kein echter Beruf, kein reiner Darstellungstrieb« (AR 413); Reiser gehört für den Erzähler zu denjenigen, »welche sich einbilden, einen Beruf zur Dichtkunst zu haben« (AR 476). Dennoch bleibt die Literatur für Reisers Lebensweg trotz der kritischen Reserve des Erzählers der einzig mögliche Zugang zur Bildung. Die Denkform taucht nämlich nur im Zusammenhang mit Lektüre, nirgends mit dem Theater auf. Auch dies kann als ein Symptom für die Bildungsverhinderung gelten, die das Theater ausübt. Reisers Bildungsprozeß kann sich deshalb nicht organisch entwickeln, sondern nur sprunghaft vollziehen:

»Wenn je der Reiz des Poetischen bei einem Menschen mit seinem Leben und seinen Schicksalen kontrastierte, so war es bei Reisern, der von seiner Kindheit an in einer Sphäre war, die ihn bis zum Staube niederdrückte, und wo er bis zum Poetischen zu gelangen, immer erst eine Stufe der Menschenbildung überspringen mußte, ohne sich auf der folgenden erhalten zu können.« (AR 476)

Diese sprunghaft verlaufende Bildungsgeschichte verunmöglicht letztlich eine wirkliche Bildung des Helden, nicht jedoch für den Erzähler, für den Bildung sehr wohl über den Weg der poetischen Einbildungskraft zu erreichen ist.

Diese Spannung zwischen der Position des gebildeten Erzählers und des verhinderten Bildungsweges seines Helden betrifft letztlich auch den Gattungs- und Strukturunterschied von Autobiographie und psychologischem Roman. Zwar werden im *Anton Reiser* Autobiographie und psychologischer Roman nicht als Gegensätze, sondern als zwei Seiten einer erzählerischen Position begriffen (»Dieser psychologische Roman könnte auch allenfalls eine Biographie genannt werden« AR 6). Doch der wörtliche Rekurs auf Blanckenburgs »*innere* Geschichte des Menschen« (AR 6) zielt schon auf die Struktur des Bildungsromans. Im Unterschied zu Blanckenburgs Forderung kehrt Moritz freilich das Ziel-Mittel-Verhältnis in Reisers Lebensgeschichte um: die »innere Geschichte« ist nicht das Ziel des *Anton Reiser*, sondern nur erzählerisches Mittel des psychologischen Romans. Der Erzähler verwebt die Einzelheiten zu einer Lebens- und Bildungsgeschichte, nur er organisiert das »künstlich verflochtete Gewebe eines Menschenlebens«, auch wenn er in der passiven Formulierung sein Eingreifen verschweigt (»die Zwecklosigkeit verliert sich allmählich, die abgerißnen Fäden knüpfen sich wieder an, das Untereinandergeworfene und Verwirrte ordnet sich – und das Mißtönende löset sich unvermerkt in Harmonie und Wohlklang auf.« AR 122).

Dabei widerspricht diese »Harmonie« der strukturellen Organisation des Romans der Disharmonie von Reisers Lebensschicksal. Als negatives Beispiel einer Bildungsgeschichte, ausdrücklich als »*Lehre* und *Warnung*« an »Lehrer und Erzieher« gerichtet (AR 238), präsentiert sich der psychologische Roman *Anton Reiser* auch als pädagogischer Roman. Indem er erzählerisch analysiert und zergliedert, unterscheidet er sich von den Harmonisierungsforderungen des Bildungsromans, wie sie Blanckenburg formuliert hatte. Harmonisch ist Reisers Leben nur durch die Erzählorganisation, wie sie der Erzähler dem Auge des Lesers vorspiegelt. Je intensiver der Rückblick auf das eigene Leben ausfällt, um so harmonischer löst sich dessen scheinbare Disparatheit auf:

> »Wer auf sein vergangnes Leben aufmerksam wird, der glaubt zuerst oft nichts als Zwecklosigkeit, abgerißne Fäden, Verwirrung, Nacht und Dunkelheit zu sehen; je mehr sich aber sein Blick darauf heftet, desto mehr verschwindet die Dunkelheit« (AR 122).

Indem Moritz' Roman fragmentarisch endet und damit sowohl ein harmonisches als auch tragisches Ende vermeidet, deutet er Reisers Lebensgeschichte als negative Bildungsgeschichte. Ist der *Anton Reiser* also kein Bildungsroman? Wer sich bei dieser Frage auf die Absolvierung eines mehr oder minder geglückten Bildungswegs fixiert, muß den Roman aus der Gattungsreihe herausnehmen (so Jacobs, Mayer). Im Sinne unserer Definition gehört der *Anton Reiser* sehr wohl der Gattung zu: Als Geschichte einer psychischen Verkrüppelung und sozialen Verkümmerung ist Moritz' Roman offensichtliches Musterbeispiel eines Verbildungsromans. Die alte Streitfrage, ob der *Anton Reiser* schon Bildungsroman oder noch Autobiographie, »Antibildungsroman« (Schrimpf) oder eine »Zwittergestalt« zwischen den Gattungen (Fürnkäs) sei, ist dann entschieden, wenn Erzählerposition und Heldenleben getrennt betrachtet werden: Moritz' Lebensbewältigung durch die Selbstdarstellung der als nichtig erfahrenen eigenen Existenz läßt den autobiographischen Roman zur Eigentherapie des Autors werden. An diesem Punkt treten Erzähler und Held auseinander. Im Erzähler gewinnt Reiser seinen schärfsten Kritiker. Wenn Reiser nicht darstellen, sondern empfinden will, akzentuiert dies der Erzähler betont negativ: »er konnte nicht unterscheiden, daß dies alles nur in ihm vorging, und daß es an äußerer Darstellungskraft ihm fehlte« (AR 391). Moritz' Erzählerposition befähigt zu Einsichten, die der agierende Held (noch) nicht haben kann und wie sie auch die pietistische Autobiographie (vgl. Jung-Stilling) nicht ausweist. Trotz der biographischen Nähe von Erzähler und Held bleibt ein Bildungsabstand zwischen beiden bestehen, ja er vergrößert sich im Erzählen noch mehr. Der Erzähler durchschaut Reisers gescheiterte Bildungsgeschichte und hebt sie durch seine eigene, in der Wirklichkeit gelungene, auf. Seinen vollzogenen Bildungsprozeß weist der Autor-Erzähler als ehemaliger Held durch seine Autobiographie nach, indem er nicht seine Lebensgeschichte, sondern das Schreiben dieser Lebensgeschichte zum Ausweis seiner Bildung erklärt. In diesem auch gattungsgeschichtlichen Sinn ist die Autobiographie die Voraussetzung für eine Bildungsgeschichte. Das Erzählerbewußtsein kritisiert Reisers Nicht-Bildung und beweist damit die eigene Bildung: wenn Reiser »immer erst eine Stufe der Menschenbildung überspringen« muß, um die nächste zu erreichen (AR 476), so ist dies eine Einsicht des gebildeten Erzählers. Die falsche Bildung des Helden hat der Erzähler schon im voraus mit Blick auf die Wirklichkeit als unwirklich erklärt:

»Er dachte sich eine Art von falscher träumender Bildung in das Chaos hinein, welche im Nu wieder zum Traum und Blendwerk wurde; eine Bildung, die weit schöner als die wirkliche war, aber eben deswegen von keinem Bestand, und keiner Dauer war.« (AR 482)

Reisers Lebensgeschichte verläuft als kleinbürgerliche Bildungsgeschichte, oder vielmehr als Geschichte einer Bildungsverhinderung durch die Einflüsse des kleinbürgerlichen Milieus. Dieses Milieu, nicht Reiser, ist das Subjekt der Geschichte (Fürnkäs 32). Symptomatisch dafür ist der Romananfang, der nicht mit seinem Titelhelden, sondern mit der quietistischen Unterdrückungshierarchie von Madame Guyon und Fenelon über Herrn von Fleischbein und seinem Verwalter bis zu Antons Eltern beginnt. Erst am Ende dieser Kette, gleichsam als ihr letztes Glied steht Reiser. Die Darstellung der Handwerker- und Arbeitswelt ist prägend für Reisers Leben; das Milieu tritt über weite Strecken in die Funktion von Bildungseinflüssen.

Sieht man von der Schulbildung ab, so bleiben für Reiser nur solche sinnvollen Bildungsmöglichkeiten übrig, die sich am schon vollzogenen Bildungsgang des Autors orientieren. Nicht zufällig handelt es sich dabei um Bildung, die zugleich den sozialen Aufstieg ermöglicht. Nur einmal und dann nur für kurze Zeit gelingt Reiser die Übereinstimmung seines realen Status mit seinen eingebildeten Vorstellungen: gemeint ist der Erfolg Reisers als Schauspieler der Studentenbühne in Erfurt als Höhepunkt seiner Bühnenlaufbahn. Der Student Reiser erkennt hier erstmals die Möglichkeit, seine Lebensverwirklichung jenseits des Schauspielerberufs und über einen noch zu vollziehenden Bildungsprozeß zu finden:

»Diese Matrikel, worauf stand: Universitas perantiqua, die Gesetze, der Handschlag, waren für Reisern lauter heilige Dinge, und er dachte eine Zeitlang, dies wolle doch weit mehr sagen, als Schauspieler zu sein. Er stand nun wieder in Reihe und Glied, war ein Mitbürger einer Menschenklasse, die sich durch einen höhern Grad von Bildung von allen übrigen auszuzeichnen streben.« (AR 444)

Die Stelle ist zentral, weil sie ein Bewußtsein zeigt, das sonst nicht Reiser, sondern nur dem Erzähler zukommt. In der Verbindung der sozialen Stellung des Studenten mit der Teilnahme am Bildungstheater ist für Reiser nicht nur ein »doppeltes Vergnügen« (AR 460) gegeben, sondern sogar ein Ausblick gestattet, seinen Theatertrieb für den akademischen Bildungsanspruch zur Befreiung aus materiellen und psychischen Zwängen einzusetzen. Hier ist dem Helden einen Augenblick lang die Reflexionsebene des Bildungsromans zugänglich. Denn es geht im Roman ja nicht nur um die Darstellung eines gebildeten Erzählers, sondern auch um die Vorführung, wie dieser sich vom Heldensubjekt ablösen kann. Diese Bildungslösung ist in der Struktur des Romans angelegt, aber nicht mehr programmatisch durchgeführt. Sie läge in einer dauernden intellektuellen Beschäftigung Reisers, die weit über die bloße literarische und poetische Einbildungskraft hinausgeht. Das rationale Durchdringen theoretischer Positionen und ein unkonventionelles kritisches Denken sind schon früh gesetzte Signale für den Leser. Ein solches Gespräch Reisers mit dem Schuster Schantz wird ausdrücklich als Bildungsgespräch dargestellt:

»Er und Reiser kamen oft in ihren Gesprächen, ohne alle Anleitung, auf Dinge, die Reiser nachher als die tiefste Weisheit in den Vorlesungen über die Metaphysik wieder hörte, [...] – Denn sie waren ganz von selbst auf die Entwickelung der Begriffe von Raum und Zeit, von subjektivischer und objektivischer Welt, usw. gekommen, ohne die Schulterminologie zu wissen, sie halfen sich denn mit der Sprache des gemeinen Lebens so gut sie konnten« (AR 143).

Dem Erzähler gilt der Schuster daher auch als ein Mann, der »vom Lehrstuhle die Köpfe der Leute hätte bilden sollen«; für Reiser aber werden an ihm geistige Emanzipationsmöglichkeiten ablesbar. Die bildungsbehindernde Kleinbürger-Arbeitswelt stellt mit dem Schuster Schantz gleichzeitig die vage Möglichkeit einer Befreiung aus ihr durch sozial emanzipatorische Bildung bereit! Auch der Essigbauer, »ein großer Mann« und sogar ein »Gelehrter«, übernimmt eine solche Funktion für den Helden. Sein Bildungsverständnis verbindet sich mit sozialem Engagement, dem der Erzähler mit Sympathie gegenübersteht:

»Von seinem sauer erworbenen Verdienst ersparte er immer so viel, daß er einige junge Leute, zu deren Bildung beizutragen die Freude seines Lebens machte, zuweilen des Abends an seinem Tische bewirten« konnte (AR 314).

Bildung meint hier nicht nur die theoretische Verbreitung von Bildungsgütern, sondern auch die materielle Ermöglichung einer Bildungslaufbahn. Reisers Bekanntschaft mit der Philosophie Gottscheds gehört in diesem Zusammenhang, weil der Held bei der Lektüre erstmals nicht empfindet, sondern denkt. Reiser hat jetzt, nach einem ausführlichen Bericht des Erzählers, »das Ganze« vor Augen und erfährt an sich »die *Wonne des Denkens*« (AR 253). Die davon ausgehende Veränderung seines Bewußtseins sieht der Erzähler in Opposition zu Reisers früherem Verhalten: »Wo er ging und stund, da *meditierte* er jetzt, statt daß er vorher bloß *phantasiert* hatte« (AR 254). Die kritische Reflexion stellt sich den Augen des Lesers als ausdrücklicher Bildungsfortschritt dar. Es bleibt freilich für Reisers Leben kennzeichnend, daß er solche Wege immer nur beiläufig, nie so programmatisch beschreitet wie seinen zum Scheitern verurteilten Theaterweg.

In Reisers Tagebuchversuchen bestätigen sich solche Bewußtseinsveränderungen noch handgreiflicher. Sie sind Versuche, das eigene Ich begrifflich zu ordnen und die disparaten biographischen Erlebnisse in den Griff zu kriegen. In diesen systematisch geordneten Betrachtungen des eigenen Lebensweges steckt schon der Keim zu einer Bildungsgeschichte. Die Struktur des Tagebuchs entwickelt sich parallel zu der eines Romans:

»Das Bedürfnis, seine Gedanken und Empfindungen mitzuteilen, brachte ihn auf den Einfall, sich wieder eine Art von Tagebuch zu machen, worin er aber nicht sowohl seine äußern geringfügigen Begebenheiten, wie ehemals, sondern die innere Geschichte seines Geistes aufzeichnen, und das, was er aufzeichnete, in Form eines Briefes an seinen Freund richten wollte.« (AR 268)

Die »innere Geschichte« Blanckenburgs als Forderung des Bildungsromans ist sogar wörtlich anzitiert. Reiser nimmt damit die schriftstellerische Orientierung seines Autors Moritz vorweg, scheitert aber vorerst, weil er anfangs entweder seiner ungebremsten Einbildungskraft freien Lauf läßt oder »nur lauter wirkliche Begebenheiten« (AR 246) notiert:

»sein Tagebuch schilderte den äußern Teil desselben, der gar nicht der Mühe wert war, aufgezeichnet zu werden. – Den Einfluß der äußern – würklichen Vorfälle auf den innern Zustand seines Gemüts zu beobachten, verstand Reiser damals noch nicht; seine Aufmerksamkeit auf sich selbst hatte noch nicht die gehörige Richtung erhalten.« (AR 247)

Erst die Verflechtung dieser Wirklichkeit mit seinem individuellen Erleben ermöglicht in einem zweiten Versuch ein Tagebuch, das die »innere Geschichte« eines Romans vorwegnimmt. Das Tagebuch wird dabei zur literarischen Form, in der dieser Bewußtseinswandel fortgeführt werden kann. Es zeigt dann die Möglichkeit eines selbstgesteuerten und -registrierten Bildungsprozesses, wie er für den Helden erst dann realisierbar ist, wenn er selber zum Autor wird: »Diese Übung bildete [!] Anton Reisern zum Schriftsteller« (AR 268). Für die Autobiographie *Anton Reiser* bleibt die Biographie des Autors daher der dauernde Brennpunkt einer Bildungsgeschichte, die zwar für Moritz in der Realität zu verwirklichen war, erzählerisch aber Fragment bleiben mußte.

5. »Wilhelm Meisters Lehrjahre« – Muster der Gattung?

5.1 Goethes Roman als Bildungsroman

Die ersten verständnisvollen und für die Wirkungsgeschichte so folgereichen Leser haben, zum Teil vor der Vollendung eingeweiht, Goethes 1796 erschienenen Roman sogleich auf das Bildungsroman-Paradigma festgenagelt. Die Zitate und Kommentare Friedrich Schillers, Friedrich Christian Körners, Wilhelm von Humboldts und Friedrich Schlegels sind bekannt und brauchen hier nicht wiederholt zu werden. Auffällig sind freilich die Irritationen, die alle, auch die wohlwollendsten dieser Leser empfunden haben. Gingen sie von ganz unterschiedlichen Vorverständnissen aus – dem Aufklärungsroman, dem erfolgreichen *Werther* oder der eigenen Ästhetik (wie im Fall Schillers) – sie alle haben am *Wilhelm Meister* Unverständliches wahrgenommen, das Goethe entweder mit seinem bekannten Diktum über seinen »realistischen Tic« (An Schiller, 9.7.1796) oder mit seinem Rückzug auf das Inkalkulable seiner Produktionsweise abwehrte. Schiller hat, nach der Lektüre nicht nur »befriedigt«, sondern zugleich auch »beunruhigt« (An Goethe, 28.6.1796), eine Verschärfung der Programmatik des Romans verlangt und wiederholt insistiert, die philosophische Begründung der Bildungsgeschichte des Helden deutlicher herauszuarbeiten. Seine »neue Art der Kritik, nach der genetischen Methode« (An Goethe, 16.10.1795) galt der Modellierung der dem Helden funktional zugeordneten Figuren, vor allem aber der Bläße der Titelgestalt. In Auseinandersetzung mit den Einwendungen Körners und Humboldts formulierte er den Springpunkt:

»Wilhelm Meister ist zwar die notwendigste, aber nicht die wichtigste Person; eben das gehört zu den Eigentümlichkeiten Ihres Romans, daß er keine solche wichtigste Person hat und braucht. *An* ihm und *um* ihn geschieht alles, aber nicht eigentlich *seinet*wegen; eben weil die Dinge um ihn her die Energien, er aber die Bildsamkeit darstellt und ausdrückt, so muß er ein ganz ander Verhältnis zu den Mitcharakteren haben, als der Held in andern Romanen hat.« (An Goethe, 28.11.1796)

Schiller hatte Zweifel geäußert, daß ein dem Helden unterschobener Bildungsweg oder ein vorgegebenes Bildungsziel erreicht werden – oder überhaupt erreicht werden sollen:

»*Lehrjahre* sind ein Verhältnisbegriff, sie erfordern ihr Correlativum, die *Meisterschaft*, und zwar muß die Idee von dieser letzteren jene erst erklären und begründen. Nun kann aber diese Idee der Meisterschaft, die nur das Werk der gereiften und vollendeten Erfahrung ist, den Helden des Romans nicht selbst leiten, sie kann und darf nicht, als sein Zweck und Ziel, *vor* ihm stehen, denn sobald er das Ziel sich dächte, so hätte er es eo ipso auch erreicht; sie muß also als eine Führerin *hinter* ihm stehen.« (An Goethe, 8.7.1796)

Was dieses »Eigentümliche« und Neuartige im Vergleich zu »andern Romanen« sei, faßte er in die Formulierung zusammen, der Roman sei »eine Art von Experiment«.

Friedrich Schlegel, der im 1. Band seines *Athenäum* 1798 den *Wilhelm Meister*, ohne den Begriff zu gebrauchen, mit großer Geste zum Modellfall des Bildungsromans erhoben hatte, »wie die Bildung eines strebenden Geistes sich still entfaltet«, gestand später doch ein, daß er Schwierigkeiten hatte, den Roman einer der bestehenden Gattungen einzuordnen und »die sonderbaren Eigentümlichkeiten des Werks unter einer auffallenden Formel zu fassen«. Auch er bezeichnete den Roman als »Bildungsexperiment« (»Goethes Werke«, 1808). Noch in seinem berühmten Aphorismus über die »drei größten Tendenzen unsres Zeitalters« (Philosophische Fragmente II, Nr. 662), in dem er den *Wilhelm Meister* mit Fichtes Wissenschaftslehre und der Französischen Revolution zusammenstellte, betonte er den experimentellen Andeutungscharakter des Romans: »Aber alle drei sind doch nur Tendenzen ohne gründliche Ausführung.«

Dieser Unsicherheit der ersten empfindlichen Leser, was gleichwohl an sentenziösen Zuschreibungen nicht hinderte, sind die Interpreten selten gefolgt. Für sie galt Schlegels Erhebung des *Wilhelm Meister* zum Muster der Gattung Bildungsroman so zweifelfrei, daß sich die Geschichte der *Wilhelm Meister*-Rezeption bis heute als eine Diskussion um die Gattungsbestimmung des Bildungsromans liest.

Könnte es sein, daß die anfangs konstatierten Mängel Absicht sind, die angeblich nicht durchgeführten, unvollständigen oder nicht dargestellten Bildungsprozesse den Standort des Romans genau definieren? Neuere Arbeiten haben mit Blick auf den Bildungsgang des Helden oder auf ein zu erreichendes Bildungsziel bezweifelt, ob die *Lehrjahre* überhaupt ein Bildungsroman sind. Vielleicht genügt es zu begreifen, daß der *Wilhelm Meister* anderes will, als es der am Bildungsroman-Forschungsparadigma gebannt hängende Interpret glaubt, daß die Rede vom *Wilhelm Meister* als dem Archetyp des Bildungsromans eine *nachträgliche* Konstruktion (der Interpreten) ist, daß der Roman selbst im Gegenteil *keine Musterlösung* der Gattung darstellt: keinen vollendeten Bildungsweg, keine relevanten Selbstaussagen (Wilhelms Bildungsbrief), keine wirksamen Bildungsmaximen (Lehrbrief des Turms) und schließlich auch kein erreichtes Bildungsziel (Romanschluß).

1. Im Fortgang des Romans sieht es so aus, als müsse sich Wilhelms Theaterlaufbahn als Irrtum erweisen. Man hat behauptet, daß Wilhelm durch das Theater keine echte Bildung, sondern nur Anstand und »gesellschaftliche Gewandtheit« gewinne (Bollnow 452). Dem steht allerdings die Aussage des Romans selbst entgegen, daß nämlich Wilhelm sich seines Theaterweges nicht »zu schämen« brauche; Friedrich, der Wilhelms Happy-End arrangiert hat, bewertet seinen Lebensweg als Theaterweg ausdrücklich positiv: »Die Zeiten waren gut« (L 460). Trotzdem bedeutet die Umarbeitung der *Sendung* zu den *Lehrjahren* ein gewisses Zurückschieben des Theaters in eine überwundene Vergangenheit. Immerhin bleibt auch für die *Lehrjahre* bedeutsam, in welch hohem Maß Wilhelms Bildungsgeschichte weiterhin an das Theater gebunden bleibt. Die Bildungsgeschichte von Wilhelm, dem »jungen, zärtlichen unbefiederten Kaufmannssohn« (L 9), wird als Entwicklungsgeschichte angefangen. Wilhelm selbst zeigt diese Einsicht, wenn er seine Kindheit als überwundene Epoche seines Lebens betrachtet, als »Erinnerung alter Zeiten und alter unschädlicher Irrtümer«, »da wir eine Höhe glücklich erreicht haben« (L 15). Im Unterschied zur *Sendung*, wo die Ereignisse nach der Liebesenttäuschung Wilhelms chronologisch weiterlaufen, wird im zweiten Buch der *Lehrjahre* die Handlung erst da wieder aufgenommen, wo es der »Zusammenhang der Geschichte«, d. h. die Bildungsgeschichte des Helden erfordert, wie der Erzähler ausdrücklich einfügt (»Wir überspringen vielmehr einige Jahre« L 77). In dieser Zwischenzeit scheint demnach nichts geschehen zu sein, was den Bildungsgang des Helden nachhaltig beeinflußt hätte und deshalb erzählenswert wäre. Überhaupt kommt Wilhelm die Richtung seines Bildungsweges immer dann ins Bewußtsein, wenn sie gestört wird. Wilhelm vermißt sein früheres »unbedingtes, hoffnungsreiches Streben«, das jetzt in ein »unbestimmtes Schlendern« übergegangen sei (L 146). Der Überfall auf die Schauspielertruppe ist daher für ihn als Wendepunkt seines Lebens aufzufassen. Von nun an strebt er beinahe programmatisch seine Persönlichkeitsentwicklung an: »Er wollte nicht etwa planlos ein schlenderndes Leben fortsetzen, sondern zweckmäßige Schritte sollten zukünftig seine Bahn bezeichnen.« (L 247).

Seine Schauspieler-Wanderzeit hat Wilhelm um Erfahrungen reicher gemacht; von Bildungsfortschritten erfahren wir erst im

Rückblick. In den Shakespeare-Gesprächen mit Serlo und Aurelie thematisiert Wilhelm in einem großen Bildungsmonolog seine Lebenssituation. Er sieht sich »am Scheidewege« zwischen zwei Frauen und verbindet dies mit dem Wunsch, seine Anlagen »immer mehr zu entwickeln und auszubilden« (L 288). Solche Einsichten, als sei sein Bildungsweg mit dem Ende seines Theaterweges gleichsam zum Abschluß gekommen, erweisen sich aber als wenig gefestigt, da sich Wilhelm sogleich wieder für eine Fortsetzung seiner Schauspielerlaufbahn entscheidet, freilich jetzt aus ganz anderen Gründen. Denn während sein Theaterentschluß gegen die häusliche und d. h. väterliche Welt einer bürgerlich-kulinarischen Lebensführung gerichtet war, orientiert Wilhelm seine Bildungsgeschichte nun in bewußter Absetzung gegen den zupackenden Geschäftssinn seines Freundes Werner. Die Figur Werners durchzieht den gesamten Roman als ausdrückliche, aktiv-bürgerliche Gegenposition zu Wilhelms Bildungs- und Theaterauffassungen. Schon in der Kindheit hatte Werner von Wilhelms theatralischen Spielen Nutzen gezogen »wie Lieferanten vom Kriege« (L 36). Wilhelms jugendliches Theaterstück mit dem Bildungsroman-Titel »Jüngling am Scheidewege« hatte Werner schroff abgelehnt und das Lob des Kaufmannsstandes und der doppelten Buchführung als ökonomische Form der Rechenschaftsablegung und Selbstbeobachtung dagegengesetzt (L 37). Der prosaische Kaufmannsberuf wird Werner dabei zum Gegenmodell einer Lebens- und Bildungsgeschichte, ja sogar zum Kunstwerk, zur poetischen Rechtfertigung eines ökonomisch fundierten bürgerlichen Bildungsanspruches (L 40).

Deshalb ist auch Wilhelms geplante Reise in den Augen Werners keine beliebige Bildungsreise, sondern eher eine Möglichkeit, um das Lebensbildende des Kaufmannsberufes zu erfahren. Wenn Werner dabei die einzelne Ware »im Zusammenhänge mit dem ganzen Handel« betrachtet, so benutzt er ja, freilich zweckentfremdet, Bildungsvokabeln Wilhelms! Daß diese im Munde Werners durchaus ihre Berechtigung haben, bescheinigt der Erzähler, der sich ausdrücklich zugunsten Werners und seines Bildungszieles einschaltet:

»Werner, der seinen richtigen Verstand in dem Umgange mit Wilhelm ausbildete, hatte sich gewöhnt, auch an *sein* Gewerbe, an seine Geschäfte mit Erhebung der Seele zu denken.« (L 39).

Nicht übersehen werden sollte auch der Hinweis des Erzählers, wonach beide Freunde zwar auf verschiedenen Wegen, aber doch auf ein gemeinsames Ziel zusteuern:

»Im Grunde aber gingen sie doch, weil sie beide gute Menschen waren, nebeneinander, miteinander, nach *einem* Ziele und konnten niemals begreifen, warum denn keiner den andern auf seine Gesinung reduzieren könne.« (L 62)

Dieses Urteil des Erzählers, jeder der beiden habe ein reduziertes Weltbild, das er absolut setzen möchte, relativiert also auch den angeblich überlegenen Bildungsweg des Helden. Wilhelm und Werner entwerfen in ihrem Briefwechsel zwei unterschiedliche Lebens- und Bildungskonzeptionen, die zum einen direkt auf einander bezogen sind, zum anderen von den gleichen Bedingungen eines ökonomisch abgesicherten Großbürgertums abhängen. Die Sakralisierung der bürgerlichen Kaufmannsethik durch Werner und die Verabsolutierung eines scheinbar antibürgerlichen Bildungsanspruchs durch Wilhelm bedingen einander gegenseitig.

»Deine Lehrjahre sind vorüber« (L 521), ruft der Abbé in dem Augenblick aus, als Wilhelm dem Theater entsagt. Mit der Übergabe des Lehrbriefs und der Aufnahme in die Turmgesellschaft ist aber weder Wilhelms Bildungsweg noch der Roman der *Lehrjahre* abgeschlossen. Denn in seinem Entschluß, »die Welt nicht mehr wie ein Zugvogel« zu betrachten, sondern auf »Dauer« für seinen Sohn Felix zu arbeiten, hat Wilhelm eine neue Stufe auf dem Weg zu seinem Bildungsziel erreicht. Damit ist zugleich die Theaterlaufbahn endgültig abgeschlossen. Der Erzähler bestätigt dies ausdrücklich, indem er im selben Atemzug eine neue Bildungsvorgabe für den Helden aufstellt:

»In diesem Sinne [!] waren seine Lehrjahre geendigt, und mit dem Gefühl eines Vaters hatte er auch alle Tugenden eines Bürgers erworben« (L 526).

Wilhelms Lehrjahre sind also nicht identisch mit dem gesamten Bildungskonzept des Romans, sondern beschränken sich überwiegend auf seine Theaterzeit. Damit aber kann seine Theaterlaufbahn nicht als ein epochengeschichtlich bedingter Irrtum eines sich bildenden Jünglings abgetan werden, sondern muß als notwendige Voraussetzung für die Vollendung seiner Bildungsgeschichte gelten. Mit Wilhelms Einsicht in den Unterschied zwischen dem personalen Schein der Bühnenrolle und dem repräsentativen Schein des gesellschaftlichen Lebens kommt eine Romanlösung als Bühnenlaufbahn allerdings nicht mehr in Frage.

2. Dies muß mitgedacht werden, wenn der berühmte Brief interpretiert werden soll, der angeblich die Bildungsvorstellungen Wilhelms so programmatisch wiedergibt. Dieser Bildungsbrief ist nämlich als Antwort auf einen Brief Werners konzipiert und nimmt auf dort vorgeprägte Formulierungen präzise und zum Teil wörtlich

Bezug. Der Brief Wilhelms darf also keinesfalls als existenzielle Aussage des Helden oder gar Goethes aufgefaßt werden!

Dies betont vor allem der Erzähler. Wilhelm sei wegen Werners Brief »durch einen heimlichen Geist des Widerspruchs mit Heftigkeit auf die entgegengesetzte Seite getrieben« worden (L 301).

Wilhelms Antwort erscheint also eher als eine Art Selbstbestätigung denn als bedeutendes Dokument der Selbstfindung (vgl. L 301f.: »Er faßte darauf [!] alle seine Argumente zusammen und bestätigte bei sich [!] seine Meinung nur um so mehr [...] und auf diese Weise entstand eine Antwort«). Werners Brief, der zudem die »Todespost« mit der Nachricht vom Ableben des Vaters enthält und damit den Alleinerben Wilhelm mit einem Schlag auch ökonomisch unabhängig macht, trifft außerdem zu einem Zeitpunkt ein, als Wilhelm von Serlo für eine Schauspielerlaufbahn bearbeitet wird und »mit ziemlicher Verlegenheit an einem Scheideweg stand« (L 298). Wilhelm entscheidet sich daraufhin falsch, wie der Erzähler schon vor dem Erhalt des Briefes bemerkt:

»So entfernte sich Wilhelm, indem er mit sich selbst einig zu werden strebte, immer mehr von der heilsamen Einheit, und bei dieser Verwirrung ward es seinen Leidenschaften um so leichter, alle Zurüstungen zu ihrem Vorteil zu gebrauchen und ihn über das, was er zu tun hatte, nur noch mehr zu verwirren.« (L 297f.)

Der Erzähler, der Wilhelms Theaterentscheidung ausdrücklich als »Verwirrung« bezeichnet, verbirgt hinter seiner Ironie kaum sein Erstaunen darüber, daß sich Wilhelm jetzt noch zum Theater verleiten läßt – zu einem Zeitpunkt, an dem er seine Theaterneigung eigentlich hätte überwunden haben müssen:

»Wer hätte gedacht, daß ein Brief von Wernern, der ganz im entgegengesetzten Sinne geschrieben war, ihn endlich zu einer Entscheidung hindrängen sollte.« (L 298)

Der Bildungsbrief gibt also kaum mehr als eine zweifelhafte Rechtfertigung Wilhelms für ein freies Schauspielerleben her, er ist eher als Entschuldigung vor sich selbst denn als originärer Bewußtseinsausweis zu werten.

Wilhelms berühmte Selbstbildungsformel: »mich selbst, ganz wie ich da bin, auszubilden, das war von Jugend auf mein Wunsch und meine Absicht« (L 302), ist bis in den Tonfall hinein als Antwort konzipiert auf Werners

»lustiges Glaubensbekenntnis: seine Geschäfte verrichtet, Geld geschafft, sich mit den seinigen lustig gemacht und um die übrige Welt sich nicht gekümmert, als insofern man sie nutzen kann.« (L 300)

Während Werner Wirtschaftsprozeß und Geschäftstätigkeit utilita-ristisch interpretiert, sie von den gesellschaftlichen Bedingungen abzieht, individualisiert und privatisiert, sucht Wilhelm umgekehrt sein Bildungsziel durch die Bühne in der Öffentlichkeit. Doch auch da unterliegt Wilhelm einem Fehlschuß, wenn er versucht, die Eigenschaften einer adeligen Persönlichkeitsausbildung und den Wunsch, »eine öffentliche Person zu sein und in einem weitern Kreise zu gefallen und zu wirken«, mit seiner bürgerlichen »Neigung zur Dichtkunst und zu allem, was mit ihr in Verbindung steht« (L 304), zusammenzubringen. Was Wilhelm in seinem Brief anvi-siert, ist die Übertragung der ständischen Herrschaftsrepräsentation des Adels in eine gesellschaftsbefreite Lebensform, die den Adel nur noch als Metapher versteht. Diese Repräsentationsfunktion des Adels kann aber nur dann in Wirklichkeit umgesetzt werden, wenn der Adel nicht mehr als realgesellschaftliche Gegebenheit des späten 18. Jahrhunderts, sondern als Idealvorstellung eines Gesellschaftszu-standes aufgefaßt wird.

Als Werner im 8. Buch nochmals auftaucht, steht er zur Überra-schung des Helden und des Lesers schon längst in Beziehungen zur Turmgesellschaft. Werner ist dort zwar kaum mehr als ein flüchtiger Geschäftspartner, er hat aber eine der geographischen Bildungssta-tionen des Helden schon lange vor diesem und gleichsam beiläufig erreicht! Werner besitzt nun Einsicht genug, Wilhelm als »in seinem Wesen gebildeter« zu erkennen (L 522). Seine eigenen Veränderun-gen als »arbeitsamer Hypochondrist« und seine falsche Nutzanwen-dung aus der Bildung Wilhelms (»du sollst mir mit dieser Figur eine reiche und schöne Erbin kaufen!« L 523) stellen jedoch diese Einsichtsfähigkeit wieder in Frage. Zudem sieht sich Werner scherz-haft als »armer Teufel« (L 523) und nimmt damit die ironische Formulierung eines Spottgedichts auf den Baron wörtlich auf (L 188), die schon damals die Unvereinbarkeit von bürgerlichem Nützlich-keitsdenken und adeligem Bildungsanspruch thematisiert hatte!

Aber der Erzählzusammenhang relativiert die Bedeutung von Wilhelms Adelsbildungsbrief noch weiter. Werner hat diesen so programmatischen Brief überhaupt nicht erhalten (L 523)! Damit ist gezeigt, daß man die *Lehrjahre* falsch liest, wenn man diesen nicht im Kontinuum von Wilhelms gesamter Bildungsgeschichte bewertet. Hier zeigt sich dann, daß der Brief ganz offensichtlich eine fal-sche Alternative ansteuert, der Wilhelm nicht entkommen kann und soll.

3. Bei seinem Auszug hatte Wilhelm deshalb vom Vater »ein tabellarisches Schema« und weitere Anweisungen erhalten, um »ein ausführliches Reisejournal mit allen verlangten geographischen,

statistischen und merkantilistischen Bemerkungen« anzufertigen (L 277). Wilhelm vertraut dazu auf seine spontanen Eindrücke, doch will ihm eine »Komposition« nicht gelingen. Seine »Empfindungen und Gedanken« sind als »Erfahrungen seines Herzens und Geistes« (L 277) nur mittelbare Aneignungen von Wirklichkeit und deshalb nicht für eine prosaische Berichterstattung verwendbar. Mit den »äußern Gegenständen« seiner Umwelt (L 278) aber hat Wilhelm sich bisher noch nicht auseinandergesetzt. Diese mangelnde Kenntnis der realen Dinge des Lebens reflektiert der Erzähler als ein Bildungsdefizit des Helden. Nicht zufällig geschieht dies im Vergleich mit Wilhelms erstem Theaterversuch, der ebenfalls gescheitert war, weil der gute Wille allein das Problem nicht bewältigen konnte. Hilfe wird Wilhelm zuteil durch Laertes, wie Wilhelm Theatermann, der sich aber den richtigen Blick für die Wirklichkeit schon erworben hat. Das Reisejournal, das Laertes stellvertretend für Wilhelm anfertigt, wird zum »Kunststück« (L 278); auch wenn diese Bezeichnung ironisch gemeint ist, so dokumentiert sie doch einen gewissen Wertanspruch der Arbeit. Die Forderung des Vaters nach statistischem Wissen wird erfüllt und darüber hinaus in eine erzählerische Totalität ausgeweitet. Mit »politischen Raisonnements«, dem Schildern lokaler Berühmtheiten und einer »Liebesgeschichte« wird das Journal zu einem »Werk« mit literarischem Niveau (L 278). Allerdings kann das Reisejournal nicht vermitteln, was ihm selbst fehlt, nämlich die unmittelbare und unverstellte Bekanntschaft mit der Wirklichkeit; denn auch Laertes hat seine Kenntnisse nur aus »Quellen und Hülfsmitteln« (L 278) und »aus Taschenbüchern und Tabellen« (L 279) gezogen.

Bedeutsam ist ferner der Stellenwert der Episode im Romangeschehen. Unmittelbar davor findet ein Gespräch zwischen Wilhelm und Aurelie statt, das Aureles Defizit an realer Welterfahrung dokumentiert; erst durch Lothario erhält sie »einen Überblick über Deutschland« (L 276). Wilhelm war ja ebenso mit dem Journal an seinen mangelhaften Kenntnissen des Landes gescheitert. Die soziographischen Details des Reisejournals bilden deshalb für Wilhelm eine heilsame Ergänzung zu seiner bisher im Empfindsamen verbliebenen Bildung. Denn mit seiner »wunderlichen und gleichsam nur zum Scherz unternommenen Arbeit jener fingierten Reisebeschreibung« (L 287) gleitet er unmerklich in ernste, sinnvolle und zugleich untheatralische Tätigkeit hinüber. Dadurch nämlich »war er auf die Zustände und das tägliche Leben der wirklichen Welt aufmerksamer geworden, als er sonst gewesen war.« (L 287). Wilhelm versteht erst jetzt die Absicht seines Vaters; er begreift das Vergnügen und den Nutzen, »sich zur Mittelsperson so vieler Gewerbe und Bedürfnisse zu machen« und gewinnt »den anschaulichsten Begriff eines großen Mittelpunktes«. Seine Reflexionen über Handel und Gewerbe nehmen fast wörtlich die Begriffe Werners auf, die Wilhelm einstmals so schroff abgewehrt hatte. Dies allein macht schon den Wandel seiner Anschauungen sichtbar. Nicht mehr wie in seiner Jugendzeit bildet der bürgerliche Kaufmann die Gegenposition, sondern der untätige Adelige. Der Begriff »Tätigkeit« (L 287), der jetzt auftaucht, bezeichnet freilich nicht bürgerliche Geschäfte, sondern meint eine von Standesrücksichten und ökonomischer Vorsorge freie Beschäftigung, wie sie für den Lebensumkreis Lotharios, Natalies oder Thereses kennzeichnend ist. So trifft Serlos Theaterantrag Wilhelm »in diesem Zustande« (L 288); seine Reflexion über ein »abermals am Scheidewege« nimmt den Titel seines Jugenddramas mit dessen Allegorisierung von Kunst und Gewerbe wieder auf, doch diesmal in bezeichnender Veränderung. Der Fortschritt im Urteilsvermögen des Helden zeigt sich deutlich in der Relativierung, die Wilhelm in seinem Urteil über die beiden Protagonisten des Dramas erkennen läßt: »Die eine sieht nicht mehr so kümmerlich aus wie damals, und die andere nicht mehr so prächtig.« Ähnliches trifft auch auf Wilhelms Entscheidung für den Schauspielerberuf zu, die zu diesem Zeitpunkt keineswegs mehr so eindeutig ausfällt (»Der einen wie der andern zu folgen, fühlst du eine Art von innerm Beruf« L 288). Dieser Relativierungsprozeß auf Kosten eindeutiger und programmatischer Aussagen, den der Erzähler anfängt und der Held als Zeichen seiner erfolgreich verlaufenden Bildungsgeschichte schließlich mitmacht, zeigt, daß man den Bildungsroman *Wilhelm Meister* falsch versteht, wenn man ihn ausschließlich von einem zu erreichenden Bildungsziel her versteht.

4. Schon durch die Art seiner Ankündigung durch die Turmgesellschaft lädt sich der an Wilhelm auszuhändigende Lehrbrief mit verwirrender Bedeutsamkeit auf; er ist überlebter Gottesdienst (L 517: der Saal »schien ehemals eine Kapelle gewesen zu sein«), Initiationsritual eines Geheimbunds und einer Gerichtsverhandlung in einem (L 519: der Abbé stellt sich »hinter den grünen Tisch«). Zugleich erscheint der Vorgang als Kontrafaktur einer Theateraufführung mit mehrfach gehobenem und gesenktem »Vorhang« (L 518); was wie gegen Wilhelms Theaterlaufbahn gerichtet zu sein scheint, erweist sich als ihr komplementär: auch der Lehrbrief ist eine »Rolle« (L 519)! Sodann enttäuscht der vom Abbé so großartig angekündigte »wichtige Inhalt«. Denn der Lehrbrief präsentiert Sentenzen und Aphorismen, Bruchstücke ohne Zusammenhang, zum Teil von erschreckender Banalität, zumeist in negativen Formulierungen, oftmals in sich widersprüchlich. Diese Sprüche mögen auf »Maka-

riens Archiv« der *Wanderjahre* vorausdeuten, einen Bezug auf Wilhelms Lebensgeschichte enthalten sie nicht. Eher sind sie als zukünftige Herausforderungen im Sinne eines kategorischen Imperativs zu begreifen. Dazu kommt der relativierende Zusammenhang, in dem die Eröffnung des Lehrbriefs steht. Wilhelm hat soeben aus Einsicht in die Vergeblichkeit seiner Bemühungen dem Theater entsagt und reflektiert auf Geheiß des wieder auftauchenden Landgeistlichen über die Irrtümer seiner Bildungsgeschichte. Da Wilhelm mit seiner (falschen?) Reflexion über seine bisherige Theaterlaufbahn allein gelassen und durch die Nichtreaktion des Turms darin bestärkt wird (L 518: »daß ich da Bildung suchte, wo keine zu finden war«), erlebt er eine in sich widersprüchliche Präsentation des Lehrbriefs. Obwohl die Sentenzen nur der erste, in ihrer Isolation völlig undeutbare Teil sind, bricht der Abbé gerade hier die Eröffnung ab (L 520: »Genug«) und verwirrt Wilhelm durch widersprüchliche Auskünfte: »Darf ich eine Frage tun?« – »Ohne Bedenken! und Sie können entscheidende Antwort erhalten«, läßt der Abbé hoffen, um wenig später zu dekretieren: »Fragen Sie nicht« (L 521). Statt dessen erklärt er Wilhelms Lehrjahre als »vorüber«, in Unentschiedenheit zwischen Lossprechungsfeierlichkeit (»Heil dir, junger Mann!«) und dem Verstecken der eigenen Aktivitäten hinter einem nicht selbst verantworteten Entwicklungsprozeß: »die Natur hat dich losgesprochen« (L 521). Darüber hinaus macht der Schluß des Lehrbriefs Wilhelm klar, wie wenig weit er mit seinen Bildungsbestrebungen vorgedrungen ist: »und nähert sich dem Meister« (L 520).

Erst mit der Eröffnung des zweiten Teils des Lehrbriefs als »umständliche Geschichte«, die nicht autoritär Aphorismen setzt, sondern »schildert« (L 529), erkennt sich Wilhelm wieder, freilich nicht als ein Mitglied der Turmgesellschaft, sondern im Stadium einer »Krise« (L 529: »Alle Übergänge sind Krisen«). Ihm gelingt erst dann die vollständige Erfassung seiner er-lesenen Lebensgeschichte, als er beginnt, diese »Geschichte seines Lebens für Theresen aufzusetzen« (L 530). Mit dieser seiner zweiten Schriftstellerübung begibt sich Wilhelm selbst in Zugzwang, wenn er in dem »Aufsatze« Therese um ihre Hand bittet und damit eine Fehlentscheidung trifft.

Die Interpretation des Lehrbriefs durch Jarno relativiert dessen Gültigkeit noch weiter. Jarno verteidigt »jene allgemeinen Sprüche«, freilich halbherzig und mit Reserve: »den sogenannten Lehrbrief« (L 575). Seine kursorische Stellenkommentierung, die dem bruchstückhaften Charakter des Papiers entspricht, artet in eine Geschichte der Turmgesellschaft aus und hat mit Wilhelm nichts zu tun. Jarno untersucht den Text nach den Spuren seines Autors (L 579: »hier find ich den Abbé ganz wieder«). Wilhelm hatte schon vorher solchen »wunderlichen Worten« nicht ganz getraut und sie als verwirrende »Phrasen« durchschaut (L 577). Als der Turm versucht, sich weiterhin in seine Privatsphäre weiter einzumischen, reagiert er mit Ablehnung (L 580: »keine Sentenzen mehr!«), »Bitterkeit« (L 581), Widerstand gegen ihre Pläne (L 595: »Und ich sehe nicht«, rief Wilhelm aus, »warum ich mir von irgendeinem Menschen sollte Bedingungen vorschreiben lassen«) und dem »Entschluß, sich zu entfernen« (L 597).

Bei Wilhelms Streben nach eigener Sinnsteuerung seines Lebens können die großen Abstraktionen und hohlen Prinzipien nichts helfen. Wilhelms feierliche Lossprechung kann sich also höchstens auf das Ende der Theaterlaufbahn und die Befreiung aus der Bevormundung durch den Turm beziehen. Es betrifft weder den ganzen Bildungsweg Wilhelms noch den Roman.

5. Es ist ebenfalls nicht zufällig im Umkreis Serlos, wo die adelige Lebensführung als gesellschaftliche Realität mit der nur dargestellten Adelsrolle in Konflikt gerät. Die Aufführung von Lessings *Emilia Galotti* bietet den Anlaß, über den Unterschied »zwischen einem edlen und vornehmen Betragen« (L 368), also über die Wirklichkeit des Adels und ihrer theatralischen Darstellung zu diskutieren. Serlo, dem der Erzähler zu diesem Thema »manchen guten Gedanken« zuschreibt (L 368), deutet auf die notwendige Identität von adeligem Wesen (»vornehm«) und einem nur entsprechenden Verhalten (»edel«) hin: »Wilhelm verzweifelte nun fast an seiner Rolle« (L 369). In dieser Reaktion des Helden ist der Wandel seiner Adelsvorstellung und der Wandel der Theatergeschichte zur Bildungsgeschichte auf den Begriff gebracht. Die von Serlo geforderte Identität, »daß man, um vornehm zu scheinen, wirklich vornehm sein müsse« (L 369), macht für Wilhelm die gesellschaftsfreie Annäherung an das Adelsideal über die Bühne unmöglich. Dies ist der Punkt, an dem Wilhelms Bildungsgeschichte den Theaterweg verläßt. Es folgen im Anschluß sogleich die »Bekenntnisse einer schönen Seele« und im 7. Buch die endgültige Abkehr von der Bühne. Das Theater ist für Wilhelm kein Thema mehr, oder genauer: die Orientierung der Bildungsgeschichte am Adel und die Einsicht, daß ihre bloß theatralisch-scheinhafte, weil gesellschaftsferne Verwirklichung nicht gelingt, enthebt das Theater seiner bisherigen Funktion, der Springpunkt der Bildungsgeschichte des Helden zu sein.

Dabei hätte Wilhelm an ganz anderer Stelle die grundsätzliche Bedeutung eines auch gesellschaftsentrückten, nur vorgestellten Scheins als Ausdruck wirklichen Seins erfahren können. Mignons Lied »So laßt mich scheinen, bis ich werde« (L 540) ist ja die poetische Formulierung einer Lebensauffassung, die sowohl der

Theaterwelt als auch der Adelswirklichkeit konträr läuft. Auch deshalb ist Mignon erst mit ihrem Tod in die Turmgesellschaft eingliederbar und selbst dann nur auf höchst zwiespältige Weise.

Der Ablauf ihrer Totenfeier und die Rede des Abbé sind ein einziges Mißverständnis; der Abbé ignoriert Mignons Wesen und preist ihren einbalsamierten Körper wie ein Jahrmarktsrufer aus: »Treten Sie näher, meine Freunde, und sehen Sie das Wunder der Kunst und Sorgfalt!« (L 605). Mignon enthüllt damit die völlige Verständnislosigkeit des Turms gegenüber allem, was außerhalb dieses Bildungssystems angesiedelt ist. Schon Jarno hatte den Harfner und Mignon als »herumziehenden Bänkelsänger« und als »albernes, zwitterhaftes Geschöpf« bezeichnet (L 200). Das rechtfertigt nicht nur Wilhelms Weigerung, diesem Kreis uneingeschränkt anzugehören, es zeugt von weiteren Dimensionen seiner Bildungsanlagen, als daß diese restlos in einer Adelsgesellschaft aufgehen könnten.

Schon früher, auf dem Grafenschloß, hatte Wilhelm seine erste Enttäuschung erlebt, als er von der Deckungsgleichheit von Adelswelt und Bildungstheater ausgegangen war. »Gerade diejenigen, welche Wilhelm im Gespräch als die Verständigsten gefunden hatte« (L 181), zeigen nur geringes Interesse am Theater. Im Aristokratenkreis ist die Diskrepanz zwischen weltmännischem Gesellschaftsleben und der privaten Theaterbegeisterung auf den Punkt gebracht. Denn das Theater hat unter Repräsentationsbedingungen keine Bildungs-, sondern eine Unterhaltungsfunktion. Umgekehrt lesen die Schauspieler um Wilhelm nur die äußeren Anzeichen adeligen Gebarens ab, die sie nach dem Aufbruch vom Grafenschloß parodieren. Für die Schwächen dieses steifen Betragens und die bloß angenommenen Rollen haben die Schauspieler zwar einen berufsmäßig scharfen Blick (»einige unter ihnen hatten sich sehr gut die Eigenschaften des äußern Anstandes verschiedner vornehmer Personen gemerkt« L 218). Allerdings bringen es die Schauspieler nicht über eine »Nachbildung« dieses Verhaltens hinaus (L 218). Für Wilhelm hingegen steht hinter seiner halbherzigen Verteidigung des Adels eine entscheidende Umwandlung seiner Gesellschaftsvorstellungen. Sein Lob des Adels sieht diesen mit Recht ständisch erhöht durch das Merkmal der »Geburt« (L 158). Den Geburtsunterschied als unveränderliches gesellschaftliches Merkmal, nicht mehr die nachzuahmenden Verhaltensweisen des Adels nimmt Wilhelm zur Kenntnis, ohne von seinem Versuch abzulassen, die Vorzüge des adeligen Lebemanns mit denen des bürgerlichen Dichters und Schauspielers zu vereinen. Noch auf dem Grafenschloß war ein parodistisches Gedicht auf den dilettantisch dichtenden Baron aufgetaucht, das gerade diese Unvereinbarkeit von adeliger Existenz und bürgerlichem Dichterberuf als gesellschaftliche Ausschließlichkeitsforderung zum Gegenstand hatte. Der dort aufgestellte Gegensatz zwischen bürgerlich-poetischem »Parnaß« und adeligem »Kapitel« (L 188, 534 f) gipfelte in der Behauptung, es sei nur jeweils eines von beiden zu verwirklichen. Dies ist um so erstaunlicher, als vermutlich der adelige Jarno als der Verfasser der Verse gelten kann. Wilhelm verteidigt in seiner Scheltrede den adeligen Dilettanten, der sich erfolglos um Dichterlorbeeren bemüht, weil dahinter die Chance aufblitzt, Bürgerexistenz und adelige Lebensweise doch noch zu verbinden: wenn sich der Adelige als Dichter mit dem Bürger auf die gleiche Stufe stellt, erwächst daraus umgekehrt der berechtigte Anspruch auf die Gleichrangigkeit des bürgerlichen Lebenszuschnitts. Aus dem ständischen Gegensatz zwischen adeliger Geburt und Bürgertum entwickelt sich dann ein funktionaler, der von gleichwertigen Ebenen ausgeht.

Auch Wilhelms Bildungsbrief lebt von dieser Vermengung adeliger Repräsentation der politischen Herrschaft und schauspielerischer Repräsentation der Rolle. Weil er auf eine ständische Unterscheidung von Adel und Bürgertum verzichtet, kann Wilhelm den Adeligen durch die »personelle Ausbildung« (L 303) definieren. Von dieser Bestimmung her wird deutlich, warum Wilhelm zu dem Mißverständnis kommen kann, die schauspielerische Bildung des Bürgers könne mit der adeligen Weltbildung auf einer Stufe stehen: Wilhelms Kritik richtet sich gegen den tatsächlich existierenden Adel, während seine Bildungsvorstellungen eine poetische Idee des Adels meinen! Diese Illusion fällt spätestens im Gespräch mit Serlo in sich zusammen. Serlos Sentenz, »daß man, um vornehm zu scheinen, wirklich vornehm sein müsse« (L 369), entlarvt nicht nur Wilhelms Adelsvorstellung als theatralisch, sondern führt auch den Adelsbegriff auf die materielle Basis eines geburtsständisch begründeten Unterschieds zum Bürger zurück. Eine noch so perfekte Imitation adeligen Verhaltens kann diesen Makel nicht auslöschen. Erst das tatsächliche Aufgehen Wilhelms in der Adelsgesellschaft des Turms überbrückt diesen Gegensatz. Andererseits ist es gerade die Turmgesellschaft, in deren Umkreis das Adelsprädikat zu einer Verhaltenskategorie jenseits der ständischen Herkunft gemacht wird. Standesunterschiede sind hier auf der Grundlage einer weitgehenden Bildungsgleichheit nicht bloß bedeutungslos, so daß Wilhelm als Mitglied toleriert wird und sogar – wenigstens auf Zeit – der Mittelpunkt des Kreises sein kann. In Thereses Diskurs über »Mißheiraten« und die »Vermischung der Stände« erscheint das Problem aus Wilhelms Theaterzeit jetzt sogar seitenverkehrt, denn Therese verleugnet nicht ihre Adelsherkunft, sondern das adelige Verhalten: »Für mich kenne ich nur eine Mißheirat, wenn ich feiern und repräsentieren müßte; ich wollte lieber jedem ehrbaren Pächterssohn aus der Nachbarschaft meine Hand geben.« (L 484).

Mit der Annäherung des Helden an den Adel sind jedoch für den Bildungsroman problematische Weichen gestellt, wenn man die normbildende Wirkung des *Wilhelm Meister* für die Gattungsgeschichte in Rechnung stellt. Diese Affinität der Bildungsroman-Helden zum Adel scheint geradezu konstitutiv für die Gattung zu werden, wie ein flüchtiger Blick auf die Bildungsromane des 19. Jahrhunderts bis zu Keller und Stifter zeigt. Am Adel, so steht zu vermuten, bespiegelt der Held seine erreichte Bildungshöhe auch gesellschaftlich.

6. Eine andere Eigentümlichkeit des Bildungsromans, die damit zusammenhängt und ebenfalls mit dem *Wilhelm Meister* einsetzt, ist die Orientierung des bürgerlichen Helden an der Kunst. Nicht umsonst sind die Grenzen zwischen Bildungsroman und Künstlerroman für das 19. Jahrhundert in Deutschland fließend. Dem Großbürgersohn Wilhelm ist im Weg über die bildende Kunst eine Bildungsmöglichkeit vorgegeben, die bürgerliche Gesellschaftsvorstellungen mit einer individuellen Bildungsgeschichte vereinigen könnte, wenn sie der Held nicht zugunsten seines Theaterweges negiert hätte. Man hat Wilhelms Theaterweg geradezu als »Variation« der Bildungsgeschichte seines Großvaters bezeichnet; der Theaterweg des Helden sei ein »falsch gedeuteter Ruf des großväterichen Erbes« gewesen (Fink 34). Sowohl Wilhelms Vater mit seinem Bedürfnis nach Luxus (L 10) als auch der Großvater mit seiner Kunstsammlung seien jeder auf seine Art zwiespältige bürgerliche Erscheinungen (Blessin 198). In beiden Vorvätern liegen in der Tat die Wurzeln der kombiniert ästhetischen und gesellschaftlichen Identitätssuche des Helden. Wilhelms Streben nach nicht-bürgerlicher Persönlichkeitsbildung steht freilich in Widerspruch zu dem Bild, das sich die Öffentlichkeit von ihm gemacht hat. Für den Abgesandten der Turmgesellschaft definiert sich Wilhelm allein durch die verdienstlos erworbene Kunst: »Sind Sie nicht ein Enkel des alten Meisters, der die schöne Kunstsammlung besaß?« (L 70) Wilhelms Einkehr beim Adel kann auch als Rückkehr an seinen ästhetischen Ausgangspunkt gelesen werden, als erneute Übernahme der verkauften, vom Oheim erhaltenen und durch die Heirat mit Natalie als Mitgift wieder zugefallenen großväterlichen Kunstsammlung. Diese Restauration des Bürgerlichen über die Ästhetik des Adels ist namentlich an einem Bild festgemacht, das aus der Sammlung hervorragt, nicht durch seine Qualität, sondern durch den

Eindruck, den es bei Wilhelm hinterläßt: der kranke Königssohn. Im Roman stellen die dauernden Verweise auf dieses Gemälde einen leitmotivischen Zusammenhang mit Saul her, auf den der Roman ebenfalls mehrfach anspielt. In ihm und in diesem Bild spiegelt sich die Bildungsgeschichte des Helden in mehrfacher Brechung. Im Gespräch mit dem Unbekannten bezeichnet Wilhelm das Gemälde als sein »Lieblingsbild« aus persönlichen Gründen: »der Gegenstand ist es, der mich an einem Gemälde reizt, nicht die Kunst (L 71). Das Bild steht nicht nur für die falsche Kunstbetrachtung des Helden, »immer nur sich selbst« in den Kunstwerken zu sehen. Durch den Verkauf ist die darin angelegte Möglichkeit, sich »nach und nach« durch den Umgang mit der Kunst zu bilden, vorzeitig abgebrochen worden (L 72). Damit ist für Wilhelm zugleich die Möglichkeit zu einer bürgerlichen Bildungsgeschichte abgeschnitten, die sich ausdrücklich als Alternative gegen den tatsächlich eingeschlagenen Theaterweg und die Kunstwelt des Adels hätte setzen können.

7. Der Schluß des Romans stellt zwar ein Tableau des glücklichen Endes, aber keinesfalls den Abschluß eines erreichten Bildungswegs. Hier dominiert Friedrich, der als eine Art Clown auftritt, aber in allem, was er ankündigt, Recht behält. Obwohl Friedrich nach den Grundsätzen des Turms erzogen worden ist, hat er einen ganz anderen Bildungsweg als Wilhelm benommen; er ist nicht wie dieser zum Vorzeigeobjekt idealistischer Sozialisation, sondern geradezu zum »Opfer dieser pädagogischen Versuche« geworden (L 546). Seine ganz eigene Form von »Gelehrsamkeit« »auf die lustigste Weise« (L 585) lebt in und aus zitatreichen Anspielungen und karikiert die Ernsthaftigkeit der Turmpädagogik in mehrfacher Hinsicht. Tanzend und singend parodiert er die Sentenzenpraxis des Turms durch pseudodialektische Sinnleere (L 636: »Was geschehn ist, ist geschehn. / Was gesagt ist, ist gesagt«), die Lebensteuerung durch den Turm im Namen des höheren Zufalls als »Zauberer« (L 638) und die Abgesandten, indem er sich »aus eigener Macht und Gewalt« zum türhorchenden »Gesandten« (L 638) ernennt! Friedrich schneidet dem Abbé das Wort ab und reduziert dessen Eingreifen in das schon vollzogene glückliche Ende auf die bloße »Formalität« (L 639) – präzise Parodie der bisherigen Turmaktivitäten! Friedrich, der die Bildungsorientierung der Turmgesellschaft provoziert, indem er einfordert, er wolle »belehrt« werden, erweist sich tatsächlich als »ungezogen«, jedoch unwiderlegbar: »Ist nicht alles, wie ich's sage« (L 639). Zuletzt deutet er, auch dies im Widerspruch zu den Maximen des Turms, Wilhelms Lebensbahn uneingeschränkt positiv und nach ganz anderen Mechanismen ablaufend:

- Daß sich Wilhelm keinesfalls »seiner Abkunft zu schämen« habe, nimmt dessen bürgerliche Herkunft als notwendige Voraussetzung des über sich Hinauswachsens auf (und deutet auf Novalis' berühmten Vorwurf der »Wallfahrt nach dem Adelsdiplom« voraus).
- Friedrich beurteilt auch Wilhelms Theaterlaufbahn als eigenwertige Etappe seiner Lebensgeschichte, keineswegs als Irrtum wie der Turm: »Die Zeiten waren gut.«
- Die Anspielung auf Sauls glücklich verlaufende Eselsuche, biblische Lieblingsstelle Goethes und präzises Zitat aus Wielands *Don Sylvio*, ordnet die Schlußlösung nochmals in den Rahmen einer den Roman durchziehenden Bildsymbolik einer an Bildmythen orientierten Prinzenimago Wilhelms ein (vgl. Schings).
- Schließlich bestätigt Friedrich mit seinem Begriff des alles entscheidenden, unplanbaren, unverdienten und unerwarteten »Glücks«, daß nicht die Leitung des Turms Wilhelms Lebenslinie bestimmt hat. Ausgangspunkt und Suche, so die biblische Parallele, sind selbst gewählt und begonnen, das Ergebnis nicht: es kommt gänzlich unerwartet.
- Und der Held selbst? Wilhelm schließt den Roman nicht mit einem Bildungspostulat, einem abschließenden Resümé seines Lebensweges oder einer grundsätzlichen Einsicht, sondern mit drei Aussagen, die alle drei *Negationen* sind und von seiner abgrundtiefen Unwissenheit und Unfaßbarkeit des zugefallenen Glücks zeugen!

Überblickt man nun dieses angebliche Paradigma des Bildungsromans, so muß man feststellen, daß der Interpret alles das, was er sucht, *nicht* findet: keine Rezepte, kein Bildungsmodell, kein Ergebnis usw. Vielmehr arbeitet der Roman systematisch an der Außerkraftsetzung aller bisherigen Steuerungsmechanismen der jungen Gattung, so als beträfen die bisher entwickelten Definitionsmerkmale den *Wilhelm Meister* eigentlich nicht. Die Leitlinie des zwar ironischen, aber letztlich doch beglaubigenden Erzählers in der Tradition des Aufklärungsromans ist zugunsten einer relativierenden, die Positionen eben nicht erzählerisch fixierenden Instanz aufgegeben. Die runde Mittelpunktsfigur, deren Ausfaltung schon Wielands *Agathon* problematisiert hatte und an deren Charakterentwicklung Blanckenburgs »innere Geschichte« festgemacht war, verschwimmt zu einer (wie Schiller erspürte) funktional zwar notwendigen und wichtigen, jedoch keinesfalls als Zentrum ersten Ranges intendierten Gestalt. Der schwache Held Wilhelm führt die romanpoetologische Forderung des Aufklärungsromans (etwa Wezels in seiner »Vorrede«) nach psychologischer, der Wirklichkeitserfahrung unterworfener Geschlossenheit der Charakterzeichnung ad absurdum; die Kriterien fiktionaler Wahrscheinlichkeit werden durch die Zufallsteuerungen, die widersprüchlichen Einflußnahmen der Turmgesellschaft und ein irrational zufallendes Glück außer Kraft gesetzt. Gleiches ließe sich für die Zielgerichtetheit der Entwicklung von Held und Fabel oder die Erzählerironie nachweisen. Damit hebelt Goethes *Wilhelm Meister* die Grundpfeiler der aufklärerischen Legitimation des Romans aus, nicht zuletzt dadurch, daß er seinen Helden in dessen *Hamlet*-Gesprächen die Parallelisierung des Romans mit dem Drama, die Blanckenburg zur Begründung des Kunstcharakters gesucht hatte, anzweifeln und statt dessen die Differenzen herausarbeiten läßt! Als Paradigma des Bildungsromans kann *Wilhelm Meister* insofern gelten, als er *alle* Bildungsdiskurse der Epoche zentral thematisiert und miteinander verschänkt, sie aber *nicht* ›erfüllt‹ oder mustergültig löst, wie es die Rede vom größten oder gar einzigen deutschen Bildungsroman wissen will, sondern als er ihre potentielle Offenheit und Fortsetzbarkeit, ihre Veränderbarkeit und Aufhebbarkeit darstellt.

5.2 Gegenmodelle

Unter literaturgeschichtlicher Perspektive zeigt sich, daß um 1800 der Bildungsroman nicht mehr die dominanteste Leitform der Gattung genannt werden kann. In Goethes Bildungsroman sind denn auch schon die Ansätze zu den Gegenentwürfen enthalten; und mit seinen *Wahlverwandtschaften* hatte Goethe gar selbst nach der Jahrhundertwende eine ganz anders geartete Romanform mit einer bald eigenen Wirkungsgeschichte favorisiert (vgl. Kolbe). In den folgenden Jahrzehnten erwies sich, für die Literaturkritik wie für das Lesepublikum, die Adaption des Romans im Gefolge Walter Scotts als maßgeblich (vgl. Steinecke). Man hat deshalb zur Korrektur der schiefen Perspektive auf den Bildungsroman aufgerufen und vorgeschlagen, die Bezeichnung »Romane der *Wilhelm-Meister*-Nachfolge« für diejenigen Texte zu verwenden, die dem Vorbild Goethes in Fortsetzung und Verbesserung, Kritik, Aufhebung oder Parodie unmittelbar folgen. In ihnen steht die Auseinandersetzung mit dem konkreten Roman *Wilhelm Meisters Lehrjahre* im Mittelpunkt, kein alternativer Entwurf zur Gattung des Bildungsromans.

Die großen Romane der Romantik wie Ludwig Tiecks *Franz Sternbalds Wanderungen* (1798), Clemens Brentanos *Godwi* (1801/

02) und Jean Pauls *Flegeljahre* (1804/05) stehen explizit oder sogar programmatisch in einer eigenen Tradition des Künstlerromans, übernehmen jedoch zweifellos Elemente der Sinnstruktur des *Wilhelm Meister*. Sie erproben daran Bildungsgeschichten in der Zuspitzung ihrer Konstellationen, in Umkehrung oder Verbiegung der Erzählstrategie ihres Bezugstexts. So lassen sich Dorothea Schlegels *Florentin* (1801) als männliche Bildungsgeschichte aus weiblicher Feder und Friedrich Schlegels *Lucinde* (1799) als dessen Umkehrung lesen. In letzterer heißt ein ganzes Kapitel »Lehrjahre der Männlichkeit«.

Aber auch in Texten, die Bildungsgeschichten so zentral diskutieren, daß man sie den Bildungsromanen zugeordnet hat, sind diese Diskurse als Gegenentwürfe zur individualästhetisch orientierten, bürgerlichen Bildungskonzeption angelegt. Hölderlins *Hyperion* steht nicht unwidersprochen in dieser Tradition, obwohl sein Protagonist zweifellos eine Bildungsgeschichte durchläuft, auch wenn deren hoher Anspruch letztendlich an der Realität zerbricht. Jean Pauls *Titan* setzt gegen Wilhelm Meisters wirklichkeitsverhaftete Bürgerbildung das Programm einer Fürstenbildung. Dabei betont er doppeltes: den utopischen Charakter eines solchen Bildungsprozesses seines Helden und dessen Gefährdung durch eine falsche klassische, ins Extrem getriebene Ästhetik. Novalis versuchte mit seinem *Heinrich von Ofterdingen* ausdrücklich, Goethes *Wilhelm Meister* durch die Verabsolutierung der Kunst und ihre Apotheose zu übertreffen und zu überhöhen. Der *Ofterdingen* bleibt freilich, auch hinsichtlich der Zielorientierung der Bildungsgeschichte seines Helden, in der Selbstbezüglichkeit der Kunstvorstellungen und mit dem angestrebten Durchgang ins Unendliche Fragment. Eichendorffs *Ahnung und Gegenwart* folgte schon nicht mehr der einsträngigen Erzählkurve, die dem Bildungsroman als ahistorische Grundstruktur zugrunde liegt. Seinen Helden läßt Eichendorff am Ende des Romans zur religiösen Einkehr finden, jedoch nur diesen allein, während der Roman auch andere, v.a. poetische Lebensformen als Möglichkeiten vorführt. Hoffmanns *Kater Murr* markiert den Höhe- und Endpunkt dieser unmittelbaren Auseinandersetzung mit Goethes *Wilhelm Meister*. Die Parodie des Romans, zugleich gegen die gesamte Autobiographik und explizit gegen *Dichtung und Wahrheit* gerichtet, treibt Fundamentalkritik an so gut wie allen Merkmalen der Gattung. Sie verhunzt nicht nur die klassisch-romantischen Ästhetik- und Bildungsnormen, sie zerstört auch, durch die Erzählfiktion der zerrissenen Blätter als Schreibgrundlage, die Handlungslinie des Individualromans, und damit in wörtlichem Sinn die literarische Identität der Figuren. Hoffmanns *Murr* präfiguriert durch diese Zerstörung des Bildungsroman-Paradigmas andere Romanformen als die des Individualromans und steht damit zugleich am Anfang einer neuen Romanepoche.

5.2.1 Friedrich Hölderlin: »Hyperion« (1797/99)

Ausgerechnet an Hölderlins *Hyperion* hat Wilhelm Dilthey seine Bildungsroman-Definition erprobt. Dilthey benutzte den *Hyperion* dort als Komplementärtext zu *Wilhelm Meister*, um damit einen weiteren Umfang der Gattung abstecken zu können. Und in der Tat füllt *Hyperion* das Muster des Bildungsromans aus und weicht zugleich entscheidend von ihm ab.

1. Der Held durchläuft keine lineare Entwicklungskurve, wie sie Blanckenburgs »innre Geschichte« aus dem spätaufklärerischen Roman abgezogen hatte, sondern, wie es im »Fragment zu Hyperion« heißt, eine »exzentrische Bahn, die der Mensch, im Allgemeinen und Einzelnen, von einem Punkte (der mehr oder weniger reinen Einfalt) zum andern (der mehr oder weniger vollendeten Bildung)« (Frankfurter Ausgabe X, 47). Der Kurvenverlauf knüpft dabei an Traditionen des philosophischen Aufklärungsromans an, ist jedoch nicht auf das Ziel einer möglichst vollkommenen Welt- oder Selbsterkenntnis gerichtet. Diese steht erst am Ende eines eigentlich auf das Handeln ausgerichteten Lebens. Hyperion tritt mit der Zielsetzung an, das Vaterland zu retten und »die Welt zu bessern« (H 616), während »Bildung«, »ohne gedungen zu seyn«, »in unsrem Dienst« steht (H 617), also funktionalisiert wird.

2. Hyperion hat weder einen bildsamen, mittleren Charakter wie Wilhelm Meister noch einen heroischen wie Jean Pauls Albano im *Titan*, sondern wie die »Vorrede« ankündigt, einen »elegischen Charakter« (H 579). Hier ähnelt der Held der Titelfigur von Goethes *Werther*, mit dem der *Hyperion* nicht nur die Ich-Form des Briefromans gemeinsam hat. Während Werther jedoch seine Empfindungen als spontane Erlebnisse im Brief festhält, schildert Hyperion elegisch-reflexiv im Rückblick. Einer solchen Denkform liegt augenscheinlich ein anderer Bildungsbegriff zugrunde. Alle Bemühungen des Helden reduzieren seinen Lebenslauf auf das Ziel, verlorene Ideale wiederzugewinnen oder zu bewahren. Hyperion ist kein bürgerlicher Bildungsheld, sondern Dichter- und Lehrerfigur für arkadische Lebensformen und priesterliche Botschaften. So werden die Bildungsdiskurse v.a. in den Vorstufen zur Endfassung des Romans zentral thematisiert. Im Roman selbst breitet Hyperion eine Bildungstheorie am Beispiel der Athener durch einen doppelten

Gegensatz von damals und heute sowie zwischen Athen und Sparta aus. In beiden Fällen ist die Differenz eine solche des richtigen bzw. falschen Zeitpunkts. »Kein außerordentlich Schicksaal erzeugt den Menschen« (H 676), sondern eine natürlich Entwicklung, »sich selber überlassen« zu sein, was garantiert, nicht »zu unzeitiger Reife« getrieben zu werden (H 676). Zu große Eilfertigkeit, eine »zu früh« verlangte Zurschaustellung von Bildungsergebnissen, verhindert den eigentlichen Bildungsprozeß: »die Einigkeit des ganzen Menschen, die Schönheit läßt man nicht in ihm gedeihn und reifen, eh' er sich bildet und entwikelt.« (H 682) In solchen Vorstellungen ist Bildungsgewißheit mitangelegt; so ist es kein Widerspruch, daß der noch selbst in Ausbildung befindliche Hyperion (H 690: »Aber ich muß noch ausgehn, zu lernen. Ich bin ein Künstler, aber ich bin noch nicht geschikt.«) sich als »Erzieher unsers Volks« (H 691) betrachten kann.

Vom Ende des 2. Bandes aus gesehen erscheint Hyperions Lebensweg noch stärker von jeder Art Bildungsziel abgezogen. Dort geht es um eine deutliche Reduzierung rationaler Erkenntnis zugunsten harmonischer Einbindung in die Einklänge der Natur. Einsicht, wenn davon zu sprechen wäre, geht mit einem Verlust des Denkens, freilich einem sanften, Hand in Hand (H 781: »mein Denken entschlummerte in mir«), die Verrätselung der Welt wird als »liebes Räthsel« (H 781) empfunden. Zuletzt läuft alles auf eine »Versöhnung« der »Dissonanzen der Welt« (H 782) hinaus, die schon die Vorrede leitmotivisch *in* die Figur des Helden verlegt hatte: »Die Auflösung der Dissonanzen in einem gewissen Charakter« (H 579). Dies gilt in fraglicher Endgültigkeit aus der beschränkten Perspektive des Helden (H 782: »So dacht' ich«) und bleibt auf die (desillusionierende) Fortsetzung angelegt (H 782: »Nächstens mehr«).

3. Die Ich-Erzählform des Briefromans trägt entscheidend dazu bei, die lineare Sinnstruktur eines zu erwartenden Bildungsromans *Hyperion* aufzulösen. Die gewählte Darstellung macht zudem keinen erkennbaren Unterschied zwischen dem Erzähler und dem Helden, was die Bewertung der dargestellten Wirklichkeit betrifft. Gerade auf diese Distanz, die die Entstehung einer Bildungsgeschichte begünstigt und gar notwendig voraussetzt, ist also verzichtet. Die elegische Erzählerperspektive des Helden verhindert jede vollendete Bildungsgeschichte, weil der Leser zwar zur Identifikation mit der Heldenfigur aufgerufen ist, ihm aber ein Bildungs- und Fortentwicklungsprozeß nicht sichtbar gemacht wird. Goethe, dessen *Werthers Leiden* die gleiche identifikatorische Briefroman-Ichform vorgegeben hatte, konnte mit der nachgestellten Ansprache »Der Herausgeber an den Leser« gerade dieses Problem in Richtung auf

eine Bildungsgeschichte lösen, indem er die unkorrigierte Heldenposition doch noch von höherer Hand in eine überprüfende Erzählordnung eingebunden hatte. Im Widerstand gegen die Welt, den Hyperion für sich beansprucht, gelingt diese Einbindung seiner Lebensauffassung in eine Bildungsgeschichte nicht. Anpassung an die Umwelt, so positiv der Begriff auch aufzufassen wäre, ist für Hyperion und seinen Erzähler verrufen.

Statt einer solchen Entwicklungslinie artikuliert Hyperion seine Lebenskurve als ein wogendes, nicht zielgerichtetes Auf und Ab, eher nach den Rhythmen von Natur und Geschichte als den Etappen eines Bildungsprozesses:

> »Oder schau' ich auf's Meer hinaus und überdenke mein Leben, sein Steigen und Sinken, seine Seeligkeit und seine Trauer und seine Vergangenheit lautet mir oft, wie ein Saitenspiel, wo der Meister alle Töne durchläuft, und Streit und Einklang mit verborgener Ordnung untereinanderwirft.« (H 637)

Hyperions Lebensweg erinnert handlungsspezifisch wie erzähltechnisch an das Doppelwegschema, bei dem ein vorläufig erreichter Höhepunkt aufgegeben und in verschärftem Durchgang nochmals durchlebt werden muß, bis der endgültige Schluß auf einer höheren Ebene erreicht werden kann. Diese Doppelung zeigt sich auch erzählstrategisch in der Anordnung des zweiten Bandes, Hyperion ein- und dasselbe Ereignis sowohl in Briefen an Diotima als auch an Bellarmin zweifach schildern zu lassen.

5.2.2 Jean Paul: »Titan« (1800/03)

Auf eine nur kritische Auseinandersetzung mit der klassisch-ästhetischen Bildungskonzeption des *Wilhelm Meister* wird man Jean Pauls *Titan* (1800/03) kaum reduzieren wollen. Wenn der *Titan* die Form des Bildungsromans als Orientierungsmodell aufnimmt so doch nicht, wie man es von einer Bildungsgeschichte eines bürgerlichen Zeitalters erwarten sollte. Denn von einer Bildungsgeschichte als der ästhetischen Erziehung eines bürgerlichen Helden unterscheidet sich der Roman in doppelter Hinsicht. Einmal handelt es sich nicht um die Geschichte des sozialen Aufstiegs eines zwar künstlerisch begabten, aber ansonsten recht mittelmäßigen Bürgerlichen, sondern um die Erziehung eines Fürsten. Die Welterfahrung und erzählerische Breite, wie sie für den Bildungsroman üblicherweise gilt, ist bei dieser Bildungsgeschichte auf den geographisch wie gesellschaftlich recht engen Bereich eines Miniaturhofes, ähnlich dem Kreislerteil von E.T.A. Hoffmanns *Kater Murr*, beschränkt.

Zum anderen fällt die gegenästhetische Haltung des Helden auf: Albano definiert seine Person geradezu aus dem Gegensatz zu theatralischem Verhalten. Es widerspricht seinen Erziehungsvorstellungen so sehr, wie es andererseits die Figur seines Gegenspielers und Jugendfreundes Roquairol im Kern trifft.

In der Figur Roquairols treten die Elemente zerstörerischer ästhetischer Genialität vom Helden abgetrennt ans Licht und ermöglichen dadurch erst ein glückliches Bildungsende für Albano. Die Distanz des idealen Fürsten zum Durchschnittsmenschen Wilhelm Meister einerseits und der Wandel dieser Heldenfigur vom genialen zum Hohen Menschen andererseits, wie es die zehnjährige Entstehungsgeschichte des *Titan* dokumentiert, verbinden das Vorbild des Goetheschen Bildungsromans und die bewußte Gegenposition miteinander. Die Bildungsgeschichte des *Titan* verläuft deshalb in ungewöhnlichen Bahnen. Albanos Lebenslauf ist weder eine »Verinnerlichung« der Bildungsidee des *Wilhelm Meister* (Borcherdt, Roman der Goethezeit, 322) noch eine Bildungsentwicklung des Helden in Wandlungen oder Stufen wie bei Goethe, sondern viel eher die Darstellung einer dialektischen Auseinandersetzung mit sich unversöhnlich gegenüberstehenden Positionen. Die gesellschaftlichen Bedingungen, die für die Bildungsgeschichten Albanos und Roquairols verantwortlich sind, machen den *Titan* zwar zum Erziehungsroman um sozial unterschiedlich eingebundene Erzieherfiguren. Der *Titan* verfolgt jedoch eine umfassendere Persönlichkeitsbildung seines Helden, die auch auf Kritik politischer Realitäten, nicht bloß auf Anpassung ausgerichtet ist.

Für die Geschichte der Gattung hat die strukturelle Verdopplung der Heldenfigur in Albano und Roquairol eine Substanzverlagerung der Bildungsgeschichte zur Folge. Als idealer Held kann Albano die gegensätzlichen Eigenschaften und Kräfte des traditionellen Bildungshelden nicht mehr in seiner Person ausgleichen und auf ein ideales Bildungsziel hin harmonisieren. Vielmehr stehen negative und positive Wertsetzungen des Romans kontrastiv gegeneinander. Die Konsequenzen hieraus sind solche der Struktur der Bildungsgeschichte wie auch der Gattung insgesamt. Denn nicht nur wird in der negativen Figur Roquairol auch die ihm zugeordnete Ästhetik eindeutig negativ; das kontrastive Vorgehen verabschiedet auch endgültig einen harmonischen Ausgleich ästhetischer und gesellschaftlicher Vorstellungen. Schon der gespaltene Held des *Titan*, erst recht die noch weiter gehende Struktur des *Kater Murr*, läßt das ungetrübt glückliche Ende von privater und gesellschaftlicher Identitätssuche nicht mehr zu.

Wolfgang Harich hat am heftigsten die These vertreten, der *Titan* sei als »epische Kontraposition« und gleichsam als »Widerlegung des *Wilhelm Meister* mit erzählerischen Mitteln« konzipiert; Jean Paul wolle an der Figur Roquairols zeigen, wohin die von Schiller theoretisch und von Goethe erzählerisch propagierte ästhetische Erziehung des Menschen in einem »negativen Extremfall« führe (Harich 436f.). Die Figur Roquairols richte sich konkret gegen die Vorstellung im *Wilhelm Meister*, daß der Bildungsheld über das Theater zum Bildungsziel gelangen könne; Jean Paul verweise dagegen auf die Gefahr einer nur ästhetischen Bildung in der »Fragwürdigkeit des ästhetischen Menschen«, indem er den idealen Staatsmann Albano als »Leitbild« dagegen stelle (452). Als dilettierender Schauspieler bleibe Roquairol jederzeit Aristokrat und Offizier – was die »antifeudale Tendenz« Jean Pauls bezeuge, die sich gegen das Adelsideal des *Wilhelm Meister* richte. An Roquairol solle gezeigt werden, daß die Adelssphäre eine Persönlichkeitsbildung nicht begünstigt, sondern daß statt dessen eine ästhetische und höfische Erziehung Verstellung und Betrug notwendig hervorbringe (452f.). Soviel ist richtig: für den Ministersohn und Offizier Roquairol ist die Schauspielerei nicht nur notwendiger Selbstausdruck, sondern immer auch ein Gesellschaftsspiel. Hier unterscheidet sich der Roman grundlegend vom *Anton Reiser* und vom *Wilhelm Meister*, insofern Roquairol seine soziale Identität nicht über die Bühne sucht, sondern seine Rollenspiele gleichsam als existenzielle Bespiegelung innerhalb einer ständisch gesicherten Position betreibt. Gerade im Gesellschaftsbezug der Romanhandlung übernimmt die ästhetische Bildung eine Funktion, die den *Titan* in dezidierten Gegensatz zum klassischen Bildungsroman stellt. Das Theater als konsequenter Ausdruck einer solchen ästhetisch-aristokratischen Erziehung bildet Roquairol nicht in dem Sinne, wie es Goethe mit Wilhelm Meister im Turmkreis vorgeschwebt haben könnte. Im *Titan* ist für die Person Roquairols das Schauspielertum in noch entscheidenderem Maße als für Anton Reiser oder Wilhelm Meister reingültige Lebensform, freilich im Gegensatz zu diesen innerhalb eines festgefügten adeligen Lebensbezuges. Damit aber wird dem Bereich der Ästhetik eine Funktion zugemessen, die Schillers kausale Verbindung mit dem Bildungsgedanken nicht erfüllen kann und damit ins Fragwürdige gerät. Mit Begriffen wie Bildungsverhinderung oder Verbildung wie beim *Anton Reiser* ist dieser Vorgang unzutreffend bezeichnet. Das Theater wird vielmehr zur Schattenseite klassischer Ästhetik und zum Zeichen einer nur mehr negativ wirkenden Bildungskonzeption: diese Ausprägung der Ästhetik bildet nicht, sie verformt und deformiert Roquairols Charakter, der ja mit den gleichen Anlagen und unter denselben Voraussetzungen seine Bildungsgeschichte antritt wie Albano. Die gegensätzlichen Bildungswege beider liefern also den schlüssigen Beweis in den unterschiedlich geformten Persönlichkeitsstrukturen.

Die Deformierung seines Charakters bildet den Endpunkt der Bildungsgeschichte Roquairols. Die Bildungswelt des Adels und die höfische Etikette im Elternhaus waren der Bildung seiner Persönlichkeit nicht so günstig, wie dies Wilhelm Meister in seinem Adelsbrief programmatisch behauptet hatte, sondern beförderten diese Deformierung. Roquairols Schwester Liane, die zwar in der gleichen höfischen Umgebung aufwächst, jedoch weder den literarischen Bildungseinflüssen noch der Offiziersausbildung unterworfen wird, ist zwar auch einseitig empfindsam gebildet, aber doch nicht charakterlich so deformiert wie ihr Bruder. Der Erzähler macht aus seiner Bewertung kein Hehl: »Roquairol ist ein Kind und Opfer des Jahrhunderts« (T 262). Eine Erziehung im Zeitgeist, zu früh an Texten von »Shakespeare, Goethe, Klinger, Schiller« erprobt (T 267), imitiert die nicht mehr ganz zeitgemäße genialische Persönlichkeitsstilisierung der 70er Jahre an Stoffen, die weder pädagogisch tauglich sind noch der gesellschaftlichen Wirklichkeit um 1800 entsprechen. Diese mittlerweile selbst schon zur Tradition gehörenden Bildungsmittel versagen, wenn sie in immer neuen Anwendungen immer neue Bildungsgeschichten erstellen müssen. Unter ihrem Einfluß wird Roquairol deshalb eine theatralische Natur, während Albano sich als eine »epische« (T 261) entwickelt. Dieser Gegensatz trifft den Unterschied auf den Punkt. In Abwehr von Albanos ›epischem‹ Verhalten lebt Roquairol in der Umkehr von wirklichem Erleben und dessen poetisch-dramatischer Widerspiegelung. Er »antizipierte« die Wirklichkeit als eine theatralische und bloß ästhetische; die Realität »durchging er früher in Gedichten als im Leben, früher als Schauspieler und Theaterdichter denn als Mensch« (T 263). Gesteigert wird dies in der Tendenz, die erfahrene Wirklichkeit dann ihrerseits zum Vorwurf theatralischer und poetischer Darstellung zu machen: Roquairol »stellte hinterher alles auf dem Papier und Theater wieder dar« (T 263).

An dieser Stelle werden die unterschiedlichen Wirkungsweisen des Theaters als eines psychischen Mechanismus bei Roquairol und Anton Reiser deutlich, so sehr sie sich zu ähneln scheinen. Denn daß Roquairol nicht wie Reiser »nur unglücklich und schwach«, sondern auch wirklich »böse« wird (T 274), hat Ursachen, welche die Fragwürdigkeit der theatralischen Lebensfigur erneut von einer gewandelten Zeit- und Bewußtseinslage abhängig machen. Bei Roquairol sind es zusätzlich die Lebensbedingungen des Adels, die als Verstärkung einer unglücklichen Anlage zum Bösen hin wirken und eine Korrektur durch rettende Bildungseinflüsse nicht mehr zulassen: »Äußere Verhältnisse hätten ihn vielleicht etwas helfen können [...] Aber das müßige Offiziersleben arbeitete ihn bloß noch eitler und kecker aus« (T 264). Zwar war auch Reisers Theatromanie durch soziale Ursachen verstärkt worden, doch wirkte sie nur selbstzerstörerisch, nicht gesellschaftlich bösartig. Das Theatralische als ein Ästhetisches, das aus seiner fraglosen Bildungsfunktion herausgenommen wird, setzt im dauernden Bezug auf seine sozialen Bedingungen Bildungskritik als Gesellschaftskritik ein.

So wie Albano und Roquairol als Gegenfiguren gemeint sind, so gegensätzlich laufen auch ihre Bildungsgeschichten im Roman ab. Beide sind dabei nicht nur Antagonisten in bezug auf ihren gelungenen oder mißlungenen Bildungsweg, sondern auch in ihrem Verhältnis zur Wirklichkeit. Diese Wirklichkeit ist von Anfang an durch ihren Abstand von ihrer bloßen Erscheinungsform gekennzeichnet. Schon in Roquairols Vergleich mit Albano »Ich bin wie du« (T 233) dient die falsche Selbstdeutung dem Ziel, sein eigenes Heil in der »Täuschung« des anderen zu suchen. Der Erzähler läßt keinen Zweifel an den tatsächlichen Verhältnissen: »Aber Roquairol war nicht der, der er ihm schien« (T 262, vgl. dagegen Albano über sich: »Wie herrlich ists, daß man ist!« 273)!

In diesem Gegensatz zwischen der scheinhaften, theatralischen Existenz Roquairols und der geradlinigen, wirklichkeitsmächtigen Bildungsgeschichte Albanos besteht der die Gattungstradition sprengende Kern des *Titan*. Die Fragwürdigkeit einer an der literarischen Ästhetik orientierten Bildung wird offenbar. Für Held und Erzähler beginnt genau hier der historische Schritt von der bürgerlich-ästhetischen Tätigkeitsforderung in Goethes Sinn zur fürstlichen Tat des zukünftigen Herrschers Albano. Dem Helden des *Titan* ist seine Bildungsgeschichte nicht länger der Entfaltungsprozeß innerer Anlagen, sondern die Enthüllung verborgener bildungs- und lebensfeindlicher Intrigen der höfischen Umwelt. Die Aufdeckung der eigenen fürstlichen Abstammung hinter theatralischer Vorspiegelung und ästhetischem Schein wird zum Unterscheidungsmerkmal der falschen von der richtigen Bildungsgeschichte.

Die Bildungsgeschichte Albanos thematisiert das Verhältnis von Sein und Schein aber nicht nur als eine Problematisierung von Wirklichkeitswahrnehmung, wodurch sie auf die Bildungsromane Eichendorffs, Hoffmanns oder Mörikes vorausdeutet. Albanos Bildungsweg vollzieht analog zur stufigen Persönlichkeitsausbildung eine kontinuierliche Enthüllung seiner Herkunft, die Aufdeckung von Hofintrigen und die Erzeugung eines Dynastie- und Herrscherbewußtseins. Das richtige Sehen, das Durchschauen aller gesellschaftlichen Wirklichkeiten als eines Bildungsprozesses, tritt an die Stelle von Blindheit, Verkleidung, Vorspiegelung und Theaterspiel. Schon die Prophetie des Romananfangs auf das glückliche Ende einer Fürstenherrschaft Albanos stand ja unter dem Zeichen des Erkennens (T 49f.), wie überhaupt dem Wortfeld »Sehen« und verwandten Begriffen eine bedeutsame Funktion für die Struktur des Romans zukommt. Auch der Brief seiner Mutter, der Albanos Familiengeschichte nachträgt und damit das Rätsel seiner Lebensgeschichte löst, steht unter diesem Zeichen der Enthüllung. Albanos Jugend in der provinziellen Verborgenheit entpuppt sich als ein Leben »des Scheines wegen« (T 810), in dem bisher aus Notwendigkeit »alles so dicht zugehüllet« gewesen sei (T 811). Dem soll nun ein Ende gemacht werden. Durch den Brief der Mutter ist Albano eine Bildungsgeschichte erlaubt, die sich der Aufklärung und der Wahrhaftigkeit stellt, weil sie nun »öffentlich« sein kann (T 811). Diese Öffentlichkeit als gesellschaftliche Form der Enttarnung politischer Intrigen steht den höfischen Maskeraden und Verkleidungen auf der privaten Ebene, die Roquairol pflegt, entgegen. Sie erst verhindert die Gefährdung des Helden im Sinne Roquairols und ermöglicht die Ausweitung seiner individuellen Bildungsgeschichte zur gesellschaftlichen eines Fürsten.

In einem solchen Sinne der Erweiterung des Bildungsgedankens der Epoche gegen private ästhetische Bildungskonzepte und zugunsten einer öffentlichen Herrschaftsexistenz orientiert sich der *Titan* ganz offensichtlich an der gewandelten Zeitmentalität. Die Erschütterungen der Französischen Revolution, die in ihrer radikalen Phase entartet, die Reaktionen des Alten Reiches und die Erwartung grundlegender Veränderungen und Neuordnungen der politischen Geographie Europas durch Napoleon (auf den übrigens angespielt wird: T 591) sind der nicht zu übersehende Hintergrund des Romans. Eine solche Erziehung Albanos zum »Regent sein« (T 241) trennt sein Bildungsende natürlich grundsätzlich von dem jedes bürgerlichen Helden. Darüber hinaus vertritt Albano mit seiner Vision, »die Freiheit, statt sie nur zu verteidigen, *erschaffen* und erziehen« zu wollen (T 241), und mit seinem Traum vom »Volksglück« (T 820) eine Position weit im Feld der politischen Utopie. Um 1800 scheint in ihr der einzige Ort zu sein, die Realitäten der Zeit mit der Bildungsgeschichte eines Romanhelden noch einmal zu versöhnen.

5.2.3 Novalis: »Heinrich von Ofterdingen« (1802)

Heinrich von Ofterdingen ist aus einer von Novalis geplanten Rezension zu Goethes *Wilhelm Meisters Lehrjahre* hervorgegangen. Im Verlauf seiner Studien wandelte Novalis seine Einstellung innerhalb kürzester Zeit von kritikloser Bewunderung in eine grundsätzliche Ablehnung. War Goethe 1798 in *Blüthenstaub* noch als »der wahre Statthalter des poetischen Geistes auf Erden« gefeiert (Novalis, Werke II, 279) und sein *Wilhelm Meister* zum Muster der Gattung schlechthin erhoben worden (ebd. II, 385: »Meister ist reiner Roman«), so bewirkte die intensive Auseinandersetzung endlich die völlige Umkehrung: »Es ist ein Candide gegen die Poesie (ebd. I, 733). Bekannt geworden ist auch Novalis Diktum, der *Wilhelm Meister* feiere das »Evangelium der Ökonomie« und sei im Bildungsweg seines Helden eine »Wallfahrt nach dem Adelsdiplom«.

Im Sich-Reiben an Goethes als normativ empfundenen Roman – *Ofterdingen* sollte bei Goethes Verleger in gleicher Aufmachung und Drucktype erscheinen – entwickelt Novalis seit 1798 eine eigene Romanpoetologie mit dem Ziel, Goethe zu übertreffen und dessen Roman als Negativfolie der eigenen Vorstellung des Romantischen zu benutzen: »Das Romantische geht darin zu Grunde«. Gemäß solcher Einsichten wollte Novalis ausdrücklich keine verbesserten *Lehrjahre* (»Das Wort *Lehrjahre* ist falsch – es drückt ein bestimmtes *Wohin* aus.«), sondern »ÜbergangsJahre vom Unendlichen zum Endlichen« (ebd. I, 690) schreiben. *Heinrich von Ofterdingen* gibt sich als provokanter Gegenentwurf und vielleicht sogar als eine Art Kontrafaktur zu Goethes *Wilhelm Meister* vor allem da zu erkennen, wo er die Normativkraft des Goetheschen Bildungsbegriffs in Frage stellt. Der Titelheld Heinrich wird zwar »zum Dichter reif«, er macht jedoch keine Entwicklung durch! Schon nach wenigen Zeilen verfügt Heinrich bedingungslos über die Poesie: »ich kann nichts anders dichten und denken« (O 240).

Für die Forschung ist damit die Frage aufgeworfen, ob *Heinrich von Ofterdingen* überhaupt ein Bildungsroman ist. Zweifellos durchläuft Heinrich einen Bildungsweg, freilich nicht als einen kontinuierlichen Aufstieg zu einem Endziel oder als einen schrittweisen Entwicklungsprozeß. Vielmehr wird ein Vorgang geschildert, der anderen Bewegungsmodellen nachempfunden ist. Heinrich erfährt seine Dichterwerdung als absolutes Erlebnis, bei dem zeit-, raum- und kausallogische Bezüge außer Kraft gesetzt oder synthetisiert werden. Die allmähliche Ausfaltung innerer Anlagen liest der Leser in Bildern plötzlicher Eingebung von oben oder der Befruchtung, wobei der Erzähler keine Rücksicht auf die Handlungschronologie nimmt:

»Heinrich und die Kaufleute hatten aufmerksam dem Gespräch zugehört, und der Erstere fühlte besonders neue Entwickelungen seines ahndungsvollen Innern. Manche Worte, manche Gedanken fielen wie belebender Fruchtstaub, in seinen Schooß, und rückten ihn schnell aus dem engen Kreise seiner Jugend auf die Höhe der Welt. Wie lange Jahre lagen die eben vergangenen Stunden hinter ihm, und er glaubte nie anders gedacht und empfunden zu haben.« (O 311)

Die Aufhebung des chronologischen Zeitverlaufs, Bedingung jeder Lebensbahndarstellung eines Bildungshelden, erzeugt die Simultaneität der Zeitlosigkeit des immer Gleichen. Entwicklung, so untauglich dieser Begriff sich hier ausweist, wird dennoch genannt, aber nur im Wortsinn eines Herausfaltens von immer schon Vorhandenem, das die berühmte Formulierung viel trefflicher kennzeichnet: »Die Worte des Alten hatten eine versteckte Tapententhür in ihm geöffnet.« (O 299) Was Heinrich nun sieht, ist die allegorische Architektur einer romantischen Universalpoesie, die alle Gegensätze im »silbernen Gesang« der Engel und in der Universalsprache »aller Creaturen« aufhebt:

»Er sah sein kleines Wohnzimmer dicht an einen erhabenen Münster gebaut, aus dessen steinernem Boden die ernste Vorwelt emporstieg, während von der Kuppel die klare fröliche Zukunft in goldnen Engelskindern ihr singend entgegenschwebte. Gewaltige Klänge bebten in den silbernen Gesang, und zu den weiten Thoren traten alle Creaturen herein, von denen jede ihre innere Natur in einer einfachen Bitte und in einer eigenthümlichen Mundart vernehmlich aussprach. Wie wunderte er sich, als ihm diese klare, seinem Daseyn schon unentbehrliche Ansicht so lange fremd geblieben war. Nun übersah er auf einmal alle seine Verhältnisse mit der weiten Welt um ihn her; fühlte was er durch sie geworden und was sie ihm werden würde, und begrif alle die seltsamen Vorstellungen und Anregungen, die er schon oft in ihrem Anschauen gespürt hatte.« (O 299)

Heinrichs Einsicht, in die doppelte akustische und optische Wahrnehmung eingeschlossen, meint ein Wiedererkennen und Voraussehen zugleich; seine Erkenntnis ist ein Begreifen des schon längst Vorgefühlten, kein Bildungsfortschritt.

Auch Novalis' Zuordnung seines Helden zur Gattung der Dichter bezieht sich ganz offenkundig auf Goethes *Wilhelm Meister* als ausdrücklicher Gegenfolie, die Novalis zu wirklichkeitsverpflichtet erschien. Hatte Wilhelm dort in seinem berühmten Bildungsbrief an den Kaufmann Werner die Formierung seiner Identität programmatisch gegen die bürgerliche Welt der Nützlichkeit ausgerichtet und sich am Ideal des allseitig weltläufig gebildeten Adligen orientiert, so propagiert der Erzähler des *Ofterdingen* ein anderes Modell. In Abgrenzung gegenüber »Menschen, die zum Handeln, zur Geschäftigkeit geboren sind« setzt er jene anderen, »ruhigen, unbekannten Menschen, deren Welt ihr Gemüth, deren Thätigkeit die Betrachtung, deren Leben ein leises Bilden ihrer innern Kräfte ist.« (O 314) Im Unterschied zum Gegensatz von bürgerlicher Kaufmannstätigkeit und adliger Repräsentation im *Wilhelm Meister* ist hier eine Polarität von »Handeln« und »Betrachtung« gemeint. Auf der Ebene des *Ofterdingen* hat der Kaufmannberuf weder eine Ökonomie- noch eine Bildungskritik zu gewärtigen, sondern verkörpert im Gegenteil weltläufige Kulturvermittlung! Novalis' Gegensätze heißen Bewegung und Ruhe, während Goethes Roman die (bürgerlichen) Einschränkungen gegen den (adligen) Tätigkeitsanspruch ausspielt. Hatte Wilhelm Meister das Theaterspiel als Kunst nicht um seiner selbst, sondern zum Zweck der Persönlichkeitsbildung betrieben, so verweigert sich Novalis einer Bindung an »den Faden des Zwecks« (O 314). Unter solchen Gemütsmenschen stellen die Dichter einen Sonderfall ideal Gebildeter auf einer höheren Stufe dar. Erst auf dieser Ebene können Dichter und »Helden«, wie in der Titelfigur vereinigt, nach einem gemeinsamen Ziel streben. Für Heinrich und seinesgleichen gelten die Gesetze der Lebenspraxis nicht mehr. »Alle Zufälle werden zu Geschichten unter ihrem Einfluß, und ihr Leben ist eine ununterbrochene Kette merkwürdiger, glänzender, verwickelter und seltsamer Ereignisse.« (O 341) Heinrich folgt, durch »Natur« und »Bildung« geleitet, diesem erzählstrategisch vorgezeichneten Weg der sich laufend erfüllenden Vorahnungen und der »Zufälle«:

Heinrich war von Natur zum Dichter geboren. Mannichfaltige Zufälle schienen sich zu seiner Bildung zu vereinigen, und noch hatte nichts seine innere Regsamkeit gestört. Alles was er sah und hörte schien nur neue Riegel in ihm wegzuschieben, und neue Fenster zu öffnen. (O 315)

Verdichtet erscheint dieses Selbstverständnis im Lebensbuch, das Heinrich beim Einsiedler entdeckt. Die übliche Gleichsetzung des Lebenswegs mit dem Textkontinuum der Schrift funktioniert bei Heinrich so gut wie nicht, da das Buch »in einer fremden Sprache geschrieben« ist. Daß es ihm trotzdem so gefällt, »ohne daß er eine Sylbe davon verstand«, liegt an der Bebilderung der Handschrift, bei dessen Betrachtung das (dem Erzählprozeß gegenläufige) Prinzip der Simultaneität ausgekostet wird. »Bild« und »Ebenbild«, vergangene und zukünftige Ereignisse, Ortswechsel und Situationsüberblendungen erlauben ein Wiedererkennen, in dem kaum eine lebensgeschichtliche Entwicklung ablesbar ist. Der Schluß ist, ähnlich dem nicht vollendeten zweiten Teil des Romans, uneindeutig. Einerseits kann Heinrich in der Perspektive auf seine Person positive Veränderungen feststellen (O 312: »Gegen das Ende kam er sich größer und edler vor«), ohne daß gesichert wäre, ob es sich um eine tatsächliche Veränderung oder um ein Fortspinnen in der Folge der Bildbetrachtung handelt. Andererseits verweigert sich das Buch dem endgültigen Verständnis (»Die letzten Bilder waren dunkel und unverständlich«) oder ist sogar noch fragmentarisch zur weiteren Gestaltung offen: »der Schluß des Buches schien zu fehlen« (O 312).

Vielleicht ist es symptomatisch für die Sinnstruktur des *Ofterdingen*, daß sich Novalis im Lauf des Schreibprozesses immer stärker von seiner Fixierung auf die *Lehrjahre* freigemacht hat und ganz im Sinne der romantischen Gattungspoetik statt dessen Goethes *Märchen* aus dessen *Unterhaltungen deutscher Ausgewanderten* von 1796 zum Orientierungsmodell wirklich poetischen Schreibens erhoben hat. Daher kommt das »Mährchen« (O 338ff.), das Klingsohr zum Abschluß des vollendeten ersten Teils des Romans erzählt, der Aufschlüsselung des *Ofterdingen* näher als die einsinnige, am Realitätsmodell ausgerichtete Lebenskurve des Bildungsromans.

5.2.4 Joseph von Eichendorff: »Ahnung und Gegenwart« (1815)

Wenn Eichendorffs Jugendroman *Ahnung und Gegenwart* (1815) ebenfalls die Reise eines adeligen Helden zum Erzählgegenstand macht, so ist der Roman doch von der Ausbildung eines zukünftigen Herrschers wie von der Bildungsgeschichte eines bürgerlichen Helden gleichermaßen weit entfernt. Seine Skepsis gegenüber aufgeklärten und bürgerlich-ästhetischen Bildungsvorstellungen führt den Roman nicht auf das Feld der Utopie, sondern auf das der Zeitgeschichte. Die Bildungsgeschichte des Grafen Friedrich lebt offensichtlich vom Schema des Bildungsromans, doch ordnen Handlung und Figuren, Erzähler und Autor diesen Adelsroman als Zeitroman und als Gesellschaftsroman ein. Schon der für einen Bildungsroman ungewöhnliche Titel setzt mit seiner Anspielung auf die Aktualität des Geschehens einen ausdrücklichen Zeitbezug, auch wenn dieser nicht der naiven Vorstellung einer platten Widerspiegelung der gesellschaftlichen Wirklichkeiten entspricht. Man hat betont, daß der Roman nicht reale Zeitverhältnisse registriere, sondern von »konkreter Zeitstimmung« geprägt sei (Kafitz 353). Auf diese Spannung zwischen Aktualitätsbezug und Wirklichkeitsferne von »Ahnung und Gegenwart« ist denn auch immer wieder abgehoben worden (Killy 140ff.). In der Tat scheint der Roman sowohl an literarischen Vorbildern wie dem *Wilhelm Meister* oder mehr noch Goethes *Wahlverwandtschaften* orientiert als auch an einem Zeitbild sehr eigenständiger Prägung.

Der Roman beginnt ganz traditionell mit dem Aufbruch des Helden, der soeben mit dem Abschluß seiner Universitätsstudien eine Bildungsphase beendet hat. Dieser Aufbruch ist allerdings mehr als ein individueller Anfang einer Bildungsgeschichte. Er gibt sich als jugendspezifisch und überzeitlich:

»Und so fahre denn, frische Jugend! Glaube es nicht, daß es einmal anders wird auf Erden. Unsere freudigsten Gedanken werden niemals alt, und die Jugend ist ewig.« (AuG 3f.)

Der darin enthaltene Fixpunkt einer höheren Ordnung relativiert schon zu Anfang die individuelle Persönlichkeitsbildung, weil er eine entwickelnde Veränderung solcher Grundmuster des Lebens verneint. So lebt denn auch der Held Friedrich seine Bildungsgeschichte gegen den Strom der Zeit und die eigene Gegenwart. Die Zeit »vor vielen hundert Jahren« und die Lebensweise der »Ritter« sollen den Maßstab seines Bildungsganges abgeben. Bildung meint also keine Entwicklung von Anlagen und Fähigkeiten mehr, sondern die Verinnerlichung von Standestraditionen im Bewußtsein der eigenen Unzeitgemäßheit:

»Was mühn wir uns doch ab in unseren besten Jahren, lernen, polieren und feilen, um uns zu rechten Leuten zu machen, als fürchteten oder schämten wir uns vor uns selbst und wollten uns daher hinter Geschicklichkeiten verbergen und zerstreuen, anstatt daß es darauf ankäme, sich innerlichst nur recht zusammenzunehmen zu hohen Entschließungen und einem tugendhaften Wandel. Denn wahrhaftig, ein ruhiges tapferes, tüchtiges und ritterliches Leben ist jetzt jedem Manne, wie damals, vonnöten.« (AuG 13)

Als Bildungskraft der eigenen Seele (»Wache, sinne und bilde nur fleißig fort, fröhliche Seele« AuG 30) entwickelt sich hier ein Strukturmoment in der Lebensgeschichte des Helden, an dem sich sowohl die Kritik bürgerlicher Bildungsvorstellungen als auch das Nachleben ständischer Traditionen festmachen lassen. Die Erklärung einer solchen Haltung liefert Friedrich selbst in seiner »Jugendgeschichte« (AuG 46). Eine Märchen- und Ritterwelt aus den Versatzstücken familiengeschichtlicher Überlieferung fördert seine »Einbildung« (AuG 54), die es dem Helden ermöglicht, der »pädagogischen Fabrik«, der trocken aufklärerischen Erziehung des Zeitalters zu widerstehen. Erst eine »neue Epoche«, die religiöse Erziehung am Vorbild der »Leidensgeschichte Jesu« wird für Friedrich die »entscheidende für mein ganzes Leben« (AuG 55). Neben der adligen Tradition steigt damit die Religion als christliche Poesie

(Leidens*geschichte*!) zum zweiten Grundpfeiler der Lebensorientierung auf. Erst jetzt verbinden sich Zeitgeschichte, adlige Standesgeschichte und christliche Heilsgeschichte zur Bildungsgeschichte des Helden.

Neben der naiven Bildungsferne des Landadels ist die falsche Bildungsattitüde im adeligen Salon der Residenz der eigentliche Gegenpol zu Friedrichs Bildungsbestreben. Dieser Salon zeichnet sich durch den Verlust genau der Werte aus, die Friedrich zu seinen Bildungszielen bestimmt hat. Hier herrscht der bürgerliche Zeitgeist über das (adelige) Geschichtsbewußtsein; der Poesie als Lebensprinzip wird keinerlei Beachtung geschenkt. Diese Leere auszufüllen ist das Ziel des Helden. Durch nächtelanges »Studium der Staaten« und seinen Einsatz im Dienst des »Ganzen« weitet sich sein Blick auf eine andere übergreifende Ordnung. Das Ergebnis dieser Tätigkeit ist die Einsicht in die Zusammenhänge des gesellschaftlichen und politischen Lebens: »er wurde reifer, klar, selbständig und ruhig über das Urteil der Welt« (AuG 180).

Friedrichs politisch und sozial restaurative Tätigkeit im Dienst des Erbprinzen folgt dem Grundsatz, »dem alten Recht in der engen Zeit Luft zu machen« (AuG 182) und erhöht damit die politische Restauration zum Mittel christlicher Selbstbildung. Sie entspringt einem symptomatischen Zeitverständnis, das der Struktur von Friedrichs Lebensweg angepaßt ist: wenn Friedrich zum Ausgangspunkt seiner Reise zurückkehrt und grundlegende Veränderungen seines Bewußtseins konstatiert (»Wie anders war seitdem alles in ihm geworden!« (AuG 250), so handelt es sich geographisch zwar um einen »mühsam beschriebenen Zirkel« (AuG 250). Doch bewahrt die verflossene Erzählung des Heldenweges das gewandelte Zeitbewußtsein vor der beliebigen Wiederholbarkeit. Hier werden die Gemeinsamkeiten wie die Unterschiede zum *Wilhelm Meister* oder zum *Titan* deutlich. Denn letztlich verweigert sich dem Helden eine glücklich zu beendende Bildungsgeschichte, weil die eigene Lebensgeschichte den Widerstand der Zeitgeschichte nicht brechen kann:

»Die Poesie, seine damalige süße Reisegefährtin, genügte ihm nicht mehr, alle seine ernstesten, herzlichsten Pläne waren an dem Neide seiner Zeit gescheitert, seine Mädchenliebe mußte, ohne daß er es selbst bemerkte, einer höheren Liebe weichen, und jenes große, reiche Geheimnis des Lebens hatte sich ihm endlich in Gott gelöst.« (AuG 251)

Für Friedrich bedeutet diese Auflösung seiner Bildungsgeschichte freilich die Konsolidierung seiner Glaubenssicherheit. Dadurch erst enthüllt sein Klostereintritt seine wahre Funktion, den Lebenslauf aus den Fängen der Zeitgeschichte zu befreien (»Da fand er Trost über die Verwirrung der Zeit« AuG 317). Friedrichs Entscheidung für das Kloster entspricht deshalb dem Bildungsziel eines traditionellen Bildungsromanhelden bis in die Formulierung hinein: »Und so bildete sich denn sein Entschluß, selber ins Kloster zu gehen, immer mehr zur Reife.« (AuG 320).

Friedrichs Lebensgeschichte als Bewahrung und Wiederentdeckung christlicher Traditionen innerhalb eines poetischen Lebens kann jedoch nur deshalb gelingen, weil der Held aus dem Adel stammt. Diesen Vorzug, wie er einem bürgerlichen Helden von vornherein verwehrt ist, hat Eichendorff in einem späteren Aufsatz mit dem Titel *Der Adel und die Revolution* auch theoretisch zu begründen versucht. Christliche Bildungsvorstellungen und adelige Lebensbestimmung sind dort in grundsätzlicher Weise miteinander verbunden. Im Strukturgefüge des Romans versteift sich der adelige Bildungsheld auf das Nachleben historischer Ausformungen des Adelsideals, nämlich als Ritter und als Jäger. Das Auflebenlassen ritterlicher Mittelaltervorstellungen verweist nicht nur auf die restaurativen politischen Wunschvorstellungen Eichendorffs. Das vermeintlich zeitlose Ritterideal transzendiert auch ein historisches Herrschaftssystem in ein individuelles zeitloses System der Bildungsgeschichte. Der Held selbst begreift sich in der Folge dessen als Mitglied einer ständischen und zugleich auch einer geistigen Elite, die er zudem noch als poetische versteht. Mit der Identität von Poesie und adeligem Ritterideal wird der Ritter zugleich zur poetischen Schlüsselfigur des Romans. Der wiederholte Verweis auf die Figur des Don Quixote ist ein solches Motiv; dieser »Ritter von der traurigen Gestalt« (AuG 73) vertritt als zur Poesie gewordener Adelsvertreter die alten Bildungswerte auf eine oft anachronistische Weise. An ihm ist das Scheitern solcher Bildungsideale vor dem Zeitgeist handgreiflich abzulesen.

5.2.5 E. T. A. Hoffmann: »Lebens-Ansichten des Kater Murr« (1819/21)

Bildung bezeichnet in E.T.A. Hoffmanns Roman *Lebens-Ansichten des Kater Murr nebst fragmentarischer Biographie des Kapellmeisters Johannes Kreisler in zufälligen Makulaturblättern* einen durchweg negativen Begriff. Der Erzähler spielt mit überlieferten Bildungsvorstellungen, wobei er an seiner kritischen Einstellung keinen Zweifel läßt. Die Lebensgeschichte des Vaters von Prinz Hektor z.B. zitiert ein Italienreisebild nach Goethes *Wilhelm Meister*, um es sogleich in einen mehr als lächerlichen Zusammenhang zu stellen. Dieser

»ging aber, als ihn eines Tages ein Zithermädel anplärrte: ‚Kennst du das
Land, wo die Zitronen glühn‹, sofort nach dem Lande, wo dergleichen
Zitronen wirklich glühn, das heißt nach Neapel« (M 457).

Der auf dieser Ebene nur mehr parodistisch zu gebrauchende
Bildungsbegriff verbindet die Bildungskritik mit der Satire auf die
höfische Kleinstaaterei und die anachronistischen Gesellschaftsver-
hältnisse, wie sie im Kreislerteil geschildert sind. Die Distanz des
Erzählers in seinem Bericht über die politischen Verhältnisse in
Sieghartsweiler könnte kaum größer sein als in den verräterisch
zurückhaltenden und damit vielsagenden Andeutungen über den
schwachsinnigen Prinzen Ignatius (M 433). Über die Kritik eines
solchen Bildungsbegriffs setzt sich der *Kater Murr* mit den politischen Verhältnissen seiner Entstehungszeit (1818/21) auseinander.
Der mediatisierte Prinz Irenäus mit dem »Ruf eines feingebildeten
Herrn« demonstriert in seiner Person die Verbindung einer fiktiv
gewordenen politischen Restauration mit einem ständisch-exklusi-
ven Bildungsanspruch. Bildung meint daher »die Liebe großer
Herren zu Kunst und Wissenschaft« und gilt dem Erzähler »nur als
integrierender Teil des eigentlichen Hoflebens« (M 326). Diese
Form der Bildung, die nichts als höfischer »Anstand« ist und zur
Stabilisierung des überkommenen Herrschaftssystems dient, muß
»mit diesem zugleich untergehen«, wie der Erzähler eisig feststellt.
Dies ist zum einen auch gegen den bürgerlichen Anspruch gerichtet,
die Bildungsautonomie der Aufklärung als geschichtslos allgemein-
gültigen Wert zu bewahren, wenn es heißt, die Kunst könne »nicht
als etwas für sich Fortbestehendes« (M 326) existieren. Zum anderen
trifft dieses Diktum des Erzählers aber vor allem die Methode der
politischen Restauration des Fürsten. Denn dessen politische Inan-
spruchnahme von Bildungswerten wird satirisch mit dem Traum
gleichgesetzt und damit als Fiktion entlarvt:

»Fürst Irenäus erhielt sich beides, das Hofleben und die Liebe für die Künste
und Wissenschaften, indem er einen süßen Traum ins Leben treten ließ, in
dem er selbst mit seiner Umgebung sowie ganz Sieghartsweiler figurierte.«
(M 326).

Diese »chimärische Hofhaltung zu Sieghartsweiler« (M 331) ist dem
Erzähler nicht nur der äußere Glanz einer repräsentativen Herrscher-
existenz, wie dies von Irenäus gemeint ist. Vielmehr enthüllt er, wie
stark die Internalisierung der Wirklichkeitsabhebung beim Fürsten
sich schon eingefressen hat, so daß dieser seine tatsächliche politische
Funktionslosigkeit durch fiktive Herrschaftsführung überspielt (»er
tat nämlich so, als sei er regierender Herr« M 326). Die Wirklichkeit
hat keine Chance gegenüber einem so wirkungsvollen Selbstbetrug.

Auch die Bürger spielen beim »falschen Glanz dieses träumerischen Hofes« mit, und der Fürst selbst verkörpert seine »Rolle mit dem wirkungsvollsten Pathos« (M 377). Politische Herrschaft gerinnt so zur Karikatur menschlichen Verhaltens, wie es im Bilde der Marionetten deutlich wird, die von der Hand der Rätin Benzon gelenkt werden, »die die Fäden des Puppenspiels an diesem Miniaturhofe zog« (M 327f.).

Mit ihr verbindet sich auf eine geheime Weise der Erzähler, der die Figuren seines Romans ebenfalls wie Marionetten führt. Diese Mechanisierung, ja Automatisierung des Personenverhaltens ließe sich auch für die Handlungsmotivation des Romans zeigen. Es versteht sich, daß damit erst recht für den Protagonisten Kreisler oder andere Romanfiguren eine Bildungsgeschichte verlorengeht. Aber auch der Erzähler, der in Handlungsmotivation und Figurenlenkung nur mehr den Mechanismus des Erzählapparats in Gang hält, bricht mit jeder herkömmlichen Bildungsgeschichte, die ja die freie, d. h. nur beeinflußbare und nicht programmierbare Identitätsfindung voraussetzt. Auch der Leser gerät in diesen Sog: seine durch den Roman verfügte Bildung besteht dann im Erkennen solcher mechanischer Zusammenhänge über die Verstrickungen der Figuren hinweg. Die traditionellen Hilfestellungen des Erzählers unterbleiben im Kreislerteil. Dem alleingelassenen Leser entgleitet der Held als Identifikationsfigur endgültig im parodistischen Zerfall des Romans in zwei Protagonisten. Hier ist der Bildungsbegriff das zentrale Stichwort, unter dem sich Kreisler- und Murrteil wieder zusammenfinden. Denn die erstarrte Bildungswelt, die sowohl Julia als auch Kreisler stört, ist der Ort, an dem sich der bildungsbeflissene Kater so recht wohlfühlt. Während wahre »Geistesbildung«, wie sie Julia zugesprochen wird, innerhalb der dünkelhaften Standesvorstellungen des Hofes und seinem lächerlichen Bildungsanspruch keinen Platz hat (»daß sie in dem Kreise der fürstlichen Familie wie eine Fremde erschien« M 328), blüht Murr gerade dann auf, wenn es gilt, herangetragenen Bildungsansprüchen gerecht zu werden. Kreisler bringt die Schicklichkeit und die festgefügte Etikette der Hofgesellschaft in Verwirrung, weil er seinen Lebensgang nicht dem vorgegebenen Muster einer Bildungsgeschichte unterwirft. Murr hingegen tritt mit dem festen Willen an, sich bürgerliche Bildungsüberlieferungen vollständig, regelkonform und mit Hingabe anzueignen. Zwar scheitert er, jedoch nicht weil er ein Kater ist, sondern weil er seinen Bildungsgang zu perfekt anfaßt: die Bildungsparodie Murrs kommt nicht durch den Bruch von Normen, sondern durch deren Übererfüllung zustande!

Die Bildungsselbstsicherheit Murrs verweist auf die Unsicherheit

Kreislers, dessen Name allein schon eine linear verlaufende Lebensgeschichte in Zweifel zieht. Den Gegensatz von bürgerlicher Bildungsautonomie und von höfisch-herrschaftlichem Bildungsanspruch, um den es im Roman auch geht, verkomplizieren die kontrastiven Bildungsgeschichten Murrs und Kreislers durch ihren Bezug auf eine gemeinsame Bildungsfolie. Dahinter tritt der Anspruch des Katers auf einen traditionellen Bildungsroman hervor, wie ihn das unterdrückte Vorwort Murrs bedingungslos fordert (»übergebe ich der Welt meine Biographie, damit sie lerne, wie man sich zum großen Kater bildet« M 301). Murrs Bildungsgeschichte verläuft denn auch als Abfolge von Entwicklungsstufen des Bildungsromans, zwar stark verkürzt gemäß der Dauer eines Katzenlebens, aber doch noch als Trivialisierung und Parodie des *Wilhelm Meister*-Schemas zu erkennen: 1. Gefühle des Daseins, die Monate der Jugend; 2. Lebenserfahrungen des Jünglings. Auch ich war in Arkadien; 3. Die Lehrmonate. Launisches Spiel des Zufalls, 4. Ersprießliche Folgen höherer Kultur. Die reifen Monate des Mannes. – Nicht zu unterschlagen ist freilich die Einpassung von Murrs Bildungsbestrebungen in den Kreislerteil, an entscheidender Stelle übrigens, der das konfliktträchtige mißglückte höfische Fest folgt. Meister Abraham berichtet: »es ist das gescheiteste, artigste, ja witzigste Tier der Art, das man sehen kann, dem es nur noch an der höhern Bildung fehlt, die du, mein lieber Johannes, ihm mit leichter Mühe beibringen wirst« (M 317). Wenn Murr und Kreisler durch Abraham auf die gleichen Bildungswurzeln zurückgeführt werden können, so ist das insofern erstaunlich, als beide auf den ersten Blick keine Gemeinsamkeiten besitzen. Doch Kreisler wie Murr bilden sich an den Büchern Abrahams, so wie Abraham zugleich der Lehrer Murrs und der Kreislers ist. Die gemeinsamen Bildungswurzeln und die gegensätzlichen Bildungsgeschichten Kreislers und Murrs sind letztlich verantwortlich für die in beiden Fällen gescheiterte gesellschaftliche Integration. Hier scheint ein Epochenbewußtsein durch, das den Bildungsbegriff nur noch ausgehöhlt, inflationiert und trivialisiert verstehen kann. Es wirkt wie eine Ironie der Geschichte, daß Karl von Morgenstern genau in der Entstehungszeit des *Kater Murr* den Bildungsromanbegriff ›erfindet‹!

Im Kater Murr allerdings lebt dieser Begriff noch ungebrochen. Keinerlei Zweifel nagen an seiner Gewißheit, die traditionelle Bildungsgeschichte imitieren oder gar noch übertreffen zu können: »Nichts verstört meine Bildung, nichts widerstrebt meinen Neigungen, mit Riesenschritten gehe ich der Vollkommenheit entgegen, die mich hoch erhebt über meine Zeit« (M 350). Sogar Meister Abraham erkennt, freilich ironisch, den Bildungsimpetus des Katers an

(»was für ein Bildungstrieb dir inwohnt« M 322). Man hat deshalb auch den Kater als den sich selbst parodierenden Bildungshelden in einer parodierten Bildungsgeschichte erkannt. In ihrer Exzessivität bezeichnet seine »abgelagerte Literatursprache« in der Tat die Sinnentleerung des literarischen Bildungsgutes der Epoche (Meyer 122). Diese Bedeutungsebene um die Murrfigur für die Intention des Romans widerspricht allerdings zahlreichen Versuchen v. a. der älteren Forschung, den Roman als Biographie Kreislers und damit als romantischen Künstlerroman unter Umgehung des Murrteils zu lesen. Doch nicht nur Titel und doppeltes Vorwort stellen, zwar ironisch, die Murrfigur in den Mittelpunkt der Geschichte oder zumindest an die erste Stelle. Damit ist zugleich angedeutet, in welcher Weise sich beide Teile aufeinander beziehen und wie der Roman zu verstehen ist. Der parodierte Bildungsroman Murrs entsteht nämlich »durch den literarischen Vandalismus des Katers«, der die Biographie Kreislers zerrissen und als Schreibmaterial für seine Ergüsse verwendet hat. Murrs Bildungsroman ist also in einem doppelten Sinn ein Antibildungsroman, weil er den Bildungsroman nicht nur parodiert, sondern auch auf der Zerstörung einer Bildungsgeschichte aufbaut. Murr benutzt Kreislers Biographie im materiellen Sinn als »Unterlage« und »zum Löschen« (M 298). Der Erzähler überträgt diese Verschränkung der Kreisler- und der Murrgeschichte auf die inhaltliche Ebene: die eine Geschichte muß zum Verständnis der jeweils anderen immer als Folie mitgelesen werden! Denn die Zerstörung einer Bildungsgeschichte und »das verwirrende Gemisch fremdartiger Stoffe« (M 298) sind nicht bloß zufällige Gegebenheiten des Erzählers im *Kater Murr*, wie es das Vorwort glauben machen möchte. Sie bilden vielmehr das Strukturprinzip des Romans. Der Erzähler und Herausgeber will ausdrücklich das scheinbar willkürliche Vermischungsverfahren für einen dritten Band beibehalten. Er durchmischt also nochmals Kater- und Kreislergeschichte, obwohl er sie doch nun leichtlich auseinanderhalten könnte:

»Der Herausgeber findet es daher der Sache nicht unangemessen, wenn er in einem dritten Bande, der zur Ostermesse erscheinen soll, dies von Kreislers Biographie noch Vorgefundene den geneigten Lesern mitteilt und nur hin und wieder an schicklichen Stellen das einschiebt, was von jenen Bemerkungen und Reflexionen des Katers der weitern Mitteilung wert erscheint« (M 663).

Alle diese Beobachtungen deuten darauf hin, daß der Roman weniger als Einzelwerk denn als ironisches Glied einer literarischen Kette gelesen werden will. Der *Kater Murr* wird zur literarisch-parodistischen Antwort auf eine Gattungstradition, die selbst unter heftigsten Verrenkungen nicht mehr ungebrochen weitergeführt werden kann. Die solchermaßen nur kritisch mögliche Adaption der Bildungsromanstruktur und ihre Umformung zur Parodie beruft sich auf gattungs- und bewußtseinsgeschichtliche Wandlungen einer Epoche, in der zusammen mit dem Bildungsroman auch der Bildungsbegriff fragwürdig geworden ist. Als Bildungsparodie kann der Roman dann auch als Zeit- und Epochenparodie aufgefaßt werden. In ihr zielt Hoffmann nicht allein darauf ab, »das Gesamtphänomen von Kultur und Gesellschaft der glanzvollsten Epoche der deutschen Geistesgeschichte, der Goethezeit, planvoll zu negieren und zu zerstören« (Singer 305). Zwar bringt eine bewußt angegangene Bildungsgeschichte, wie sie der Anpassungskünstler Murr versucht, den Bildungsphilister hervor, d. h. in letzter Konsequenz: der erzwungene Bildungsroman parodiert sich selbst. Doch indem Murr die festgefügten Bildungsbegriffe zerfleddert und zerredet, macht er sie zu Bruchstücken, die für andere Erzählzusammenhänge neu benutzt werden können. Unter diesem Blickwinkel kann die Funktion der destruktiv-parodistischen Romanstruktur positiver als üblich bewertet werden. Denn ohne sie wäre der Murrteil eine platte Bildungsparodie, der Kreislerteil bloß eine trivialromantische Verwicklungsgeschichte.

Was damit angesprochen wird, ist das Bewußtsein des Künstlers um die Vergeblichkeit seines Kunstwerks in seiner Zeit. Trotz höchster technischer Raffinesse gelingt ihm nur Nachahmung, Montage und Kontrast. Wie Meister Abraham Kreisler, so ist auch dem Erzähler der eigentliche Mittelpunkt seines Kunstwerks abhanden gekommen. Dieses im Grunde schon epigonale Kunstbewußtsein legitimiert auch die Erzählweise Hoffmanns. Denn wie Abraham mit der Inszenierung seines Fests gelangt auch der Erzähler des Romans zur Auflösung der Widersprüche, indem er »alles in toller Verwirrung enden« läßt (M 315). Damit ist auf ein virulentes Problem des Bildungsromans und der Bewußtseinsgeschichte des frühen 19. Jahrhunderts hingedeutet. Die Doppelperspektive des Romans aus Kater-Bildungsparodie und Künstlerwelt Kreislers spiegelt den sich anbahnenden Wandel des erzählerischen Epochenbewußtseins. Die Denkform einer nicht nur vielschichtigen, sondern auch der Erkenntnis disparat erscheinenden Wirklichkeit läßt den Erzähler Zusammenhänge unter der Oberfläche der Erscheinungen vermuten, die auch dem Leser offenbar werden sollen. Der Roman bleibt damit im Besitz eines kritisch-souveränen Erzählers und seines Humors und gewinnt dadurch neue erzählerische Möglichkeiten. Zugleich aber geht für den Bildungsroman, dem seine Grundlagen entzogen sind, eine Epoche zuende.

6. Der Bildungsroman im 19. Jahrhundert

6.1 Zwischen Individualroman und Gesellschaftsroman

Als zu Beginn des 19. Jahrhunderts die Bildungsidee als Gradmesser individueller und sozialer Identitätssuche mehr und mehr ausfällt, erschüttert dies auch die Grundlagen des darauf fußenden Bildungsromans. Lange bevor gegen Ende des Jahrhunderts die Kritik am Bildungsphilister und der Spießerideologie einsetzt, formulieren die Romanautoren ihre Zweifel an der Darstellungsmöglichkeit eines modellhaften Bildungswegs. Der Bildungsroman behauptet poetologisch und literaturkritisch bis weit in die ersten Jahrzehnte seine Führungsposition unter allen Romanarten; noch immer gilt Goethes *Wilhelm Meister* als moderner Roman, als »deutscher Normal-Roman« (Theodor Mundt), während in der Wirklichkeit der Romanproduktion Zeit- und Raumroman dominieren. In der Verknüpfung unterschiedlicher Strukturmuster entwirft die Literaturkritik das Idealbild eines sozialen Individualromans, das durch die poetologische Diskussion der Zeit geistert. Es scheint im Hintergrund der Versuche Tiecks oder Immermanns auf, im Gehäuse des traditionellen Bildungsromans oder gar in unmittelbarer *Wilhelm Meister*-Nachfolge ein Zeitpanorama liefern zu wollen oder besser: sich ein Epochengemälde nicht anders als durch das Medium einer Zentralfigur vorstellen zu können.

Die Literaturwissenschaft hat lange Zeit ihr Augenmerk ausschließlich auf die Nachwirkungen des *Wilhelm Meister* gerichtet, so daß breite Traditionsstränge der Romangeschichte übersehen worden sind. Die Geschichte des Zeitromans ist eine solche, von der Dominanz des Bildungsromans poetologisch und ideologisch verstellte Romanart (vgl. Worthmann). Daß zwischen dem Jahrhundertbeginn und der Durchsetzung des Gesellschaftsromans in Deutschland noch weitere verschüttete Romantraditionen zu entdecken sind, bezeugt die Wirkungsgeschichte von Goethes *Wahlverwandtschaften*. Bildungsgeschichten steuern die Romane nicht mehr; stattdessen sind sie in Strukturen des tragischen, des zeitgeschichtlichen, des historischen oder des sozialen Romans oder deren Mischformen eingebunden und scheinen in den Texten als versprengte, anachronistische oder beiläufige Thematisierungen auf, so daß in der 1. Hälfte des 19. Jahrhunderts vom Bildungsroman »nur noch als

weitgefaßtem Arbeitsbegriff die Rede« sein kann (Kolbe 13). Selbst
Romane, die die Forschung gemeinhin als Bildungsromane anzusehen pflegt, enthüllen, gleichsam gegen den Strich gelesen, ihre
andere Seite als tragischer, zeitgeschichtlicher oder sozialer Roman.

6.1.1 Eduard Mörike: »Maler Nolten« (1832)

Dieser problematisch gewordenen Tradition des Bildungsromans
ordnet sich Mörikes *Maler Nolten* auf sehr eigenständige Weise ein.
Der Roman liefert den Beweis, daß die Zeit zwischen Goethes
Wilhelm Meister und den realistischen Erzählern des Nachmärz nach
umfassenderen Ordnungen verlangt, als sie eine individuelle Lebensgeschichte bieten könnte. Der Roman macht auf seine Weise
verständlich, warum diese Epoche dem Bildungsroman so wenig
günstig gesinnt ist. Mit den Analysekategorien, wie sie für den
klassisch-romantischen Bildungsroman brauchbar sein mögen, ist
an dieses sperrige Werk nicht heranzukommen. Der Bildungs- oder
gar Künstlerroman, der der *Nolten* seinem Titel nach zu sein scheint,
gilt mindestens in seiner zweiten Hälfte seit F. T. Vischers Bespre-
chung als Schicksalsroman. Als ein solcher steht er mit nur einem
Bein innerhalb der Gattungsgeschichte des Bildungsromans; dies ist
sicher auch der Grund, warum der *Nolten* in etlichen Abhandlungen
zum Bildungsroman nicht vorkommt (z. B. Jacobs). Eine Bildungsgeschichte im klassischen Sinne ist jedenfalls im *Nolten* nicht aufzufinden. Man hat deshalb mit einigem Recht dem Helden jede Form
einer Bildungsgeschichte abgesprochen und den Roman zum struk-
turverkehrten Bildungsroman, zum »Anti-Meister« Mörikes erklärt
(Prawer 176). Doch verdeckt eine scheinbar so offensichtliche
negative Abhängigkeit vom *Wilhelm Meister* vielfältige Beziehungen
des Romans etwa zu den *Wahlverwandtschaften*; die Kleinteiligkeit
der Einlagen und die Zerstückelungstechnik, die Rückblenden und
die eingeschobenen Jugendgeschichten lassen sogar eher an das
Vorbild der *Wanderjahre* als an das der *Lehrjahre* denken.
Mit einem Entwicklungsbegriff, wie er zumindest seit Goethe mit
der Bildungsgeschichte verknüpft ist, läßt sich am *Nolten* also wenig
erreichen. Viel eher kann von einer Verwicklung, einer Verstrickung
des Helden die Rede sein. Noltens Bildungsweg verläuft nicht
gradlinig, sondern vielfach unterbrochen und gestört. An die Stelle
traditioneller Bildungseinflüsse treten die Einflußkräfte einer Schick-
salsmacht: die vom Helden nicht zu durchschauende Fremdbestimmung verhindert eine herkömmliche Bildungsgeschichte. Während
eine solche selbstgesteuerte Persönlichkeitsausbildung des Helden

im *Nolten* also fehlt, fallen gezielte pädagogische Bemühungen des Schauspielers Larkens um seinem Freund Nolten auf. Larkens will Nolten mit einigen Täuschungsmanövern in eine geordnete Bildungsgeschichte hineindrängen, was freilich nicht gelingt, sondern sogar den Mentor in die tragischen Verwicklungen von Noltens Lebensschicksal hineinzieht. Soweit Bildung also nicht einfach »Ausbildung« Noltens als Maler meint (N 28), ist die Bildungsgeschichte schon hier auf eine Lebensgeschichte festgelegt, die mit einer Selbstbestimmung des Helden, seiner zunehmenden Einsicht in seinen Lebensplan oder seiner sozialen Einordnung nichts zu tun hat. Nolten beschreibt diesen Zustand trefflich:

»Wohl, es ist wahr, ich könnte glücklich seyn, aber ich weiß nicht eigentlich zu sagen, warum ich es nicht bin. Ich wäre undankbar, wollte ich nicht gerne bekennen, daß während meines ganzen Lebens sich alle Umstände vereinigten, mich endlich bis zu dem Punkte führten, auf dem ich jetzt stehe, in eine Lage, die mancher andere und würdigere Mann vergebens suchte. Ein günstiges Schicksal, so grillenhaft und mißwollend es mitunter seyn mochte, trug dazu bei, ein Talent in mir zu fördern, in dessen freier Ausübung ich von jeher das einzige Teil meiner Wünsche erblickt hatte.« (N 77f.)

Mit dem Schicksalsbegriff, der der Durchschaubarkeit seines Lebensplanes entgegensteht, deutet Nolten seine Lebensgeschichte in einer Weise, wie sie nicht diametraler dem Lebensweg eines Wilhelm Meister gegenüberstehen könnte. Mit einem derartigen Schicksalsbegriff tritt Noltens Lebenslauf aus den Strukturen und Erzählmustern der Bildungsromantradition heraus. In Blanckenburgs Bestimmungen einer »inneren Geschichte« war der Zufall als Erzählmotivation der Bildungsgeschichte zugelassen worden, weil er die Kausalität des Erzählablaufs ergänzen konnte, ohne psycho-logische Begründungszusammenhänge zu stören. *Wilhelm Meister* lebt geradezu vom ausgeglichenen Wechsel zwischen Zufallssteuerung und eigenständigem Bildungswillen des Helden als einem Kompositionsprinzip des Romans. Der schicksalhafte, naturgesetzlich ablaufende Plan, dem Nolten unterliegt, begründet eine eigene Romanstruktur, der auch die Struktur der Bildungsgeschichte Noltens zu folgen hat.

Aufklärung darüber, wie dieser Mechanismus funktioniert, gibt ein Manuskript, das Larkens nach Berichten Noltens selbst niedergeschrieben hat. Larkens Bericht gibt dabei scheinbar gesicherte Aufschlüsse über die Lebensgeschichte Noltens, die diesem wegen seiner Verstrickung nicht selbst einsichtig sein können. Larkens sieht die »Prototypische Erklärung zur Geschichte seines Freundes« im »Schicksal eines gewissen längst verstorbenen Verwandten der Noltenschen Familie«. Larkens irrt. Dieser angeblich verstorbene Verwandte, so erweist es sich ja im Laufe des Romans, ist niemand anders als der Hofrat, Noltens Oheim. Damit aber setzt Larkens auch seine gesamte Deutung der Geschichte Noltens ins Zwielicht. Spätestens hier müssen Zweifel aufkommen, ob Larkens die tragische Vorprägung von Noltens Lebensgeschichte nicht unterschätzt, oder ob er nicht einer Fehldeutung aufsitzt, wenn er der Schicksalssteuerung einen tieferen Sinn und einen höheren Plan unterlegt:

»Durchläuft man dieß Bruchstück aus unsers Noltens Leben mit Bedacht, und vergleicht man damit seine spätere Entwicklung bis auf die Gegenwart, so erwehrt man sich kaum, den wunderlichen Bahnen tiefer nachzusinnen, worin oft eine unbekannte höhere Macht den Gang des Menschen planvoll zu leiten scheint. Der meist unergründlich verhüllte, innere Schicksalskern, aus welchem sich ein ganzes Menschenleben herauswickelt, das geheime Band, das sich durch eine Reihe von Wahlverwandtschaften hindurchschlingt, jene eigensinnigen Kreise, worin sich gewisse Erscheinungen wiederholen, die auffallenden Ähnlichkeiten, welche sich aus einer genauen Vergleichung zwischen früheren und späteren Familiengliedern in ihren Charakteren, Erlebnissen, Physiognomieen hie und da ergeben (so wie man zuweilen unvermuthet eine und dieselbe Melodie, nur mit veränderter Tonart, in demselben Stücke wieder klingen hört), sodann das seltsame Verhängniß, daß oft ein Nachkomme die unvollendete Rolle eines längst modernden Vorfahren ausspielen muß – dies alles springt uns offener, überraschender als bei hundert andern Individuen hier am Beispiele unseres Freundes in das Auge. Dennoch werden Sie bei diesen Verhältnissen nichts Unbegreifliches, Grobfatalistisches, vielmehr nur die natürlichste Entfaltung des Nothwendigen entdecken.« (N 187f.)

Damit sind nicht nur Goethes *Wahlverwandtschaften* wörtlich aufgenommen und als wirksamer Mechanismus auch für den *Maler Nolten* angekündigt. Larkens unterstellt auch einen Schicksalsbegriff, wie er weder mit dem Noltens – für Nolten ist seine Lebensgeschichte alles andere als »planvoll« – noch mit dem des Erzählers zur Deckung zu bringen ist. Erst recht ist der Leser auf der Suche nach Orientierung verwirrt. Hier geschieht Entwicklung, sogar planvoll, notwendig und scheinbar metamorphisch (»Entfaltung«), jedoch auf einem höchst merkwürdigen Untergrund. Das Schicksal, sowohl mit dem Notwendigen als auch mit dem Seltsamen und Geheimnisvollen verbunden, widersetzt sich der rationalen wie der religiösen Auslegung. In Noltens Lebensbericht steht zudem nicht mehr der psychische Einzelfall oder die individuelle Bildungsgeschichte zur Diskussion, sondern ein Familienschicksal mit dem Zwang zu leitmotivischer Wiederholung eines längst ad absurdum geführten Lebenslaufs. Hier gibt es kein fortschreitendes Romangeschehen mehr, das nicht aus der Vergangenheit seine biographische oder erzählerische Legitimation erhielte. Diese Rückwärtsgewandtheit nicht nur Noltens, sondern aller Figuren und sogar der Erzählmotivation gibt der Lebensgeschichte des Helden Stellvertreterfunktion für eine Vielzahl gleichgelagerter Schicksale einer Familie, einer Generation, einer Epoche. Wenn Noltens Leben nicht mehr bloß individuell, sondern zeitgeschichtlich repräsentativ geworden ist, so ergeben sich daraus auch gattungsgeschichtliche Konsequenzen für seine Bildungsgeschichte. Mit dem Begriff des Epigonenbewußtseins wird dabei nur die Oberfläche berührt, auch wenn der *Maler Nolten* dadurch den *Epigonen* nicht unwesentlich sich annähert. Mit dieser Skepsis gegenüber einer geglückten Bildungsgeschichte stellt Mörike seinen *Nolten* in eine Reihe mit ähnlich sperrig in der Literaturgeschichte verkeilten Romanen. Ludwig Tiecks *Der junge Tischlermeister* und Karl Immermanns *Die Epigonen* gelten ja ebenfalls nur bedingt als vollgültige Bildungsromane: alle drei mißtrauen auf ähnliche Weise einer individuell verantworteten Bildungsgeschichte ihrer Helden.

Aber der Roman geht in seinem Verwirrspiel noch weiter, wenn er Nolten selbst über sein »inneres und äußeres Geschick« mit Kategorien reflektieren läßt, wie sie herkömmlichen Bildungsromanhelden zur Verfügung stehen. Ganz in diesem Sinne glaubt Nolten, »die Bedeutung meines Lebens von seinen ersten Anfängen an« zu erkennen und nur einzelne Abschnitte ohne willentlichen Eingriff erleben zu müssen (»Ich mußte gewisse Zeiträume wie blindlings durchleben« – N 226). Noltens größtes Mißverständnis besteht jedoch in der Gleichsetzung dieses seines Schicksals mit einer nur zeitweilig getrübten, ansonsten aber freien Willensentscheidung:

»aber auf einen kurzen Moment, wo die Richtung meiner Bahn sich verändert, wurde mir die Binde abgenommen, ich darf frei umschauen, als wie zu eigner Wahl, und freue mich, daß, indem eine Gottheit mich führt, ich doch eigentlich nur meines Willens, meines Gedankens mir bewußt bin.« (N 226).

Hier ist alles fremd: »eine Gottheit« – welche? Wer nimmt die Binde ab? Selbst das eigene Bewußtsein ist nur ein vermitteltes. Die Erklärungen, die Nolten anführt, zeigen im von ihm selbst erfundenen Bild, daß von einem Durchschauen der eigenen Lebensgeschichte nicht die Rede sein kann:

»Der Mensch rollt seinen Wagen, wohin es ihm beliebt, aber unter den Rädern dreht sich unmerklich die Kugel, die er befährt. So sehe ich mich jetzt an einem Ziele, wonach ich nie gestrebt hatte, und das ich mir niemals hätte träumen lassen.« (N 226f.)

Um im Bilde zu bleiben: Noltens Einsicht kann nie so weit gehen, die Richtung der Kugeldrehung zu durchschauen. Er erahnt wenig mehr als den Verdacht einer sich drehenden Kugel. Hier wo Nolten sich genau beobachtet, ist die Nähe der Erzählerposition spürbar, freilich nur die Nähe. Denn der ironische Larkens relativiert solche Einsichten Noltens mit dem Hinweis auf den Lebens- und Erzählzusammenhang, aus dem heraus dies gesagt ist. Larkens diskreditiert sich freilich zugleich selbst, indem er wichtige Erkenntnisse relativiert, ironisiert und zurücknimmt:

>»mir kommt es vor, mein Nolten habe sich zu keiner andern Zeit weniger auf sich selber verstanden als gerade jetzt, da er plötzlich wie durch Inspiration zum einzig wahren Begriff seiner Selbst gelangt zu seyn glaubt.« (N 228)

Für den Leser sind damit nicht nur alle diejenigen Deutungen verabschiedet, die eine Bildungsgeschichte des Helden durch eine planlose Schicksalssteuerung negiert sehen, sondern auch diejenigen, die Noltens Lebensweg trotz aller Widerstände weiterhin als bruchlos auf ein glückliches Ende hin laufende Bildungsgeschichte sehen wollen. Diese Ansicht eines Barons, der in Noltens Leben einen »ungemeinen Keim« sieht, »der nur durch die Umstände glücklich entwickelt werden muß« (N 279), bewertet der Erzähler selbst als eine naive und anachronistische, weil die Rolle des Schicksals vernachlässigende Deutung. Die tatsächlichen Ereignisse in Noltens Leben führen eine solche Interpretation ins Leere. Die Rede, »als stockte plötzlich unser eignes Leben, als sei im Gangwerk unseres Schicksals ein Rad gebrochen«, dieser »Stillestand des Ganzen« (N 309) trifft besser Noltens wirkliche Situation. Die positive Deutung, »ein Mensch, den das Schicksal so ängstlich mit eisernen Händen umklammert, der muß am Ende doch seyn Liebling seyn« (N 406), kann Nolten für seinen Lebenslauf nicht mehr gelten lassen. Die unüberwindliche Vergangenheit, »das alte Nichts« bestimmt sein Leben auch in Zukunft. Für ihn wie für den Erzähler läßt sich beschreiben, was nicht zu verstehen ist:

>»Räthsel aus Räthseln! Wo wir den Sinn am sichersten zu treffen meinten, da liegt er so selten, und wo man ihn nicht suchte, da gibt er sich auf einmal halb von ferne zu erkennen und verschwindet, eh' man ihn festhalten kann!« (N 406)

Die Bildungsgeschichte Noltens am Schnittpunkt von Bildungsroman und Schicksalroman endet tragisch, weil die Verbindung von schicksalhafter Fremdbestimmung und freier Lebensorientierung ein glückliches Ende nicht zuläßt. Trotz des tragischen Endes des Helden aber löst sich der Roman niemals von der individuellen Lebensgeschichte ab. Den vollständig tragischen Roman und damit die Aufgabe des Bildungsromanschemas nach dem Muster der

Wahlverwandtschaften vermeidet Mörike, da er die dämonische Lebensleitung zwar hinnimmt, eine Bildungsgeschichte seines Helden aber bis zum Ende zu retten versucht. Hier siegt die autobiographische Nähe des *Nolten* über den von Anfang an gewußten Untergang des Protagonisten. Noltens Oheim, dem Hofrat, gelingt sogar die Selbstrettung der eigenen Person im Rückzug auf die Kunst, doch nur um den Preis, dadurch das Verhängnis auf seinen Neffen übertragen zu haben: die individuelle Lebensgeschichte ist keine Grenze mehr gegen die überindividuelle Macht des Schicksals. Auch Nolten versucht diesen Rückzug in die Kunst nach seiner Liebesenttäuschung mit Konstanze. Doch eine solche Resignation im absolut gesetzten Anspruch der Kunst wird erst den realistischen Erzählern gelingen. Auch von da her steht Mörike mit seinem *Maler Nolten* in einer Übergangsepoche.

6.1.2 Ludwig Tieck: »Der junge Tischlermeister« (1836)

Wie Mörikes *Maler Nolten* gehört auch Ludwig Tiecks Roman *Der junge Tischlermeister* in ganz eigenständiger Weise der Bildungsromantradition des 19. Jahrhunderts an. Nach Tiecks Zeugnis angeblich bereits 1795 begonnen, scheint sich der Roman direkt an das Vorbild von Goethes *Wilhelm Meister* anzulehnen; doch die Veröffentlichung zieht sich noch bis 1836 hin. Dies allein müßte schon Grund genug sein, Tiecks Roman nicht allein als Nachahmung von Motivvorgaben des Goetheschen Bildungsromans zu lesen. Denn gerade Tiecks Berufung auf Goethe im Vorwort des *Tischlermeister* bezeugt weitergehende Goethebezüge. Nach dem wirkungsreichen, aber von der Bildungsromantradition weitgehend verstellten Vorbild der *Wahlverwandtschaften* ist der Bildungsroman Tiecks nicht zuletzt auch ein Eheroman und zugleich an der Nahtstelle zum tragischen Roman. Mit der Ausrichtung des Erzählens an Themen der Handwerker- und Arbeitswelt steht der Roman eher in der Nähe der *Wanderjahre*, wenn man das tradierte Schema des Bildungsromans einen Augenblick lang vergißt. Als Individualroman der 30er Jahre übernimmt die Bildungsgeschichte des Helden die Funktion, Gesellschaftliches als Individuelles in die Erzählstruktur einzufügen. Dem entspricht die von Tieck als Untertitel gewählte Gattungsbezeichnung »Novelle«, die den Text nicht formal, sondern eben von diesen gewandelten Erzählinhalten her zu bestimmen versucht:

»Da ich die Form der Novelle auch dazu geeignet halte, manches in konventioneller oder echter Sitte und Moral Hergebrachte überschreiten zu dürfen (wodurch sie auch vom Roman und dem Drama sich bestimmt unterscheidet)« (Tm 208).

Als »Novelle« aber berührt sich der *Tischlermeister* thematisch mit dem Gesellschaftsroman.

Mit so unterschiedlichen Gattungsbezeichnungen für den *Tischlermeister*, ob als »Handwerker-Roman« oder als »Salonroman« (Sengle II, 880), ob als »Problemnovelle« (Sengle II, 835) oder als »Bildungsnovelle« (Mörtl 153), lassen sich jeweils andere Akzente für die Untersuchung setzen, ohne doch einander auszuschließen. Grundlegender haben sich, geht man vom Bildungsromanschema aus, die Strukturen der Bildungsgeschichte im *Tischlermeister* verändert. Anton Reiser, Wilhelm Meister oder Albano waren Protagonisten, deren Bildungsfortschritt sich am Ende des Romans im Erreichen oder Verfehlen eines Bildungsziels ablesen ließ. Der *Tischlermeister* hingegen setzt eine abgeschlossene Entwicklungs- und Bildungsgeschichte seines Helden schon voraus, auf die nur gelegentlich zurückgedeutet wird. Ihr Entstehungsprozeß bleibt jedoch außerhalb der Darstellung. Da Leonhards Bildungsweg und das Romangeschehen chronologisch nacheinander zu lesen sind, kommt die für einen Bildungsroman paradoxe Struktur zustande, daß der Held zu Beginn des Romans da steht, wohin andere Helden gewöhnlich erst ganz am Schluß des Romans gelangen können. Das bedeutet allerdings nicht, daß der *Tischlermeister* auch das im Bildungsroman oft übliche harmonische Ende in einen harmonisierenden Romananfang übersetzt. Denn die Ausgangsharmonie des Romans ist eine nur scheinbare. Der Neuaufbruch des Helden nach einem schon durchlaufenen Bildungsgang geschieht als ein Infragestellen schon errungener Positionen, die in einem nochmaligen Durchgang erneut erfahren und verbessert bewahrt werden müssen. Das Romanende des *Tischlermeister* ist mit dem Romananfang deshalb nur in Äußerlichkeiten deckungsgleich. Wie schon im *Maler Nolten* ist der Bildungsgeschichte des Helden mit einem linear aufgefaßten Entwicklungsbegriff nicht beizukommen. Als Held einer Bildungsgeschichte ist Leonhard zugleich der Held einer Krisengeschichte, alle Stationen seines zweiten Bildungsdurchgangs sind Reisestationen zur Bewältigung auch einer Ehekrise. Diese Struktur des *Tischlermeister* ähnelt sehr dem Doppelwegschema im mittelhochdeutschen Artusroman, bei dem der Held in einem zweiten Durchgang seine erreichte Position in Frage stellen und seinen Weg gegen gesteigerte Widerstände ein zweites Mal hinter sich bringen muß. Analog dazu wäre das graphische Modell einer sich linear entwickelnden, traditionellen Bildungsgeschichte durch das einer Spirale zu ersetzen. Denn die Romanhandlung des *Tischlermeister* führt bis zu ihrem Schlußbild eine verbesserte Lebensgeschichte des Helden mit einem glücklichen Ruhezustand auf einer höheren Ebene vor.

Diesem Doppelwegschema zur Bewältigung einer Lebenskrise,
dessen erster Teil nicht erzählt, aber vorausgesetzt und in Rückblikken nachgezogen wird, entspricht ganz präzise der formale Aufbau
des Romans. Man erkennt unschwer, daß der *Tischlermeister* »vollkommen symmetrisch aufgebaut« ist (Sengle II, 1041). Dabei entsprechen sich sieben Abschnitte in spiegelbildlicher Anordnung um
eine Symmetrieachse. Im einzelnen: die drei Abschnitte des Schloßaufenthaltes machen das Zentrum aus, wobei die zweite Theateraufführung inhaltlich wie strukturell den Mittelpunkt bildet, um den
sich die beiden anderen Aufführungen, die des *Götz von Berlichingen*
und die der *Räuber*, gruppieren. Diese Theaterabschnitte sind wiederum eingeschachtelt in die Ereignisse um die An- und Abreise des
Helden. Zwei aufeinander bezogene häusliche Gesprächssituationen
bilden schließlich den äußeren Rahmen. Diese beiden Gesprächsgruppen entsprechen sich in ihrem Aufbau wie in sprachlichen
Details auf das genaueste (Tm 209 und 538). Sechs Gespräche, von
denen jeweils zwei symmetrisch aufeinander bezogen sind, behandeln die zentralen Themenkreise des Romans in vorausdeutenden
Geschichten: eine merkwürdige Lebensgeschichte ist das Thema des
ersten Gesprächs ebenso wie die des letzten; eine Liebesgeschichte als
zweites Gespräch entspricht thematisch genau dem vorletzten Gespräch; die dritte Erzählung handelt wie die drittletzte vom Theater.
Das Erzählen als gesellschaftlicher und geselliger Vorgang erhält also
schon im Aufbau des Romans eine herausragende Funktion.

Diesem klaren Aufbauschema ist ein Erzählprinzip überlagert,
dem der Roman ausführliche Erörterungen widmet. Der »Sinn des
leitmotivartig wiederkehrenden Liniensymbols« (Mörtl 152) betrifft vorerst nur Fragen des Kunsthandwerks. Für Leonhard und
seine Bildungsgeschichte bedeutet es aber mehr. Wenn Leonhard
nämlich seine Lebensgeschichte nach dieser Kunsttheorie auszurichten vorgibt, so verändert er zugleich das Gattungsmuster des Bildungsromans: die traditionelle Nähe des Bildungsromanhelden zur
Kunst und zum Künstlerberuf erscheint im *Tischlermeister* über die
Kunstmetapher an zeit- und gesellschaftliche Wandlungen gebunden. Aus seiner Kunsttheorie hat sich Leonhard nämlich durch die
Übertragung auf seine Lebensgeschichte schon »früh eine Art von
Theorie« zusammengesetzt (Tm 245). Die gerade Linie, der eine
geradlinige und widerspruchsfreie Lebensentwicklung entspricht,
wird abgelehnt, denn sie bezeichnet die »prosaische Grundbasis des
Lebens«. Die gekrümmte Linie hingegen, die sich »in unendlichen

Schwingungen« bewegt, steht für »die Unerschöpflichkeit des Spieles, der Zier, der sanften Liebe« (Tm 245). Welche Funktion eine solche geometrische Analogie für die Struktur und den Verlauf des Krisenweges des Helden hat, ist offensichtlich. Denn nicht die geradlinige Verfolgung einer Lebensgeschichte im Sinne des Bildungsromans wird ja im *Tischlermeister* proklamiert, sondern eine Lebensorientierung an den krummen Linien des Unplanbaren. Der »jakobinische Zerstörungssinn«, der sich angeblich »unserer Zeit übermäßig bemächtigt« hat, wird ebenso abgelehnt wie die Ergebnisse »einer gewissen Aufklärung« für das Bürgertum (Tm 246), weil beides einem geradlinigen Geschichtsverlauf entsprungen ist, dem der Held nichts abgewinnen kann. Seine Absage an diese gerade Linie des linearen Lebensweges wird besonders einsichtig in der Umkehrung eines Zitats aus Schillers berühmter Rezension der Bürgerschen Gedichte. Baron Elsheim attestiert damit dem Helden, »daß du in deiner Hantierung nur ungern mit dem Zeitalter fortgeschritten bist« (Tm 247). Die Ausrichtung des eigenen Lebens- und Kunstverständnisses nicht, wie es Schiller postuliert hatte, mit, sondern gegen die eigene Zeit bezieht Bewußtseinsveränderungen der Epoche mit ein, denen die individuelle Lebensorientierung und der kollektive Geschichtsverlauf nicht mehr so eindeutig begreifbar sind. Auch der Held Leonhard ist, mit der Sympathie des Erzählers, nicht so eindeutig auf das politisch und gesellschaftlich Reaktionäre festzulegen. Schließlich schreitet er ja, wenn auch »nur ungern« und vielleicht gezwungenermaßen, mit dem gewandelten Zeitalter fort. Er empfindet in Kunst- wie in Lebensfragen, nämlich »daß ich mit meinem Geschmacke auch um fünfzig oder siebzig Jahre zu spät komme« (Tm 248). Damit ist die traditionelle Bildungsgeschichte, die auf gerader Linie der Übereinstimmung von kontinuierlichem Geschichtsverlauf und einer einsinnig verlaufenden Lebenskurve gefolgt war, für den *Tischlermeister* endgültig verabschiedet. Als Bildungsroman dient der Roman nur mehr als Leerform zur Diskussion des Zeitwandels, für den der individuelle Held zur repräsentativen Figur wird.

Im Umkreis einer Adelsgesellschaft, in dem der bürgerliche Held Leonhard Theater spielt, wird der Bildungsbegriff, der sich an der Aufklärung orientiert, vollends dubios. Zwar ist seit den Tagen des *Wilhelm Meister* keine Bildungsgeschichte mehr über die Theaterlaufbahn zu verwirklichen, doch bleiben Schauspielerei und Theaterinszenierung als Antrieb gesellschaftlichen Verhaltens wirksam. Nicht mehr das Berufstheater, sondern das Laienspiel steht dabei im Zentrum des Interesses; die Theatromanie als lebensbestimmende Leidenschaft gehört längst der Vergangenheit an. Auch für Leonhard ist die Neigung zum Schauspielerberuf eine jetzt kaum mehr verständliche Jugendverfehlung und »Ausschweifung« des zum Bürger Gewordenen (Tm 249). Noch deutlicher als im *Titan,* im *Kater Murr* oder im *Maler Nolten* geht es nicht mehr um die dramatische Spiegelung des Innenlebens des Helden, sondern um das gesellige Spiel innerhalb gesellschaftlicher Konstellationen: nicht die verschiedenen Theaterinszenierungen im *Tischlermeister,* sondern die gesellschaftlichen Spielzwischenräume sind entscheidend für Leonhards Bewußtseinswandlungen. Insofern ist es verständlich, daß das »Nationaltheater« des Schmierenkomödianten Ehrenberg (Tm 529) nur mehr als satirisches Gegenbild zum adelig-bürgerlichen Salontheater angezogen wird. Soziale Gleichheit während des Theaterspiels auf dieser Liebhaberbühne war einer der gewichtigsten Gründe für Leonhards Teilnahme gewesen. Das private Spiel im kleinen exklusiven Kreis gibt ihm die Möglichkeit, bisher unbekannte soziale Erfahrungen zu sammeln:

> »So nahe war er in seinem bisherigen Lebenslauf den höheren Ständen noch niemals gekommen, so frei und ungezwungen hatten die Menschen dieser Art ihre Gesinnungen noch niemals vor ihm entfaltet.« (Tm 320f.)

Auch seine Ehekrise bewältigt der Held mit Hilfe eines Bewußtseinsprozesses, der aus der Theatererfahrung resultiert, »wie ein Mensch in den Venusberg gerät und dort für immer verloren ist« (Tm 411). Mit solchem Wissen um seine Krise visiert Leonhard auch schon die Lösung seiner Lebensgeschichte an. Denn erst diese Krise erlöst ihn von einem Makel, der erst jetzt zum Vorschein kommt. Signal ist die zum Besseren gewandte Beziehung zu seiner Frau Friederike nach seiner Heimkehr, an der nun das Manko der Kinderlosigkeit aufgehoben wird. Die saturierte Ausgangslage des Romans verbarg hinter der ökonomischen Scheingeborgenheit einen ungelösten Rest: »Mit den Kindern will es unserm Leonhard nicht so, wie mit anderen Dingen gelingen« (Tm 222). Mit der Geburt des eigenen Kindes als Zeichen einer geänderten Ehebeziehung und einer überwundenen Lebenskrise wandelt sich auch der gesellig-gesellschaftliche Stellenwert dieser Ehe:

> »Es war natürlich, daß die beiden Eheleute, denen jetzt zum erstenmal ein Kind geschenkt war, sich liebender erwiesen, daß der Mann der Frau zärtlich und schonend begegnete; aber der scharfsichtige Elsheim erblickte in dieser wechselseitigen Hingebung noch etwas Innigeres, welches er nicht verstand, jedoch bald einmal die Erklärung desselben von seinem Freunde zu hören hoffte.« (Tm 510)

Demgegenüber parodiert die letzte Theateraufführung unter der Leitung Ehrenbergs diese Veränderungen, wenn in einem Zechgelage der vormals so standesbewußte Landadel »mit Ehrenberg auf altdeutsche Weise Brüderschaft« trinkt und alles in einem »Jubel von Biederkeit und deutscher Gesinnung« aufgehen läßt (Tm 462). Die Folgen dieser nationalen Verbrüderung werden dem Leser später nachgetragen. Ehrenberg, der ehemals genialisch-revolutionäre Theatermann, ist ein »Gutsbesitzer und wohlhabender Mann« geworden:

»Er richtete auf den Gütern von Dülmen und Bellmann ein schönes Nationaltheater ein, man gab die brillantesten Stücke, und von den Weibern spielten die ergrauenden Töchter der Witwe die Hauptrollen.« (Tm 519)

In der Folge ist es zu mehr als einer »Mesalliance« gekommen (Tm 520). Diese wörtliche Anspielung in der Verbindung von »Nationaltheater« und »Mesalliance« auf den *Wilhelm Meister* zeigt die Distanz des *Tischlermeister* zur Lösung des Goetheschen Bildungsromans.

Der Grund für solche Wandlungen liegt in Veränderungen der sozialen Bildungswelt beschlossen, die sich in der Romangeschichte einnisten. Leonhards Theaterspiel als Krisentherapie wirkt nur innerhalb der gesellschaftlich-geselligen Beziehungen des Schloßkreises. Im Bildungsbegriff, wie er dort gebraucht wird, binden sich ebenfalls individuelle Lebenserfahrungen an gesellschaftliche Wandlungen. Als Zeitkrankheit, als »Schnupfen der Zeit« (Tm 270) fungiert die falsche Bildungsattitüde des Landadels, des ästhetischen Provinzsalons oder des parodierten Bildungstheaters unter Ehrenberg. Wahre Bildung meint andererseits eine feste Position in einer ständisch verfaßten Gesellschaftsordnung:

»Wie freue ich mich jedesmal, wenn ich noch irgendwo die Reste der Bürgerlichkeit finde. Zufrieden mit seinem Stande, stolz auf seine Arbeit und feststehend auf seiner Stelle im Leben hat ein solcher Mensch Ehrfurcht vor dem Höhern.« (Tm 284)

Die Angst um den Verlust der Bürgerlichkeit in der ersten Hälfte des 19. Jahrhunderts (!) aus dem Munde eines Adeligen faßt den Bildungsbegriff als Teil einer erneuerten Ständeordnung auf, wie ihn der alte Diener Joseph an Elsheims Vater abgelesen hat. Dieser gilt als Musterbeispiel des gebildeten Adeligen, dessen Ziel es gewesen sei, nicht nur Bildung zu erlangen, sondern selbst bildend zu wirken; ihm sei es gelungen, »daß sich alle Dienstleute mehr oder minder nach ihm bildeten und figurierten« (Tm 366). Der Bildungsbegriff ist damit vom individuellen Lebenslauf abgehoben, mit dem er seit der Aufklärung so gut wie untrennbar verknüpft war. Er ordnet sich jetzt in ein ständisch legitimiertes und kulturästhetisch organisiertes System ein:

»das war alles sicher und begründet; Sitten, Feste, Religion, Adel, Bürger, Handwerker, alles, was man nur nennen kann, hing, wie in einer gutgeordneten Bildergalerie, jedes in seinem schönen festen Rahmen; zu jeder Gesinnung gab es im Katalog gleich Nummer und Erklärung. Aber jetzt ist die ganze Galerie durcheinandergeworfen, die Rahmen sind abgerissen, viele Bilder stehen auf dem Kopf, die besten sind umgekehrt an die Wand gelehnt, daß kein Mensch sie finden kann, und der Dummkopf und der rohe und ungebildete Mensch läßt sich nun von den Meisterwerken nicht mehr imponieren« (Tm 367).

Das Vergangene liefert den Gegenentwurf zum zeitgeschichtlich Gewordenen, die Restauration ist als ästhetisches Ordnungsprinzip legitimiert.

Bildungskritik meint damit zuerst Sozialkritik und erweitert die individuelle Bildungsgeschichte des Helden zu einer Krise der Gesellschaft. Auch deshalb ist Leonhards Lebensgeschichte repräsentativ für seine Zeit. Aufgelöst wird Leonhards Dilemma innerhalb der gesellschaftlichen Sphäre: nicht eine private Liebesgeschichte, sondern die Krise der sozialen Institution Ehe wird behandelt. Leonhard versucht auch nirgends einen individuellen sozialen Aufstieg, wie man bei einem Handwerker vermuten könnte, sondern begnügt sich mit der Festigung seiner bürgerlichen Stellung im Handwerkerstand. Diese Entwicklung eines kleinbürgerlichen Selbstbewußtseins ist so signifikant wie erstaunlich für die Sozial- und Romangeschichte seit dem 18. Jahrhundert, wenn man etwa an *Anton Reiser* denkt. Die konservative Betonung einer patriarchalischen Hausführung und die Verteidigung des Zunftwesens gegen die heraufkommende Industrialisierung gehören ebenso dazu wie utopische Vorstellungen einer Vermischung der Stände, die eher auf eine Verbürgerlichung des adeligen Elsheim als auf eine Aristokratisierung Leonhards hinauslaufen.

Diese vorindustrielle, von den Zeitläufen längst überholte Idylle des Handwerkerlebens zu Beginn des Romans ist zum Ende hin sogar noch steigerungsfähig, weil sie poetisiert wird. Leonhards Lebensziel war von Anfang an ein Kunstziel, seinen Lebenslauf mit dem rechten »Kunstsinn« zu erfüllen: »diese nun auf eine gelinde, gewissermaßen kunstreiche Art zu lösen, ist die Aufgabe des Lebens« (Tm 249). Auch deshalb ist Leonhards Heimkehr keine bloße Rückkehr an seinen Ausgangspunkt, obwohl sich die Szenen stark ähneln (Tm 209 und 538), sondern sie bietet die Lösung seiner Lebensgeschichte als ein individuelles und zugleich als ein gesellschaftliches Kunstwerk an. Leonhard ist Vater geworden und hat seine Unzufriedenheit überwunden. Aber mehr noch ist »anders« geworden, wie Friederike mit sicherem Blick erkennt (Tm 538).

Handwerkslärm und -geruch liefern den Beleg für eine poetisierte bürgerliche Existenz, die sich in ihrer Selbsteinschätzung durchaus gleichwertig neben den Adel zu stellen weiß. So findet der Held »unter heitern Gesprächen« sein Glück im selbstbeschränkten Freundeskreis, der zugleich ein bürgerlicher, familiärer, geselliger und poetischer ist:

»›Poesie!‹ rief Dorothea; ›ei, so müßten denn auch einmal Dichter kommen, die uns zeigten, daß auch alles dies unter gewissen Bedingungen poetisch sein könnte.‹« (Tm 538)

Das romanimmanente Happy-End weist auf den Erzähler hin, der diese Aufforderung soeben eingelöst hat. Den geselligen und poetischen Schluß macht er zum Indiz dafür, daß Gesellschaftsintegration und Poetisierung der Arbeits- und Bildungswelt Leonhards zusammenfallen können: Gespräch und Freundschaft sind das Signum, an dem sich sowohl die gesellschaftliche Akzeptiertheit als auch das individuelle Glück ablesen lassen.

Damit aber ist der Bildungsroman nichts anderes als eine individualisierte Gesellschaftsgeschichte. Alle Versuche im *Tischlermeister*, eine individuelle Lebensgeschichte abseits sozial institutionalisierter Bahnen anzugehen, enden mit harscher Kritik am genialen Gebaren; sie scheitern zudem im Tragikomischen: der ehemals autonome Bildungsheld kommt nur noch als kauziger Sonderling vor (Wassermann, Magister). Mit dieser Abkehr von der privaten Bildungsgeschichte hat der *Tischlermeister* den Zeitroman eingeholt – dasselbe Erscheinungsdatum wie das der *Epigonen* erweist sich als nicht ganz zufällig.

6.1.3 Karl Immermann: »Die Epigonen« (1836)

In welcher Weise eine Individualgeschichte die Zeitgeschichte im Roman darstellen kann, beantwortet Immermanns Roman *Die Epigonen* (1836). Ein Briefwechsel des fiktiven Herausgebers mit dem Arzt versucht, eine auch als Romanpoetik zu lesende Antwort auf die Frage nach dem Sinn eines Romans zu geben, der beides zugleich sein will. Der Herausgeber begründet, warum auf ihn die Wassermassen der großen Flüsse in der Ebene kaum einen Eindruck hinterlassen, er sich hingegen von diesen Flüssen in ihrer individuellen Gestalt als Gebirgsbäche sehr beeindrucken lasse. Diese Aussage ist als eine »parabolische Antwort« zu lesen (E 508), daß sich die Zeitgeschichte vollständiger und aussagekräftiger als im Zeitpanorama in individuellen Gestalten verkörpere. Ein solchermaßen legitimierter Individualroman, der eben dadurch als gesteigerter Zeitroman fungiert, deutet tatsächlich auf grundlegende Strukturveränderungen auch der Bildungsgeschichte und des Bildungsromans. Nicht mehr ein sich bildender und damit sich verändernder Held steht im Mittelpunkt einer mehr oder minder statischen, auf ihn in Einflüssen wirkenden Umwelt. Indem die Zeit als Zeitgeschichte wirkt, sich beschleunigt verändert und daher einen dauernden Teil des individuellen Heldenbewußtseins ausmacht, gerät der Held sowohl strukturell als Romanfigur wie auch individuell mit seiner Bildungsgeschichte ins Hintertreffen. Er kann seine Lebenszeit nicht mehr durch Bildung einholen, wie noch *Wilhelm Meister* dies konnte, sondern kann sie nur noch durchschauen, deuten, an ihr scheitern, resignieren oder sie überwinden. Ein Kater Murr, der die überlebten Bildungsnormen ungewollt parodiert, kann einen ganzen Roman schon nicht mehr alleine ausfüllen; Friedrich zieht sich aus seiner Bildungsgeschichte in *Ahnung und Gegenwart* resigniert in die Religion zurück; Nolten, der an seinem Familienschicksal zugrunde geht, verliert die Selbstbestimmung seiner Bildungsgeschichte. Alle diese Romanhelden verweisen auf einen Zeithintergrund des Romans, bei dem die gewandelte Bildungswelt der Zeitgeschichte eingefügt ist und die der Dominanz einer individuellen Bildungsgeschichte ein Ende macht.

Solche Veränderungen, wie der Zeitroman sie erzwingt, sind es namentlich, die die *Epigonen* für eine einseitig am Bildungsroman orientierte Forschung problematisch gemacht haben. Es gilt heute als communis opinio der Forschung, daß Immermann seinem Roman »das Schema einer abenteuerlich-verwickelten Familiengeschichte« zugrunde gelegt hat (Windfuhr 135). Immermann nehme zwar vom »Reise- und Bildungsroman das Hauptmotiv« (141), bleibe aber in seiner Romanlösung widersprüchlich: »Dem jungdeutsch gefärbten Zeitroman wird ein biedermeierlicher Schluß angeheftet« (158). Man hat diesen harmonisierenden, die reale Entwicklung zurücknehmenden Schluß aus der Perspektive des (späteren) Realismus v. a. mit Blick auf Frankreich und England kritisiert; der Roman Immermanns stelle am Ende eine Harmonie her, »die künstlich bleibt« (H. Mayer 142). Man konstatiert entscheidende »Parallelen und Motivübernahmen« aus dem *Wilhelm Meister* und deutet die *Epigonen* als einen Roman, in dem »die Darstellungsmittel des Bildungsromans« dann »als Rahmen für einen Gesellschafts- oder Zeitroman« dienen (Jacobs 173). Wenn man indes die Gattungsfrage nicht zugleich von der Anerkennung des literarischen Ranges der *Epigonen* abhängig macht, dann wird deutlich, in welch hohem Maß der Roman einem neuen Erzählbewußtsein verpflichtet ist. Schon sein Titel hebt die *Epigonen* vom konventionellen Individualroman ab. Erst recht tut dies der Untertitel, der den Roman in die Gattung der »Familienmemoiren« einreiht und mit einer konkreten Zeitangabe (»1823–1835«) auf einen realhistorischen Epochenabschnitt fixiert. Als Erinnerung von Zeitgeschichte konzentriert sich der Roman auf die überindividuelle Enthüllung der Familiengeschichte statt auf die Verfolgung eines individuellen Lebenswegs. Hier steht der Roman in seiner Thematik eher neben Jean Pauls *Titan*. Es bleibt deshalb zu fragen, inwieweit die so oft konstatierte Nähe zum *Wilhelm Meister* bei Immermann nur als ein höchst bewußt gesetztes Kunstmittel statt als (unerreichte) Nachahmung des Vorbilds zu gelten hat. Die Möglichkeit der *Epigonen*, den Zeitroman im Gewand einer individuellen Bildungsgeschichte zu präsentieren, kann durch enge Gattungsschemata nicht erfaßt werden. Das hindert nicht, vielfältige Parallelen zur Struktur des Bildungsromans festzustellen übrigens so, als sei Diltheys Bildungsroman-Definition an den *Epigonen* entwickelt worden:

»Das Schema der Reisehandlung, die Berührung mit verschiedenen sozialen Sphären, vor allem der des Adels, ferner die Hauptgestalt des empfänglichen, gutherzigen, aber auch vielfach gefährdeten bürgerlichen Jünglings, der dem Bürgertum gerade entfliehen möchte, die Widersprüche im individuellen Schicksal, der bildende Einfluß der Frauen« (B. v. Wiese 172).

Benno v. Wiese versteht deshalb die *Epigonen* zugleich als »Entwicklungsroman«, als »Abenteuerroman«, als »modernen Roman« (174), wie auch als »gesellschaftlichen Zeitroman« (203). Man hat eine Entwicklung des Helden und das Künstlermotiv vermißt; Hermann sei als Held der rote Faden, der »das soziale Panorama verbindet und zusammenhält« (Rumler 78), der Roman sei deshalb ein Raumroman (83). Andererseits kann man nicht so tun, als seien die *Epigonen* nur Zeitroman, und das Schema der individuellen Bildungsgeschichte des Helden einfach vom Tisch wischen (vgl. Hasubek).

Die Zeitfragen, die der Roman behandelt, knüpfen sich, auch wenn sie nicht unmittelbar in Zusammenhang mit der Bildungsgeschichte des Helden stehen, zum überwiegenden Teil an die Problematik einer gewandelten Bildungswelt. Das Bildungsthema präludiert auf bezeichnende Weise den Roman: Hermanns Reisebekanntschaft, ein Philhellene, tritt mit den Zitaten einer klassisch-humanistischen Bildungstradition auf, die er in seine idealistische Begeisterung für die Befreiung »des heiligen Hellas« einbringt (E 10). Für so viel Enthusiasmus hat der Erzähler nur milde Ironie übrig, denn dem ungestümen Bildungs- und Freiheitshelden wird schon bald aus seiner Griechenlandbegeisterung der Plan, für die Münchner Brauerei des zukünftigen Schwiegervaters »eine Niederlage seines Produkts nahe bei Athen anzulegen« (E 320). Bildung ist hier mehr als nur eine sinnentleerte Floskel, sie dient als selbstbetrügerischer Vorwand für handfeste materielle Interessen. Der weitere Lebenslauf des Philhellenen bestätigt diese Einschätzung durch den Erzähler und den Helden. Die Freiheitsbegeisterung wächst sich von einer bloß jugendlichen, modischen Zeittorheit zu einem Schlagwort aus, in dem auch der freiheitlich gefärbte Bildungsbegriff verkommt: die unverbindliche Liebe zur ganzen »Menschheit« (E 320) geht in eine »Begeisterung für den Broterwerb« und schließlich ins Streben nach einem »Amtchen« über (E 321). Der idealistische Bildungsgang gerinnt zum bürgerlich-spießigen Lebensweg. Seine jetzt institutionell kanalisierte Strebsamkeit macht aus dem ehemals freiheitsbegeisterten Philhellenen einen »Polizeikommissarius« mit einem »unglaublichen Diensteifer« bei der Demagogenverfolgung (E 322) – und dies alles ohne einen Bruch in seiner Biographie zu empfinden! Schon an der Figur des Philhellenen wird offensichtlich, daß die individuelle Bildungsgeschichte dem Wandel der Zeiten unterworfen ist. Dieser Zeitfluß, nicht das Individuum bestimmt den Maßstab, an dem sich Zeit- und Lebensgeschichte zu orientieren haben.

Der Bildungsbegriff, der dahinter steht, ist vollends fragwürdig und lächerlich geworden. Die Erziehungswelt zweier sich pädagogisch befehdender Namensvettern stellt der Erzähler sowohl ironisch als auch anachronistisch vor. Die klassischen Bildungswerte sind zum philologischen Häppchenwissen herabgesunken und als Schulstoff mundgerecht zugerichtet: Sogar die Ehefrau verwendet in der Alltagsrede »völlig regelrechte Hexameter« (E166). Doch diese scheinbare Integration der klassischen Bildungsidee ins bürgerliche Alltagsleben gelingt nur um den Preis vollkommener Lächerlichkeit. Die weitläufig gegeneinandergesetzten Bildungsprogramme der beiden Kontrahenten vermengen sich mit den Bildungsgrundsätzen eines Hirten (»wie das Vieh« E 171) und relativieren sich gegenseitig. Held und Erzähler lassen über ihr Urteil keinen Zweifel:

»Beide Schulmänner gingen von Prinzipien aus, die, jedes in seiner Art, etwas für sich hatten. Denn alle Bildung besteht ja von Anbeginn der Geschichte nur darin, daß man entweder durch einen mächtigen allgemeinen Begriff das Individuum zu steigern versuchte, oder sein besondres Inneres erforschend, es zu entfalten suchte. Da sie nun aber diese Gegensätze auf die Spitze trieben, so sahen sie sich mit der Welt, welche eigentlich beide zu einer unbestimmten Mitte verflacht wissen will, in beständigem Widerstreite.« (E 187)

Mit diesem Verweis auf die geschichtliche Wandelbarkeit der klassischen Persönlichkeitsbildung bringt der Erzähler eine Denkform ins Spiel, die den Zeitwandel zum mitgestaltenden Faktor des Romangeschehens macht. Diese Mehrgleisigkeit des Denkens ist dem Erzähler Programm. Die Relativität jeder Position erweist sich immer dann, wenn diese verabsolutiert wird. Seine Unentschiedenheit als Unentscheidbarkeit setzt der Erzähler nicht nur als Bewußtsein des historischen Wandels ein, wie es mit dem Epigonenbegriff nur unzulänglich beschrieben wird. Es geht dabei um mehr. Das Wechselspiel verschiedener Perspektiven, das der Erzähler so hartnäckig spielt, arbeitet nach dem Prinzip, unterschiedliche Positionen gegen- und nebeneinanderzuhalten und sich gegenseitig relativieren zu lassen. So scheitern die beiden Erzieher mit ihren Grundsätzen an ihren eigenen Kindern: entgegen seinen humanistischen Anschauungen greift der Rektor im Zorn zum verpönten Stock (E 199)! Genau so lächerlich machen sich die germanisierenden Studenten (E 330) und die ästhetisierende Bildung im Salon der Madame Meyer (E 357), die ebenfalls kontrastiv gesetzt sind. Historisierende Sentimentalität, ästhetischer Katholizismus und bigottes Nazarenertum geben sich hier die Hand zu einem »Bunde der Kirche mit den Künsten«. Diese Bildungswelt bewertet der Erzähler als humorlose Versteifung auf das Christliche und als klerikalen Bildungsjargon (»berechneter Austausch gewisser übereinkömmlicher Redensarten« E 359).

Falsche Bildung, freilich in einem anderen Sinne, ist auch das Stichwort für die Lebensgeschichte Flämmchens, die sich auf ihr Vorbild Mignon in *Wilhelm Meisters Lehrjahren* sehr deutlich bezieht. Während jedoch bislang der Bildungsbegriff der *Epigonen* im Auseinanderklaffen zwischen der sich rapide wandelnden Zeit und erstarrten Bildungstraditionen angelegt war, kommt in Flämmchens Lebensgeschichte Bildung als Verbildung vor. Ihre »sogenannte Erziehung« bei einem Schauspieler bewertet der Erzähler ganz eindeutig (E 57: »fruchtete nichts«). Auch ein Johanniter, der »mit vernünftiger militärischer Strenge« die Bildung des Kindes erzwingen wollte, war gescheitert. Erst der Arzt, eine bedeutsame Figur für die Ansichten des Erzählers und als selbständiger Romanbeobachter, gibt das passende Stichwort, wenn er erkennt, daß das Kind »auf eine greuliche Art verwahrloset oder verbildet« worden sei (E 75). Flämmchens Lebensgeschichte enthüllt sich damit als das Gegenstück einer Bildungsgeschichte, als die Geschichte einer »Verbildung« (E 110). Ihre natürliche Phantasiebegabung steht in kuriosem Gegensatz zu ihrem Defizit an herkömmlichen Schulwissen: »Sie ist sehr unwissend, Lesen und Schreiben hat man sie zur Not gelehrt, übrigens weiß sie von dem Zusammenhang der Dinge nichts, und alles Überirdische ist ihr völlig fremd.« (E 110) Daneben hat sich Flämmchen mit Hilfe der Literatur »eine Art von Fetischismus gebildet« (E 111): es handelt sich um »jene talentvoll-bizarre Ausgeburten eines vielgelesenen Autors« (E 110), nämlich um die Erzählungen E.T.A. Hoffmanns. Charakteristisch ist die Art der literarischen Rezeption Flämmchens. Zusammen mit anderen Gegenständen des Aberglaubens trägt sie das Buch als »Amulett« bei sich (E 113). Die Poesie ist hier aus der Aura ästhetischen Bildungsbesitzes herausgenommen und im wörtlichen Sinn wieder zum magischen, greifbaren Gegenstand geworden! Wie wenig alle weiteren Bildungsversuche Hermanns bei Flämmchen anschlagen werden, bezeugt ihr weiteres Leben: »Nun, Ihre Erziehungsplane sind nicht geglückt, anstatt eines Kunstprodukts hat Natur das wundersamste, entzückendste Geschöpf ausgebildet.« (E 461)

Demgegenüber werden die rationalistischen Bildungsvorstellungen von Hermanns Oheim, wenn man dessen Bemühungen überhaupt so bezeichnen darf, auf andere Weise kritisch gedeutet. Bildung bedeutet auch hier nicht mehr die zweckfreie Ausbildung menschlicher Anlagen im Sinn der Aufklärung, sondern eine Heranbildung von nachrückenden »Direktoren« (E 417). Diese Art der Bildung verbindet das unternehmerische Ziel der Profitmaximierung mit gesellschaftsverändernden Absichten, wobei der Bildungsprozeß, vom individuellen Lebensgang abgelöst, eine historische Entwicklungstendenz vorzeichnet:

»Nun sind von den damaligen Lehrlingen die Geschicktesten wieder als Lehrer in die Fremde gegangen. Es ist zugleich hier ein neues Geschlecht entstanden, ein Mittelstand neben der bäuerlichen Aristokratie, ähnlich den englischen Verhältnissen.« (E 420)

Doch Hermann erkennt hinter der fortschrittlichen gesellschaftlichen Umformung die Schattenseite des Fortschritts – eine Verbildung des Menschlichen: »Während er hinter den Pflügen Gesichter erblickte, die von Wohlsein strotzten, nahm er bei den Maschinisten andre mit eingefallenen Wangen und hohlen Augen wahr« (E 421). Die Abneigung Hermanns gegen die junge Industriewelt bleibt jedoch nicht bloß moralische Verweigerung. Die fehlende Ästhetik ist letztlich entscheidend für die Ablehnung des Industrialismus: »Der Sinn für Schönheit fehlte hier ganz« (E 421).

In der Bildungswelt des Herzogs hat sich seit den Zeiten des *Wilhelm Meister* scheinbar wenig verändert. »Das Leben besteht wo es nicht Geschäft ist, meistenteils aus Repräsentation« (E 28), meint der Herzog. Die Ausklammerung der bürgerlichen Arbeitswelt sowie die Verabsolutierung der eigenen Lebensweise verhärten diese rückständige Position immer mehr, so daß sie der gewandelten Zeitlage nicht mehr gerecht werden kann. Ganz präzis formuliert Hermanns Oheim die Gegenposition: »Geschäfte sind immer die Hauptsache« (E 69). Geschäft und Repräsentation als die Pole konträrer Gesellschaftsauffassungen entsprechen freilich in keiner Weise der Position des Erzählers, der gerade auf die polyperspektivische Schau und den Ausgleich der Gegensätze abzielt. Politisch funktioniert der Adel für den Herzog genau in dieser Vermittlung zwischen Geburtsrecht und Verdienst und leitet damit die historische Berechtigung auf Mitherrschaft ab, die nicht ernsthaft angezweifelt werden darf: »Der Adel ist so alt, als die Welt, und daß man wenigstens in Monarchien ihn nicht entbehren kann, werden Sie mir zugestehn.« (E 135)

In welcher Weise das Historische zur sowohl ästhetischen als auch ständischen Herrschaftslegitimierung dient, verrät eine Episode aus den *Epigonen*, die sehr eindringlich den Wandel der Bildungswelt des 18. Jahrhunderts in die neue Zeit belegt. Der Advokat, der ursprünglich mit den Interessen des Oheims gegen den Herzog betraut worden war, gerät wie zufällig in die ästhetische Stimmungswelt der Herzogin, in ihr Gartenkabinett:

»Himmelblaue Tapeten bedeckten die Wände dieses Zimmers, weiße Meubles mit goldenen Leisten standen umher, von Konsolen herab sahen Büsten der großen Dichter. Heitre und doch ernsthafte italienische Landschaften füllten die Zwischenräume aus; auf einem runden Tische lagen rote vergoldete Bände. Der Advokat schlug einige derselben auf, und fand Hermann und Dorothea‹, ›Tasso‹, ›Iphigenia‹, Homer, die Gesänge unsers Schiller.« (E s. 96f.)

An diesem »der geistigen Erholung gewidmeten Orte« wird der Advokat in den Bann greifbar vereinnahmter Bildungsgüter geschlagen, die zu ständisch sanktioniertem Bildungsbesitz geworden sind. Dies gelingt freilich nur, weil der Advokat seinerseits die traditionellen Bildungsvoraussetzungen mitbringt, die ihn erst für derlei Einflüsse empfänglich machen:

»Der junge Mann hatte nichts von dem, was man heutzutage ästhetische Bildung nennt, aber er folgte einem natürlichen Gefühle. seine erste Empfindung war stets, andre Menschen für edler und klüger zu halten als sich, und das Lied eines Dichters konnte ihn bis zu Tränen rühren.« (E 97)

Der verständnisvolle Ton des Erzählers ist verräterisch. Er macht sichtbar, warum dem Advokaten die bürgerliche Arbeitswelt, als deren juristischer Vertreter er angetreten war, verhaßt wird und er sich im adligen und ästhetisch von den Lebensbedingungen abgezogenen Dichterkult verfängt:

»Er kam sich selber hassenwürdig und niedrig vor, daß er zu solchem Beginnen die mithelfende Hand bieten sollte. Mit dem Buchstaben eines ungerechten Rechts den geheiligten Zustand so verehrungswerter Personen zu zerstören, es erschien ihm gemein und ruchlos.« (E 97)

Der Dichterästhetisierung als gezielt eingesetztes Hilfsmittel auf der Seite des ständischen Prinzips gelingt die Identität von Bildungsidee, Adelsideal und Restauration. Die bürgerliche Arbeitswelt wird zugunsten eines anachronistischen, idyllischen und utopischen Tableaus verdrängt, das, wiewohl im Tonfall des Erzählers als ironisch markiert, doch auf die Schlußlösung des Romans vorausweist: »Überall stieg ihm das Bild eines würdigen, stillprächtigen Daseins entgegen, welches auf den Erwerb verzichtet, weil es in seiner Fülle genug hat.« (E 96) Die Schillerbüste, vor der sich der Advokat niederwirft, gibt endlich den Ausschlag für seine konservative Bekehrung. Schiller wird dabei von der Herzogin als Adelsdichter rezipiert, politisch vereinnahmt und gezielt eingesetzt:

»Man hat vor diesem Haupte immer so reine Gedanken. Sei es Ihnen nicht unlieb, daß ich sie überrascht habe. Ich bin von der altfränkischen Partei, und liebe den tugendhaften Künstler, wie man ihn so schön genannt hat.« (E 98)

Der Advokat, der dadurch nun zum Freund »verwandelte Feind« (E 99), verfällt wie der Held Hermann dem Bannkreis adeliger, weil ästhetischer und gebildeter Lebensart. Denn auch Hermann verwikkelt sich in diesem Kabinett in ein Netz ästhetisch-sentimentaler Bildungsversatzstücke, die von der Herzogin entwaffnend zur Legitimierung adeliger Vorherrschaftsansprüche eingesetzt werden. Für die Herzogin ist die ständestabilisierende Dichtung – und so versteht sie Schiller – der letzte Eckpfeiler in einer unruhig bewegten Zeit:

»Da liegen meine guten Bücher, draußen blühen die Staudenrosen, die Büsten der Dichter sehn von ihren Postamenten herab. Und doch schwankt der Grund unter uns, und die Welt blickt mich verschwommen an, wie ein Traum. Wenn man uns von Haus und Hof vertriebe!« (E 305)

Die Vereinnahmung des einstmals als bürgerlichen Freiheitsdichter und als Klassiker rezipierten Schiller dient im ästhetischen Kult des Adels nicht nur als wirksames Überzeugungsmittel und materieller Besitzanspruch, sondern auch als Abschottung gegen die bewegte Zeit und ihre sozialen Wandlungen. Der Erzähler war dieser Anschauung von Anfang an nicht bloß durch seine Ironie mit Skepsis gefolgt. Er hatte den Helden Hermann schon bei der Rektorsfamilie in eine Umgebung gestellt, die das ästhetische Kabinett der Herzogin geradezu als ironische Kontrafaktur vorwegnimmt:

>»Das saubre Zimmerchen, dem aber jede Eleganz fehlte, war mit den Porträts berühmter Gelehrter verziert. Der besten Rähmchen erfreuten sich die Philologen. Heyne, Wolf, Ernesti, Gesner, Bentley, Ruhnkenius zeigten ihre ausdrucksvollen Gesichter, Voß war dreimal vorhanden, gezeichnet, im Kupferstich und in Gips.« (E 166)

Damit ist zumindest der Wille des Erzählers angedeutet, sich auf keinen eindeutigen Standpunkt einzulassen. Diese schon mehrfach angedeutete Intention des Erzählers zielt darauf ab, eindeutige Festlegungen zu vermeiden, kontrastierende Positionen anzubieten, jede zu kritisieren, ohne seine Sympathie für eine zu erkennen zu geben. Dieses Verschwommene des Erzählers, der zeitweilig die Bewertungen seines Helden übernimmt und sich ihm anzugleichen scheint, dann um so heftiger Gegenposition bezieht, wird noch komplizierter durch die Verdoppelung der Erzählerfigur im 8. Buch. Als »Arzt« und als »Herausgeber« treten neben Autor, Erzähler und Held weitere erzählende und kommentierende Autoritäten auf, die selbst die Identifikationsfigur des auktorialen Erzählers fragwürdig erscheinen lassen. Hier steht, neben der Wirklichkeitsverbürgung durch die Autor-Herausgeber-Fiktion, der Erzählprozeß selber zur Diskussion: Die Bildungsgeschichte Hermanns dient als letztes Auffangbecken für den sonst vollständigen Verlust jeder gesicherten Erzähl- und Weltordnung in den *Epigonen!*

Dies ist wohl der wichtigste Grund, warum die Heldenfigur so seltsam unbestimmt erscheint. Sicher hängt dies auch mit der Erzählstruktur der *Epigonen* zusammen, den Helden nur mehr als roten Faden zu benutzen, an dem die Handlung des Zeitromans sich entlangrankt. Das konventionelle Handlungsschema des Individualromans transportiert genügend strukturimmanente Spannungselemente, um den Roman als populären, meinetwegen als trivialen Roman anzulegen. Als exemplarische Heldenfigur gibt Hermann jedoch auch den Zeitwandel wieder, der sich in ihm und durch ihn verkörpert. Hermanns Lebensgeschichte verläuft deshalb zu Beginn des Romans als eine typisierte Bildungsgeschichte ohne individuelle Konturen und spiegelt die Zeitgeschichte ganz direkt:

>»Hermann hatte als Siebenzehnjähriger den Befreiungskrieg mitgemacht, als Zwanzigjähriger auf der Wartburg gesengt und gebrannt, und war dann auch in jene Händel geraten, welche die Regierungen so sehr beschäftigt haben.« (E 31)

Sogar eine Bildungsreise, die »jetzt gewöhnliche Reise durch Frankreich, England und Italien« (E 31) hat er absolviert. Hermann wird als »schlank und wohlgebildet« (E 10) im Sinne einer toposhaften Heldeneigenschaft eingeführt und ihm damit ein absolvierter Bildungsweg unterstellt. Doch seine Behauptung, seine Bildungsgeschichte sei »abgeschlossen«, straft die Romanhandlung Lügen. Hermanns scheinbar freie Willensentscheidung gegen die Zeitströmung möchte einen individuellen, vollendeten Bildungsgang ertrotzen (E 11: »die Zeit der Täuschungen ist für mich vorüber«). Doch die konventionelle Bildungsgeschichte scheitert in der Konsequenz eines epigonalen Erzählerbewußtseins.

Wenn Hermann im Verlaufe des Romans dennoch unverwechselbare Züge annimmt, so geschieht dies gleichsam durch die Umkehrung des traditionellen Bildungsromanschemas. Nicht der Held prägt die Perspektive des Romans, so daß durch seine Person und seine Handlungen die Romanwelt Gestalt gewönne; vielmehr prägt die (wechselnde) Perspektive des Romans jetzt den Helden. Hermanns Jugendgeschichte bleibt jederzeit eine zutiefst von der Zeitgeschichte beeinflußte, ausdrücklicher noch als die des Grafen Friedrich in Eichendorffs *Ahnung und Gegenwart*. Das Jahr 1813 prägt den Jüngling aber auch in einem ganz individuell erfahrenen Sinn. Indem sich Hermann von der Zeitströmung absetzen will, tut er so, als sei sein Zeitschicksal ein persönliches Lebensziel:

»Bringen Sie mich nicht in eine Klasse mit den eiteln, vorlauten, zerstreuten Jünglingen unsrer Tage; ich stehe vielleicht an Geist in keiner Beziehung zu ihnen, aber mein Sinn ist anders.« (E 133)

Gegen die steuernde Kraft eines unüberwindlichen Zeitflusses geht das Suchen des Helden nicht nach einem individuellen Bildungsglück, an dem ja Nolten gescheitert war, sondern nach einem »Zusammenhang mit der Welt« (E 457): »Er fühlte lauter Widersprüche in seinem Schicksale, und ein unbestimmtes Grauen vor der nächsten Zukunft überschlich ihn.« (E 358) Auch dieses Schicksal hängt, wie die Formulierung zeigt, eng mit dem Wandel der Zeit zusammen. Diese seismographische Funktion der Bildungsgeschichte für die Veränderungen der Zeitgeschichte wird das Kriterium sein müssen, das Erzähler und Leser an Hermanns Lebensweg anlegen. Der Philhellene, der den Hermann verhaßten »sogenannten vernünftigen Weg im Leben eingeschlagen« hat (E 347), ist deshalb zum Philister gestempelt, weil er nicht mehr »Welt, Zeit und den Pulsschlag der Geschichte« in sich spüren kann (E 347). Als ein solches Integrationszentrum des Zeitgeistes aber wird der Held zur wichtigsten Figur des Zeitromans.

Das glückliche Ende des Romans enthebt trotzdem nicht der Frage, wie die geschilderte »düstre Zwischenzeit« (E 503) bis zu diesem Happy-End zu verstehen ist. Welche Lösung soll durch die unchronologische Anordnung der beiden letzten Bücher gezeigt werden? Die »Korrespondenz mit dem Arzte« ist als 1835 geschrieben angegeben, steht aber trotzdem vor dem letzten Buch »Cornelie«, das 1828–1829 datiert ist. Das idyllische Schlußtableau des Romans im Abendrot ist deshalb zwar ein Abschluß, wenn man den Roman als Bildungsgeschichte liest, jedoch nicht, wenn man das Ende des zeitgeschichtlich Erzählten im Auge hat. Liest man die Bücher nämlich so, wie die Daten es angeben, also in der chronologischen Reihenfolge, dann ergibt der Romanschluß kein individuelles Bildungsende mehr, sondern präsentiert ein Zeitbild als Abschluß. Diese verwirrende Konstruktion, Immermanns *Münchhausen* mit seinem ebenfalls doppelten Anfang nicht unähnlich, beabsichtigt nicht nur eine gegenseitige Distanzierung von Romanhandlung, Held und Zeitgeschichte. Die disparate Einheit von Bildungsgeschichte und Zeitroman ermöglicht im doppelten Romanschluß als Bildungs- wie als Zeitroman beides, die Infragestellung jeder eindeutigen Lösung und zugleich die konservative Schlußidylle des Romans!

Damit wird zugleich eine tiefere Zweideutigkeit sichtbar, die erst den Sinn der *Epigonen* als Zeitroman *und* als Bildungsroman verständlich macht. »Verschlungne Lebensschicksale« (E 645) hatte Hermanns Vater seinem Sohn vorausgesagt. Die Struktur der Bildungsgeschichte Hermanns wird nachträglich zur Erfüllung dieser Prophezeiung. Auch Wilhelmi deutet in einem Gleichnis Hermanns Leben als struktur- und zeittypisch gedoppelt:

»›Du bist hierin nur der Sohn deiner Zeit‹, versetzte Wilhelmi. ›Sie duldet kein langsames, unmittelbar zur Frucht führendes Reifen, sondern wilde unnütze Schößlinge werden anfangs von der Treibhaushitze welche hier herrscht, hervorgedrängt, und diese müssen erst wieder verdorrt sein, um einem zweiten gesünderen Nachwuchse aus Wurzel und Schaft Platz machen.‹« (E 646)

Das Schlüsselwort in dieser bezeichnenden Abänderung der Goetheschen Bildungsmetamorphose ist das Wort zwei. Diese Erkenntnis, der einfache Zugriff auf die Wirklichkeit erreiche nichts mehr, verdeutlicht der Erzähler mit Blick auf das Leben des Helden: »Neu war ihm die Welt geworden, er nahm von ihr zum zweiten Male Besitz, ausgerüstet mit allen Erfahrungen der früheren Zustände.« (E 645f.) Als doppelte Inbesitznahme von Welt vollführt der Bildungsgang des Helden eine Strukturbewegung, in der der Zeitroman die zweite Inbesitznahme von Zeitgeschichte verkörpert. Die erlebte Zeit wird dabei nicht nur im erneuten Erzählen und

Lesen als erinnerte Zeitgeschichte vereinnahmt, in ihr wird zum erstenmal auch das Zeitbewußtsein als ein Geschichtsbewußtsein erfahren.

Für Hermann und Wilhelmi ist der Adel zwar eine »Ruine« (E 141), freilich eine, deren Standfestigkeit zu bewundern ist. Die Vermischung der »Bessern« unter den Adeligen »mit dem gebildeten Mittelstande« nach dem Vorbild eines idealisierten Englands ist für Hermann ein diskutierenswerter gesellschaftlicher Neuansatz, wie er ja selbst »beiden Ständen angehört und keinem« (E 650). Versteht man diese Schlußlösung als in die Praxis übersetztes Geschichtsbewußtsein, dann wird offensichtlich, daß die »Zweideutigkeit« seiner »Doppelstellung« (E 650) keinen faulen Kompromiß des Helden darstellt, sondern eine politische Restauration in die Zukunft. Das Eingehenlassen der Fabriken, die Wiedereinführung des Ackerbaus und die geplante Idylle einer weltabgeschirmten »Insel« inmitten »der vorbeirauschenden industriellen Wogen« (E 650) sind jedoch adelsnäher als sie bürgernah sind. Der Versuch, die Gegensätze statt aufzulösen »würdig[!] zu schlichten« (E 651), ist mehr als konservativ und stellt kritische Einsichten des Helden und des Romans am Ende erneut in Frage.

Über ein solches Romanende ragt die Position des Arztes heraus. Denn seine Ansicht, »der Arzt hat eine große Aufgabe in der Gegenwart zu lösen« (E 559), will er nicht nur als medizinischen Auftrag verstanden wissen. Der Bildungsbegriff des Arztes umfaßt auch die »Umbildung der Wissenschaft« (E 559) und beschreibt damit einen geschichtlichen Prozeß, der sogar das analytische Erzählen an naturwissenschaftlichen Methoden orientiert, wie es der Arzt dort, wo er selbst als Erzähler auftritt, praktiziert: »In Zukunft werden wir mehr beobachten« (E 561). Sinnvolles Bewußtwerden von Geschichte, und auch davon handeln die *Epigonen*, meint genau diese Beobachtung der Zeitgeschichte und ihre Vergegenwärtigung. Der Arzt hatte auch diese Aussage gegenüber dem Domherrn formuliert:

»Diese [Geschichte] in allen so lebendig zu machen, daß jeder sich auf Jahrtausende zurück wiederfinden kann, ist eigentlich die geheimnisvoll verhüllte Aufgabe der Gegenwart.« (E 236)

Diese Verlebendigung des Historischen als Identitätsfindung in der Geschichte, das lehrt der Roman, gelingt nur im Aufgehen von Bildungsromantraditionen in der Zeitgeschichte, wie es die Lebensgeschichte Hermanns vormacht. Dem Helden nämlich verdeutlicht sich erst dann die eigentümliche Struktur seines Lebens. Sie betrifft auch den Roman, der seine Zeit repräsentieren soll. Gleichsam als

Vorgriff auf eine problematisierte Wirklichkeitssicht der poetisch-realistischen Erzählkunst kommt es Hermann vor,

»als blicke er durch ein Kaleidoskop, worin sich unscheinbare Kleinigkeiten zu glänzenden Figuren verbinden. Diese deuten auf Gestalten der Wirklichkeit hin und sind sie doch nicht.« (E 284)

6.2 Der Bildungsroman nach der Jahrhundertmitte

Es berührt merkwürdig, daß die zweite Hälfte des 19. Jahrhunderts mit Gottfried Kellers *Der grüne Heinrich* (1. Fassung 1854/55) und Adalbert Stifters *Der Nachsommer* (1857) noch einmal zwei bedeutende Bildungsromane hervorbringt. Dabei schien diese Gattung mit E. T. A. Hoffmanns *Kater Murr* zuendeparodiert und mit Immermanns *Epigonen* in die andere Erzählstruktur des Zeitromans überführt worden zu sein. Welche Gründe mögen für dieses Aufleben des Bildungsromans nach 1848 verantwortlich sein? Es ist sicherlich verführerisch, das Scheitern der bürgerlichen Freiheits- und Nationalbestrebungen nach 1848 zur Begründung heranzuziehen. Hier wäre vom Rückzug in die Privatheit zu reden; die restaurative Besinnung auf die ›konservative‹ Gattung des Bildungsromans hat sicher hier ebenso ihre Wurzeln wie der Versuch, in einer industrialisierten, technisierten, prosperierenden und politisierten Welt das Individuum als Träger romantischer *und* aufgeklärter Bildungsvorstellungen zu bewahren.

Nicht zum wenigsten gibt die sich durchsetzende Realismustheorie der Jahrhundertmitte ein Erzählprogramm vor, das wie eine Wiederaufnahme der Bildungsromandefinitionen des Jahrhundertanfangs klingt: Hegels beiläufige Poetik des Bildungsromans hatte mit der Darstellung der Spannung zwischen der Prosa der Verhältnisse und der Poesie des Herzens das Bildungsromanschema zum Muster des Romans schlechthin erhoben.

Friedrich Theodor Vischer hatte in seiner *Ästhetik* (1846–1857) für den Bildungsroman nicht nur das Reservat des Privaten im Begriff seiner »grünen Stellen« bereitgestellt, sondern auch die Forderung nach einer Bildungsgeschichte erhoben, die zur »Tat« führe und einen »festen Endpunkt« biete (Vischer, Ästhetik, Band 6, 183). Hier konnten, in affirmativer Durchführung wie im kritischen Gegenentwurf, die Romanautoren ansetzen.

6.2.1 Gustav Freytag: »Soll und Haben« (1855)

Den Vorwurf, die praktischen Lebensprozesse aus dem Romangeschehen ausgeblendet zu haben, wird man Freytags *Soll und Haben*
nicht machen können. Im vorausgesetzten Motto dieses Erfolgsro-
mans war das bürgerliche Arbeitsethos sogar zur Leitlinie erhoben
worden: »Der Roman soll das deutsche Volk da suchen, wo es in
seiner Tüchtigkeit zu finden ist, nämlich bei seiner Arbeit.« Der
Arbeitsbegriff beschreibt allerdings weniger eine Produktionstätig-
keit denn ein soziales Phänomen mit hohem Anspruch für das
Individuum wie als nationales Glücksmodell (»das deutsche Volk«).
Soll und Haben löst die personale Identitätsfindung der Bildungsgeschichte in der ökonomischen Sphäre. Ganz konkret ist es das Geld
(oder dessen Mangel), das Handeln und Denken aller Figuren
bestimmt. So folgt auch die Lebenslinie des Helden Anton Wohlfart
einem Entwicklungs- oder Bildungsgang, der sich nach den Schwan-
kungen der Konjunktur richtet. Glück heißt das erfolgreiche Tum-
meln im Geldverkehr, Entwicklung der Aufstieg in der Hierarchie
des Handelshauses, Bildung die Anpassung an die Mechanismen des
euphorisch verfochtenen Kapitalismus. Zentrale Begriffe früher
adligen, jetzt bürgerlichen Selbstwertgefühls sind längst komerziali-
siert: »nach kaufmännischen Begriffen unehrenhaft« (SH 334).

Der Bildungsbegriff *Soll und Haben* ist eher eindimensional
als vielschichtig, er zeigt sich jedoch in verschiedenen Facetten.
Zunächst arbeiten sowohl der Held als auch der Erzähler an einer
systematischen Unterminierung des klassischen Bildungsbegriffs zugunsten einer handhabbaren Bedeutungshaftigkeit des Ba-
nalen:

> »Herr Jordan gab sich redlich Mühe, den Lehrling in die Geheimnisse der
> Warenkunde einzuweihen, und die Stunde, in welcher Anton zuerst in das
> Magazin des Hauses trat und hundert verschiedene Stoffe und merkwürdige
> Bildungen persönlich kennenlernte, wurde für seinen empfänglichen Sinn
> der [!] Quelle einer eigentümlichen Poesie, die wenigstens ebensoviel wert
> war, als manche andere poetische Empfindung, welche auf dem märchen-
> haften Reiz beruht, den das Seltsame und Fremde in der Seele des Menschen
> hervorbringt.« (SH 47)

Der Bildungsbegriff spaltet sich spätestens hier auf. Er wird einerseits
zur Floskel und im utilitaristischen Sinn zur Charakterisierung
sozialer Zugehörigkeit eingesetzt: »Wenn der junge Mann sich
bilden will in unserer Familie« (SH 92). Der Erzähler macht sich
dabei über den Juden Ehrenthal und dessen Assimilierung des
Bildungsjargons lustig; selbst gebraucht er den Bildungsbegriff ganz

ernsthaft als Differenzkriterium, wodurch »sich ein gebildeter Mensch von einem ungebildeten unterscheidet.« (SH 91) Auf der anderen Seite kommt der Selbstbildungsanspruch des Helden (SH 366: »Und mein Los wird sein, von heute ab für mich allein den Weg zu suchen, auf dem ich gehen muß.«) ohne eine solche Terminologie aus. Der Held sucht, assistiert von der Vaterfigur des Prinzipals und dessen ökonomisch fundiertem Sozialdarwinismus, keine »edle Persönlichkeit« (SH 366) zu werden; diese betrachtet er sogar als »Schwächling« (SH 365), dessen Untergang man zwar »ohne Schadenfreude«, aber mit offener Zustimmung (SH 366: »Recht geschehen«) zur Kenntnis nimmt:

»Wo die Kraft aufhört in der Familie oder im einzelnen, da soll auch das Vermögen aufhören, das Geld soll frei dahin rollen in andere Hände, und die Pflugschar soll übergehen in eine andere Hand, welche sie besser zu führen weiß.« (SH 366)

Dafür tritt die »Poesie des Geschäfts« (SH 247) an die Stelle der poetischen Sinnaufladung früherer Bildungswege. Anton Wohlfart formuliert einen lebens-, kultur- und heilsgeschichtlichen sowie erzählstrategischen Nexus (Text als »Gewebe«). Dies ist, auch im gehobenen Ton wie einst Wilhelm Meister seine Selbstbildung erhöhte, der missionarische Auftrag des Romans:

»ich weiß mir gar nichts, was so interessant ist als das Geschäft. Wir leben mitten unter einem bunten Gewebe von zahllosen Fäden, die sich von einem Menschen zum anderen, über Land und Meer, aus einem Weltteil in den anderen spinnen. Sie hängen sich an jeden einzelnen und verbinden ihn mit der ganzen Welt. Alles, was wir am Leibe tragen, und alles, was uns umgibt, führt uns die merkwürdigsten Begebenheiten aller fremden Länder und jede menschliche Tätigkeit vor die Augen; dadurch wird alles anziehend. Und da ich das Gefühl habe, daß auch ich mithelfe, und so wenig ich auch vermag, doch dazu beitrage, daß jeder Mensch mit jedem anderen Menschen in fortwährender Verbindung erhalten wird, so kann ich wohl vergnügt über meine Tätigkeit sein.« (SH 180)

Was auf den ersten Blick wie eine soziale Dimension des autonomen Individuums aussieht, meint in Wirklichkeit Dienstleistung mit dem Ziel permanenten Freihandels.

Solche Lebens- und Bildungsziele des Helden, programmatisch verkündet, enthalten eine Steigerung ins Missionarische (SH 235: »Wir Kaufleute sind dazu da, diese Werte populär zu machen«) da, wo sie sich ganz ausdrücklich auf die Folie des *Wilhelm Meister* beziehen. *Soll und Haben* versteht sich als Anwendung der an Goethes Bildungsroman abgelesenen Maximen auf die eigene Gegenwart, wie Freytags programmatischer *Grenzboten*-Mitstreiter

Julian Schmidt im Erscheinungsjahr des Romans in einer Schrift formulierte: *Wilhelm Meister im Verhältniß zu unsrer Zeit*. Und in der Tat sind die unmittelbaren Bezugnahmen und Anspielungen auf die *Lehrjahre* nicht zu übersehen. Dies belegt z.B. der hohe Ton und Anspruch einer Grundsatzdiskussion des Helden mit seinem Prinzipal, der die Auseinandersetzung zwischen bürgerlichem Kaufmannsberuf und adliger, jetzt als überlebt erfahrener Existenzform zu Wilhelms Bildungsbrief parallelschaltet. Der Adel ist nun geradezu durch Unbildung gekennzeichnet (SH 411), während der bürgerliche Kaufmannstand die Bildung in eine neue Wertehierarchie eingefügt hat: »auf unserer Seite ist die Bildung, die Arbeitslust, der Kredit« (SH 478). Genau in diesem Sinn ist aus Wilhelm Meisters Lehrbrief in *Soll und Haben* ein »Geheimbuch« (SH 638) geworden, in dem keine Bildungsmaximen mehr stehen (SH 639: »Dies Buch ist leer«), dafür jedoch der Name des Helden als »der neue Kompagnon« (SH 369).

Wie Wilhelm Meister ist auch Anton Wohlfart eine eher blasse, noch prägbare Gestalt, ein Mann ohne Eigenschaften (SH 75: »welche menschliche Eigenschaft haben Sie denn?« - »In Ihrem Sinne keine«). Hatte in *Wilhelm Meister* Friedrich den biblischen Saul als Vergleichsfigur bemüht, um Wilhelms unverdient zugefallenes Glück auf den mythischen Begriff zu bringen, so erscheint König Saul in *Soll und Haben* als Lektürestoff einer Randgestalt in oberflächlicher Sinnbildlichkeit mit flachem Trost:

»Und am Abend las Herr Baumann in seiner Stube aus dem ersten Buch Samuelis die Kapitel vom grimmigen König Saul, seinem Prinzipal, und von der Freundschaft zwischen Jonathan und David und stärkte dadurch sein Herz.« (SH 370)

Darüber hinaus läßt sich *Soll und Haben* als in die Erzählpraxis übersetzte Ausfaltung der Vorausdeutungen lesen, die Hegel in seiner bissigen Bestimmung des Romans an den Schlußpunkt des glücklichen Endes gesetzt hatte. Begriffe und Struktur scheinen identisch, wenn Anton »Widerstand« gegen die »Macht der Verhältnisse« (SH 333) leistet und ganz ausdrücklich im Sinne der Hegelschen Definition des Bildungsromanhelden als »Ritter« durch »Ritterdienste« als einer der »Helden des Kontors« auffällt (SH 322)! Sogar das Schimpfwort »Philister« erhält, auf Anton Wohlfart angewendet, nun einen positiven Sinn: »Ich glaube, daß dieser Bürgersinn eine sehr respektable Grundlage für das Glück des Mannes ist« (SH 236).

So erfüllt Freytags Roman geradezu musterhaft alle Merkmale, die oftmals für den Bildungsroman aufgestellt werden (was kein gutes Licht auf die Gattung und ihre Definition wirft). Dem entsprechen ganz offensichtliche Trivialisierungstendenzen, oder umgekehrt: Könnte es sein, daß nur die trivialisierte Fortschreibung der Bildungsromanstruktur die prompte Erfüllung der Gattungsnormen garantiert?

Im trivialbürgerlichen Glücksfindungsmodell von *Soll und Haben* findet der deutsche Bildungsroman wieder Anschluß an die europäische Romangeschichte, freilich auf einer anderen Ebene als der aufklärerische, klassische oder romantische Roman. In den Nebenfiguren scheint Freytag Anleihen bei den Stoffelementen des Schauerlichen und des modernen Großstadtmilieus wie in Eugène Sues *Die Geheimnisse von Paris* (1842/43) genommen zu haben. Dabei hatte für England Dickens' *David Copperfield* (1849/50) soeben gezeigt, daß über die Typenmodellierung die Darstellung einer erfolgreichen und glücklich endenden Identitätsfindung möglich war, ohne daß ein Bildungsroman erzählt oder Bildungsdiskurse thematisiert werden mußten.

6.2.2 Gottfried Keller: »Der grüne Heinrich« (1854/56; 1879/80)

Als »Erziehungsproblem eines Vaterlosen« (Brief an Hermann Fischer v. 10. April 1881) hat Gottfried Keller selbst nach der Überarbeitung seines *grünen Heinrich* zu einer zweiten Fassung die Lebensgeschichte seines Helden bezeichnet. Damit deutet Keller seinen Bildungsroman ganz ausdrücklich ex negativo aus dem Verlust der Erziehergestalt des Vaters. Er stellt damit selbst die Frage nach den Lebens- und Bildungsschwierigkeiten des Helden als Folge seiner unterbrochenen Familiengeschichte. Denn in Heinrich Lees Vater verkörpern sich die personalen und sozialen Wurzeln des Helden, die, eben weil sie durch den Tod abgeschnitten wurden, für Heinrichs Bildungsdefizite und seine Fehlbildung als Künstler verantwortlich sind. Merkwürdigerweise ist die Forschung an der Vaterfigur des Romanhelden erst in allerjüngster Zeit interessiert. Dabei wären gerade an dieser Figur bedeutsame Einsichten für die Struktur der Bildungsgeschichte und den sozialgeschichtlichen Standort des Romans zu gewinnen.

Schon die erste Fassung des *grünen Heinrich* von 1854/55 beginnt mit einer breit angelegten und daher interpretationswürdigen Beschreibung der »Vaterstadt« (gH 14) des Helden; vom »düstern Vaterhause« (gH 15) beim Aufbruch Heinrichs ist die Rede. Die letzten Ermahnungen der Mutter vor dem Abschied betonen nochmals die Benachteiligungen, die in der ausgefallenen väterlichen

Erziehung liegen: »Ach du lieber Himmel! dachte sie, eine Witwe muß doch alles auf sich nehmen; diese Ermahnungen zu erteilen, dazu gehört eigentlich ein Vater.« (gH 19) Heinrich selbst verspürt das Fehlen des Vaters in dieser Phase seines Lebens eher instinktiv als bewußt. Wenn er schon bald »die jetzige Bedeutung der Familie« reflektiert, so erkennt er seine eigene Ausnahmestellung:

»Er konnte sich nicht enthalten, jene Familien bitterlich zu beneiden, welche Vater, Mutter und eine hübsche runde Zahl Geschwister nebst übriger Verwandtschaft in sich vereinigen, wo, wenn je eines aus dem Schoße scheidet, ein anderes dafür zurückkehrt und über jedes außerordentliche Ereignis ein behaglicher Familienrat abgehalten wird, und selbst bei einem Todesfalle verteilt sich der Schmerz in kleinere Lasten auf die zahlreichen Häupter, so daß oft wenige Wochen hinreichen, denselben in ein fast angenehm-wehmütiges Erinnern zu verwandeln. Wie verschieden dagegen war seine eigne Lage.« (gH 29)

Diese ausgleichende Funktion einer intakten bürgerlichen Familie zur Korrektur extremer Abweichungen des individuellen Lebensweges wird ja Heinrich in seiner verfehlten Künstlerlaufbahn abgehen. In den Klagen der Mutter bleibt in Heinrich die Erinnerung an den Verlust wachgehalten und er selbst »mit Sehnsucht und Heimweh nach meinem Vater erfüllt« (gH 61). Aus der Erinnerung verbindet Heinrich seinen Vater mit dem Lebensgrund, einem zentralen Begriff für das Verständnis des Kellerschen Bildungsromans:

»Meine deutlichste Erinnerung an ihn fällt sonderbarerweise um ein volles Jahr vor seinem Tode zurück, auf einen einzelnen schönen Augenblick, wo er an einem Sonntag abend auf dem Felde mich auf den Armen trug, eine Kartoffelstaude aus der Erde zog und mir die anschwellenden Knollen zeigte, schon bestrebt, Erkenntnis und Dankbarkeit gegen den Schöpfer in mir zu wecken.« (gH 61)

Weiter heißt es:

»Er ist vor der Mittagshöhe seines Lebens zurückgetreten in das unerforschliche All und hat die überkommene goldene Lebensschnur, deren Anfang niemand kennt, in meinen schwachen Händen zurückgelassen, und es bleibt mir nur übrig, sie mit Ehren an die dunkle Zukunft zu knüpfen oder vielleicht für immer zu zerreißen, wenn auch ich sterben werde.« (gH 63)

Der Lebensplan des individuellen Helden setzt in der Erinnerung an die abgeschnittene Vergangenheit an. Heinrich beginnt seine autobiographisch erzählte Jugendgeschichte deshalb nicht von ungefähr mit der Vaternennung: »Mein Vater war ein Bauernsohn« (gH 48). Diesen Abschnitt macht Keller in der zweiten Fassung sogar zum Romananfang und stellt ihn unter die Überschrift vom »Lob des Herkommens«! Wie der Vater schließlich im Spitznamen seines

Sohnes weiterlebt, so bleibt er nicht nur in der Farbe der Joppe, auch als politische Metapher der Schweizer Schützen, den ganzen Roman hindurch präsent. Heinrichs Verwandte auf dem Lande definieren den Helden als Neuauflage seines Vaters, als »eine ähnliche ›phantastische‹ Natur« (gH 188), dessen Sonderstellung im sozialen Gefüge erinnert wird, so daß sich der ungewöhnliche Lebenslauf Heinrichs schon andeutet: »eigentlich war er an sich schon mehr als unser einer!« (gH 191). Heinrichs Mutter hatte ihre rudimentären Erziehungsversuche an ihrem Sohn so ausgerichtet, wie sie den vermutlichen Vorstellungen des Vaters am ehesten entsprächen, »da sie hierüber die Grundsätze des Vaters genügsam kenne und es ihre einzige Aufgabe wäre, annähernd so zu verfahren, wie er es getan haben würde« (gH 225). Eine solche, als Irrealis formulierte Erziehungskonzeption verweist schon hier auf das gebrochene Verhältnis zur gesellschaftlichen Wirklichkeit, weil der Verlust des Vaters nicht verschmerzt, sondern wachgehalten wird. So taucht die Vaterfigur als verweisendes Motiv wiederholt dann im Roman auf, wenn es gilt, Entscheidungs-, Wende- und Höhepunkte in der Bildungsgeschichte des Helden zu markieren. So erfährt der Leser z.B., daß Jean Paul unter Heinrichs Lieblingsschriftstellern die »Vaterstelle an mir vertrat« (gH 263) oder Schiller deshalb von Heinrich bevorzugt wird, weil er die »Hauptzierde« des Vaters (gH 276) gewesen sei. Am breit dargestellten und zentralen Tellspiel nimmt Heinrich schließlich »im Geiste meines Vaters« teil (gH 336).

Doch die Vaterfigur ist nicht nur für das Erziehungsdefizit des Helden verantwortlich. Der abgeschnittene Faden der Lebensschnur erleichtert dem Helden zugleich auch die Neubestimmung seiner Identität. Dabei dient die väterliche Lebensgeschichte sowohl als Vorbild wie als Gegenbild. Heinrichs Bildungsweg als eine soziale Identitätssuche auf den Spuren des Vaters wirft auch auf diesen ein neues Licht: die Biographie von Heinrichs Vater liest sich wie eine Sozialgeschichte. In seiner Person werden die Grenzen zwischen der arbeitenden Handwerkerschicht und der gebildeten Mittelschicht überschritten, da Meister Lee schon den ersten Schritt vom Handwerksmeister zum kapitalistischen Unternehmer und zum genießenden Bürgertum getan hat. Für sein Leben mag kennzeichnend sein, daß große Strecken der Biographie des Vaters und vor allem seine unstandesgemäße Werbung um die beinahe landadelige Bauerntochter unter dem Zeichen der »Bildung« (gH 55) ablaufen. Dem weitgereisten und lebenserfahrenen Handwerker hat die Zeitgeschichte nicht ohne starke Prägung seiner Biographie gelassen. Die auslaufenden Spuren der Spätaufklärung und die Julirevolution, die Befreiungskriege und der griechische Freiheitskampf sind Einflußgrößen einer Persönlichkeitsentwicklung, die den sozialen Aufstieg des Bauernsohnes zum angesehenen Handwerksmeister mit einschließt. Meister Lees Lebensgeschichte ist eine solche der autodidaktischen Bildung: Der Handwerker, der durch seine Bildung in die »höhere Gesellschaft« (gH 55) der Dorfgemeinschaft aufsteigt und es zu Ansehen und Reichtum bringt, unterscheidet sich sowohl von den traditionellen Bildungshelden wie auch von der Stufenleiter des späten 19. Jahrhunderts, die von der Bildung zum Besitz führt. Denn erst auf der Grundlage des Arbeitens im Kreis der Zunftgenossen haben die geselligen Bildungsbestrebungen Meister Lees ihre Funktion. Dem *Tischlermeister* Tiecks vergleichbar wird Bildung nicht zum Zweck eines sozialen Aufstiegs eingesetzt, sondern dient der Selbstvergewisserung innerhalb fester sozialer Bindungen.

Ein bezeichnender Wandel des Bildungsbegriffs wird daran deutlich. Die Bemühungen des Vaters, als »Mittelpunkt eines weitern Kreises von Bürgern« gesellschaftlich zu wirken (gH 57), fördern Geselligkeit, jedoch nicht als Selbstzweck; auf der Grundlage schon geleisteter handwerklicher Arbeit dienen diese geselligen Veranstaltungen der gegenseitigen Persönlichkeitsbildung. Zwar greift man auch unter den Handwerkern auf klassisches Bildungsgut zurück und sucht »das Schöne mit dem Nützlichen zu verbinden« (gH 56). Doch im Gegensatz zum 18. Jahrhundert ist das Bildungsstreben nicht mehr an den adeligen Müßiggang gebunden, sondern ganz ausdrücklich ein Teil der bürgerlich-handwerkerlichen Arbeitswelt.

Handwerkerarbeit und Geselligkeit werden als dritte Komponente dieses neu verstandenen Bildungsbegriffs vom Willen zur Bildungsvermittlung ergänzt. »In zahlreichen Zusammenkünften« und Vereinsgründungen beschränken sich die Handwerker nicht darauf, sich autodidaktisch »empor zu bilden« (gH 58) und Bildung »nachzuholen«, »da fast allen in ihrer Jugend die gleiche dürftige Erziehung zuteil geworden« war (gH 59). Ihr Ziel ist vielmehr die gleichzeitige Weitergabe des eben erst selbst Erworbenen. In ihren selbstgegründeten Bildungsvereinen vermitteln sie »die edeln Güter der Bildung und Menschenwürde« (gH 58) in weitere Kreise, um die soziale Integration und die zukünftige Absicherung ihrer Standesgenossen befördern zu helfen:

»Zu diesen bildete Lee mit seinen Genossen, an seinem Orte, eine tüchtige Fortsetzung im arbeitenden Mittelstande, um so bedeutender, als viele Mitglieder in der Tiefe des Volkes auf den Landschaften umher ihre Wurzeln hatten. Während jene Vornehmen und Gelehrten die künftige Form des Staates, philosophische Rechtswahrheiten besprachen und im allgemeinen die Fragen schönerer Menschlichkeit zu ihrem Gebiete machten, wirkten die rührigen Handwerker mehr unter sich und nach unten, indem sie einstweilen ganz praktisch so gut als möglich sich einzurichten suchten.« (gH 58)

Bildung meint hier, abgesehen von der Kritik an einer wirkungslos gebliebenen bildungsbürgerlichen Aufklärungsbewegung, prakti- sche Bildungsarbeit in der »Tiefe des Volkes«. Daß Heinrich diesem Weg nicht folgt, sondern einen sozial isolierenden, individualisti- schen Bildungsgang als Künstler einschlägt, dient nicht zum wenig- sten als Beweis für seine fehlgerichtete Bildungsgeschichte.

Der Tod Meister Lees in einem Augenblick, »wo andere ihre Lebensarbeit erst beginnen« (gH 61), macht die Lebensgeschichte Lees vorbildhaft, verpflichtend und belastend für seinen Sohn. An dieser »Lebensarbeit« reibt sich der Widerspruch in Heinrich wund, eine Bildungslaufbahn als Künstler anzustreben, andererseits aber eine gesellschaftliche Tätigkeit als notwendig anzusehen. Daß die Arbeit, gerade weil sie fehlt, auch für Heinrichs Leben einen hohen Stellenwert hat, verdeutlicht der Erzähler allein schon in den Kapi- telüberschriften der zweiten Fassung (III,1: »Arbeit und Beschau- lichkeit« und IV,5: »Die Geheimnisse der Arbeit«). Auch hier liegt der Zusammenhang der Bildungsgeschichte des Helden mit der Vaterfigur auf der Hand. Angesichts der eindrucksvollen Gestalt des Statthalters, einer Art Vaterfigur, kommt Heinrich auf die Frage »der einfachen Arbeit« zu sprechen, die er mit einer (frühen) Beamten- und Bürokratiekritik verbindet und sprichwörtlich auf den Begriff bringt (gH 362: »Wer essen will, der soll auch arbeiten«). Dieses Bewußtsein von der Notwendigkeit einer gesellschaftlich nützlichen Tätigkeit verläßt Heinrich nicht mehr. Der Morgen nach dem Tellspiel, der die Bauern »ebenso rüstig und entschlossen bei der Arbeit als sie gestern bei der Freude angefaßt hatten« (gH 388) zeigt, macht Heinrichs personale Isolation, seine soziale Nutzlosigkeit und seinen mißratenen Lebensweg offenkundig. Sein Künstlertum er- scheint ihm gerade jetzt als »ungeleitete haltlose Arbeit« (gH 389). Erst bei Römer lernt Heinrich seine Kunst als richtige, weil sinnvolle Arbeit verstehen (gH 402: »So lernte ich endlich die wahre Arbeit und Mühe kennen«).

Die Überbrückung dieses Gegensatzes von um sich kreisender Selbstbildungstätigkeit und praktischer Alltagsarbeit bleibt im Ro- man eine so eindringliche Frage, daß sie sogar der Erzähler seitenlang reflektiert. Das Problem der entfremdeten Arbeit, daß nämlich die in einer »fortschreitenden Kultur« Beschäftigten »geschieden von Acker und Herde, von Wald und oft sogar vom Wasser« sind (gH 601), löst der Erzähler mit Hilfe des Arbeitsbegriffs, jedoch auch an einem Beispiel einer gelungenen Lebensgeschichte aufgehängt:

»Will man hingegen aus der großen öffentlichen Welt ein Beispiel wirkungs-reicher Arbeit, die zugleich ein wahres und vernünftiges Leben ist, betrach-ten, so muß man das Leben und Wirken Schillers ansehen.« (gH 603)

In Schillers gewaltiger Vorbildwirkung – dem Lieblingsdichter des Vaters! – fallen für den Erzähler der Wert der Arbeit und die Selbstbildung des Individuums in eins. Hier durchdringen sich Schillers Lebensgeschichte und diejenige von Heinrichs Vater:

»aber sobald er dies gewonnen, veredelte er sich unablässig von innen heraus und sein Leben ward nichts anderes als die Erfüllung seines innersten Wesens, die folgerechte und kristallreine Arbeit der Wahrheit und des Idealen, die in ihm und seiner Zeit lagen.« (gH 604)

Wenn sich Heinrichs Lebensgeschichte auf diesen »Lebensgrund« (gH 392) beruft, so meint seine Bildungsgeschichte mehr als ein beliebiges Schicksal. Dieser Lebensgrund oder vielmehr sein Verlust ist der Gegenstand und Anlaß des *grünen Heinrich* über die Helden-figur, so biographisch sie ist, hinaus. In einem Brief an seinen Verleger Vieweg vom 3. Mai 1850 bezieht Keller die »Moral« seines Buches nicht auf den Helden allein, sondern auch auf »die Verhält-nisse seiner Person und seiner Familie«. Der verlorene Lebensgrund bedinge das tragische Ende des Romans; als Heinrich vor »den Trümmern des von ihm zerstörten Familienlebens« steht, ist »das Band, welches ihn nach rückwärts an die Menschheit knüpft«, endgültig abgeschnitten. Die »doppelte Tendenz« des Buches, die Keller herausstreicht, verweist darauf, daß Lebensgrund und Bil-dung die beiden großen Werthaltungen in Heinrichs Lebensge-schichte darstellen. Heinrichs gescheiterte staatliche »Erziehung« sei der Anlaß für einen negativen »psychischen Prozeß« des Helden (Brief an Hermann Hettner vom 4. März 1851). Heinrichs Bil-dungsgeschichte verlaufe deshalb in der Negativität:

»Der grüne Heinrich, in erster Jugend aus dem öffentlichen Unterricht hinausgeworfen und anderer Mittel entbehrend, einen ungenügenden Be-ruf wählend, weil er keine Übersicht, keine Auswahl hat, muß sich durch Zufall einzelne Fetzen der Bildung aneignen und durch einzelne Risse in den hellen Saal der Kultur zu gucken suchen. Er entdeckt endlich, daß seine Künstlerschaft nur ein Irrtum war.« (Brief an Hettner vom 5. Januar 1854)

Heinrichs ausgefallene Schulbildung als Kind verursacht daher seine spätere Fehlbildung als Künstler und macht seine Lebensgeschichte über weite Strecken zu einer negativen Bildungsgeschichte. Auf diesem Hintergrund ist die Forschung zum *grünen Heinrich* zu sehen. Erst W. Preisendanz hat das »Spannungsverhältnis zwischen innerer und äußerer Wirklichkeit« (109) zum Anlaß genommen, das autobiographische Erzählen in der Zwischenlage von erlebendem und erzählendem Ich als das Strukturprinzip des Romans herauszu-arbeiten (119). Wenn Heinrichs Bildungsdefizit durch den Verlust des Vaters und die abgebrochene Schulbildung erst seine Fehlbil-dung als Künstler verursachen und damit keine »harmonische Ent-faltung« im Sinne einer traditionellen Bildungsgeschichte zulassen (Laufhütte 355), bleibt es mißlich, im Roman zwar ein »durchaus im Zentrum« stehendes »Bildungsschicksal« zu sehen, dem Roman insgesamt jedoch die Anerkennung als Bildungsroman versagen zu wollen (357): der *grüne Heinrich* sei »Weltanschauungs- und Per-spektivenroman« (371) und zugleich auch ein »Künstlerroman« (374). Das Ende des Romans in der ersten Fassung stehe »in der Nähe des Desillusionsromans« und lasse den »grünen Heinrich« als einen »Antientwicklungsroman« (Jacobs 181) und als einen »Bil-dungsroman, der vor seinem Ziel haltmacht«, erscheinen (182). Immerhin deutet der Hinweis auf den »Lebenszusammenhang« des Helden in die Richtung des Kellerschen Begriffs »Lebensgrund« und nähert sich damit einer sinnvollen Fragestellung an.

Zwar setzt Heinrichs Bildungsgeschichte mit den fast topischen Zuschreibungen eines Bildungshelden an, doch treten die Folgen früher Sozialisationsdefizite durch Vaterverlust und Schulverweis sehr schnell an die Stelle traditioneller Bildungseinflüsse. Heinrichs selbstgeschriebene Jugendgeschichte, dieses nur »mäßige Büchlein« in den Augen des Erzählers, ist das greifbare Zeichen für den Versuch des Helden, anstelle des verlorenen Lebensgrundes einen Ersatz zu finden, der über die einfache Daseinsvorsorge hinausgeht: »eine Richtschnur oder wenigstens die Anknüpfungspunkte für eine sol-che« (gH 48). Schon die ersten Erfahrungen mit der Institution Schule bauen in Heinrich eine tiefe Skepsis gegenüber standardisier-tem Bildungsgut und abfragbarem Schulwissen auf. Denn Heinrichs Anlagen, »freilich etwas frühreif und für starke Eindrücke empfäng-lich« (gH 98), können durch das bestehende Schulsystem, durch »ausgesuchte und infamierende Strafen« (gH 112) und durch ewiges »Wiederkäuen« (gH 113) des Schulstoffes nicht ausgebildet werden. Heinrichs Ausschluß aus dem staatlichen »Erziehungssystem« ver-hindert zwar eine ordnungsgemäße »innere Entwicklung« (gH 178), ermöglicht aber seinen Selbstbildungsweg, der in den Irrtum seiner Künstlerlaufbahn führt. »Daß ich mich frei fühlte wie der Vogel in der Luft« (gH 179) ist die Konsequenz einer autodidaktischen Malerausbildung (gH 275: »Ich war nun ganz mir selbst überlassen, vollkommen frei und unabhängig, ohne die mindeste Einwirkung und ohne Vorbild noch Vorschrift.«).

Der Anspruch auf einen traditionellen Bildungsweg wird also vom Helden aufrechterhalten, der die Reste individueller Autonomie um sich versammelt, wobei allerdings statt der innerlichen Freiheit soziale Freiheit herauskommt: sein Festhalten am klassischen Muster der Bildungsgeschichte erzeugt jetzt den sozialen Außenseiter. Gleichfalls unter dem Stichwort »frei« (gH 339) erlebt Heinrich das Tellspiel als einmalige, geglückte Verbindung zwischen seinen poetisch-künstlerischen Vorstellungen und der prosaischen Alltagsrealität. Nach dem Tellspiel erst vermag die Goethelektüre seine Wirklichkeitssicht und seine »Anschauung vom Poetischen« (gH 392) zu wandeln. Mit dem Begriff vom »Lebensgrund« (gH 392) setzt der Erzähler ein Signal, inwiefern Heinrichs Ich-Isolation zur Welt hin aufzubrechen ist. Was die »Klassizität« (gH 404) des echten Meisters Römer für Heinrichs Kunstirrtum löst, überwindet die systematische Bildung, die er auf der Universität erfährt. Die »lebendige Liebe zu der Geschichte« (gH 590) holt ja die versäumte wissenschaftliche Ausbildung nicht etwa nach, sondern bietet einen systematischen Überblick, wie der Erzähler betont:

»Heinrich erwarb sich indessen nichts weniger als eine große Gelehrsamkeit oder gar die bloße Einbildung [!] einer solchen; lediglich schaute er sich um, von einem dringenden Instinkte getrieben, erhellt sein Bewußtsein von den Dingen, die da sind, gelehrt, gelernt und betrieben zu werden.« (gH 595f.)

Bildung, so verstanden, wird zur Voraussetzung für Heinrichs Einsicht, daß sein Künstlertum ein verhängnisvoller Irrtum gewesen ist, weil jedes Bildungsziel immer zugleich ein gesellschaftliches sein muß:

»Es ging wie ein Licht in ihm auf und es wollte ihn bedünken, als ob eine solche fortgesetzte und fleißige Tätigkeit in lebendigem Menschenstoffe doch etwas ganz anderes wäre als das abgeschlossene Phantasieren auf Papier und Leinwand, insbesonderheit wenn man für dieses nicht sehr geeignet sei.« (gH 677)

Bildung, die danach fragt, »wodurch ich unter den Menschen wirke und nütze« (gH 683), kann nicht in der Isolation und Individuation des Künstlerberufs in Erfüllung gehen. Im Unterschied zum Wilhelm Meister und seinen wirtschaftlich abgesicherten Nachfolgehelden hat der Held des *grünen Heinrich* auch seine ökonomische Bewährung nötig. Zwar bleibt der Anspruch auf eine traditionelle Bildungsgeschichte, wenigstens in der ersten Fassung, über den Tod des Helden hinaus erhalten. Doch nur in der poetischen Wirklichkeit des großen Schlußtraums zeigt Heinrichs »gelehrtes Pferd« einen denkbaren Weg auf, auf dem die persönliche Bildungsgeschichte und ein gesamtgesellschaftlicher Anspruch ineinandergreifen könnten: »Dies nennt man die Identität der Nation!« (gH 659) Daß dies im Traum unter ironisch gesetzten Positionslichtern des

Erzählens geschieht, belegt die geringen Verwirklichungschancen des Einfalls.

Aber der Humor des Erzählers nimmt selbst so zweideutige Lösungen sofort wieder zurück. Die durch wechselnde Identifikationsfiguren erzeugte, mehrdeutige Erzählperspektive etwa in Immermanns *Epigonen* wirkt bei Keller noch gesteigert und verschärft. Nicht mehr stehen sich feindliche Umwelt und intaktes Ich, die klassische Bildungsromankonstellation also, gegenüber. Die Universitätsstudien hatten für Heinrich die Frage nach der Willensfreiheit ja nur angerissen und damit das Problem, ob eine Bildungsgeschichte überhaupt durchzuführen sei, nicht diskutiert. Bei näherem Hinsehen wäre dem Helden schon dort aufgegangen, welche Konsequenzen sich für die Konsistenz seines Ichs ergeben. Dem Erzähler, nicht dem Helden, wird der zunehmende Verlust von Sinngebung und Wertsetzung durch die Realität problematisch, wenn das Kernstück der Bildungsgeschichte, das Ich, auseinanderbricht. Das gestörte Ich, nun als Störfaktor in einer ungestört funktionierenden, aber nicht mehr sinnsetzenden Welt, tritt als erzählendes und als erlebendes Ich auseinander. Diese Demontage der Heldenfigur und des Erzählers trifft die Erwartung des Lesers vielleicht nachhaltiger als das unglückliche Ende der ersten Fassung. Mit der zweiten Fassung und ihrer durchgehaltenen Ich-Perspektive nähert sich Keller wieder stärker den Traditionen des Bildungsromans an, wie auch durch das versöhnliche Ende, die Andeutung von Bildungszielen in den Kapitelüberschriften und die konsequente Ausrichtung auf konventionellere Lesererwartungen.

6.2.3 Adalbert Stifter: »Der Nachsommer« (1857)

Adalbert Stifters Roman *Der Nachsommer* (1857) scheint eher auf einer von Gustav Freytags *Soll und Haben* vorgezeichneten Linie zu liegen, denn der Roman beginnt: »Mein Vater war ein Kaufmann« (Ns 1). Doch für Heinrich Drendorf, den Helden dieses Bildungsromans, bedeutet die Welt bürgerlicher Geschäfte wenig – genug, daß sie ihm die notwendigen Mittel für seine Bildungsbestrebungen bereitstellt. Noch distanzierter ist das Verhältnis des Helden zur modernen Arbeitswelt. Die Kenntnisnahme der »Fabrik« beschränkt sich auf die Beobachtung des faktischen Produktionsprozesses, noch dazu unter dem Blickwinkel eines Entwicklungsbegriffs, wonach die »Umwandlung« über einzelne »Stufen« vor sich geht, als handle es sich um einen organischen Entfaltungsvorgang anstelle der tatsächlich stattfindenden Fließbandproduktion:

»Ich besuchte nach und nach alle diese Fabriken, und unterrichtete mich über die Erzeugnisse, welche da hervorgebracht wurden. Ich suchte den Hergang kennenzulernen, durch welchen der Stoff in die Fabrik geliefert wurde, durch welchen er in die erste Umwandlung, von dieser in die zweite, und so durch alle Stufen geführt wurde, bis er als letztes Erzeugnis der Fabrik hervorging.« (Ns 27)

»Arbeiter« sind wie die Dienstboten im großbürgerlichen Haushalt ein selbstverständliches und deshalb nicht erwähnenswertes Inventar. Als »Arbeiten« (Ns 29) versteht der Held indes seine Bildungsanstrengungen durchaus; die penibel in den Tagesablauf eingeordneten Schulpflichten Heinrichs sind »die sogenannten Arbeitsstunden« (Ns 8). Bildung und Arbeit entsprechen sich soweit, als auch das väterliche Bücherzimmer, als »Prunkzimmer« und als Ort der Erholung gedacht und daher ohne »Spuren des unmittelbaren Gebrauchs« (Ns 7), fast identisch ist mit dem »Arbeitszimmer« Risachs (Ns 83: »gewissermaßen«). Diese Art der Bildungsaneignung versteht sogar die Auseinandersetzung mit den Kunstwerken als pflichtgemäßes Aufsaugen von Bildungsgütern, so daß eine solche ästhetisch gebundene Bildungsarbeit in der Nähe der Restauration von Kunstwerken zu stehen kommt. Dort kann dann die Wiederherstellung historischer Denkmäler dem Helden als Arbeit wie als Kunst gelten. Diese Wiederherstellung ehemals vorhandener Zustände färbt ab: es erstaunt daher nicht, daß der Bildungsgeschichte des Helden jeder kreativ-individuelle Impuls zu ihrer Vollendung abgeht, andererseits die vorausgesetzte Wohlhabenheit der Familie dem Zögling seine Bildungsgewißheit und seinen festen sozialen Standort sichert. Geld für alle Bildungsziele, welche Heinrich auch immer entdecken mag, ist jederzeit reichlich vorhanden.

Die Gesellschafts- und Zeitferne des *Nachsommer* bedeutet freilich keinesfalls, daß der Roman bloß reaktionär die Bildungsideologie der Aufklärung aufwärmte und den Goetheschen Bildungsroman gleichsam als zeitlose Landidylle in die Mitte des 19. Jahrhunderts transportierte. Man hat mit Recht Stifters Konzeption des *Nachsommer* und seinen Bildungsbegriff an der deutsch-österreichischen politischen Situation um 1848 festmachen können. Die im Roman thematisierte Abwehrstellung gegenüber der eigenen Zeit erhebt den vorbildhaften Bildungsprozeß eines Individuums zum letzten Ordnungsfaktor einer verwirrten Epoche. In ihm setzt Stifter seinen Bildungsroman nicht bloß programmatisch den aktuellen und modernen Romanformen des Raum- oder des Zeitromans entgegen. Er erzählt auch eine Bildungsgeschichte, die von Zeitläufen unangefochten und in pflanzenhaft störungsfreier Entfaltung sich abwickelt. Insofern trägt der dem *Nachsommer* oft erhobene

Vorwurf der Konfliktlosigkeit nicht, weil die Konfliktlösung schon vor dem Einsetzen des Bildungsprozesses angesiedelt ist: das Erzählen der Bildungsgeschichte wird selbst zum Bildungsmittel und rechtfertigt auch von daher den Umfang des Romans als »Erzählung«! Gerade die eigentliche Nachsommer-Lebensgeschichte Risachs und Mathildes erhält diesen ihren Vorbildcharakter aus der Sicherheit, mit der die Entfaltung des richtigen Lebensganges abgewartet werden kann. Insofern ist Risach für Heinrich keine Erzieherfigur mit heftig fordernden pädagogischen Ambitionen, sondern erzähltes und erzählendes Vorbild eines eher beiläufig als programmatisch angesetzten Bildungsvertrauens.

An einer Episode des *Nachsommer*, dem ersten Kontakt des Helden mit dem Theater, kann diese Spannungslosigkeit zwischen individueller Bildungswilligkeit und tradierter Bildungssicherheit deutlich gemacht werden. Heinrichs Vater hatte im Erziehungsplan für seinen Sohn einen Theaterbesuch nicht vorgesehen, ihn wenigstens bis zu einem bestimmten Alter »nie erlaubt« und später dann aus pädagogischen Erwägungen die Stücke selbst ausgewählt. Erst dann geht Heinrich aus Pflichtbewußtsein für die Aneignung auch dieses Bildungsguts und eher aus Gründen gesellschaftlicher Anpassung ins Theater (Ns 188: »angemessen«). Zu diesem Zeitpunkt steht der Held auf einer Entwicklungsstufe, auf der nicht-naturkundliche Bildungsanstöße außerhalb seines Denkhorizontes liegen und daher an ihm abprallen. Auch der Theaterbesuch wird deshalb von Heinrich als ein beliebiges Bildungsmittel ganz im Sinne seines bisherigen naturkundlichen Schulwissens aufgefaßt und aus seiner Weltbetrachtung ausgegrenzt: »Da ich mich aber mit wissenschaftlichen Arbeiten beschäftigte, hatte ich nach dieser Richtung hin keinen mächtigen Zug.« (Ns 188) Schon bei seinem ersten Besuch im Rosenhaus war Heinrich ja dadurch aufgefallen, daß ihm eine literarische oder gar ästhetische Bildung völlig abging. So wie er damals keinen Blick für die Marmorstatue haben konnte, so übergeht er auch die Literatur, wenn sie nicht naturkundlichen Gegenstandes ist: in Risachs Bücherschrank findet er zu seiner Enttäuschung »bloß beinahe lauter Dichter«, die er sehr schnell zugunsten einer naturkundlichen Reisebeschreibung »bei Seite« legt (Ns 51).

Den Theaterbesuch paßt der Held deshalb seinem naturwissenschaftlichen Interesse an, indem er das Vorgehensmuster seiner bisherigen Naturbeobachtungen auf diese neue Bildungsbemühung überträgt. Shakespeares *Lear* wird kritiklos als »Meisterwerk« (Ns 188) akzeptiert, zudem in Form einer gesicherten Objektbeschreibung, nicht als individuell zu verantwortendes und zu beurteilendes Kunsterlebnis. In Analogie zu seiner methodischen Annäherung an

Gegenstände der Naturbeobachtung versucht Heinrich die ›wissenschaftliche‹ Reduzierung des zu Beobachtenden auf den faktischen Objektbereich. Sein erster Zugang zum Schauspiel vollzieht sich als Übernahme und Referat der Ansichten von Autoritäten. Formulierungen wie »stand auch in dem Rufe«, »Es wurde daher behauptet« oder »ein großer Kenner von Schauspieldarstellungen sagte in seinem Buche« (Ns 188) liefern eine Art Forschungsbericht, eine Auflistung literarischer Urteile, über deren Berechtigung sich Heinrich kein Urteil anmaßt. Heinrichs zweiter Schritt, korrekt im Sinne naturwissenschaftlicher Methodik, setzt bei der Überprüfung dieses Vorverständnisses ein, als befinde er sich auf einer seiner üblichen naturkundlichen Exkursionen. Bei seinem Theaterbesuch trägt der Held sogar seinen »einfachen Anzug«, den er »gerne auf Spaziergängen hatte« (Ns 189). So vorbereitet und in seinen Selbstbildungsgang eingeordnet überträgt Heinrich denn auch ganz selbstverständlich seine naturwissenschaftliche Experimentierhaltung unverändert auf das Feld der Menschenbeobachtung: »Da ich gerne das Treiben der Stadt ansehen wollte, wie ich auf meinen Reisen die Dinge im Gebirge untersuchte« (Ns 189). Seine regungs- und kommentarlose »Gemessenheit«, mit der er die auf dem Eis ausgleitenden Passanten registriert, legt die analytischen Kategorien der Objektbeobachtung auf die Menschenbeurteilung um. Daß im Theatersaal nichts als »eine erlogene Geschichte vorgespiegelt wird« (Ns 189), erkennt Heinrichs naturwissenschaftlich geschultes Auge sofort; eine darüber hinausgehende Funktion des Theaterspiels bleibt noch außerhalb seines Gesichtsfeldes. In schematischer Anwendung seiner vom Vater abgeschauten naturkundlichen Methoden (Ns 189: »Gewohnheit«) versucht Heinrich sogleich, eine Beobachtungsposition einzunehmen, die die bestmögliche und d. h. eine möglichst distanzierte Objektbetrachtung erlaubt:

»nie von oben herab oder von großer Entfernung die Darstellung eines Schauspieles zu sehen, weil man die Menschen, welche die Handlung darstellen, in ihrer gewöhnlichen Stellung nicht auf die obere Fläche ihres Kopfes oder ihrer Schultern sehen soll, und weil man ihre Mienen und Gebärden soll betrachten können.« (Ns 190)

Ganz im Gegensatz zum übrigen Publikum (Ns 190: »neugierig«) betrachtet und beurteilt Heinrich das Theaterstück so, wie es sich für den Naturforscher des 19. Jahrhunderts gehört (»ruhig«). Seine vom Erzähler unkommentiert mitgelieferte Inhaltsangabe des *Lear* wirkt unerhört aufschlußreich. Denn Heinrich legt nicht bloß einen trockenen Bericht des äußeren Handlungsablaufs vor, wie man vermuten könnte. Die syntaktische Struktur seiner Formulierungen spiegelt vielmehr mustergültig sein naturwissenschaftlich geprägtes Denken und seine naturgesetzliche Abläufe erwartende Beobachtungsweise. Wenn jede Figur im Drama nur so und nicht anders reden »mußte«, weil sie »nicht anders konnte« (Ns 190f.), dann unterlegt Heinrich der dramatischen Fiktion des *Lear* eine kausale Zwangsläufigkeit, wie er sie aus den Gesetzmäßigkeiten seiner naturwissenschaftlichen Studien und Experimente abgeleitet hat. Weil er die Dramenfiguren nach physikalisch-mechanischen Gesetzen handeln sieht, glaubt er auch, die ihm noch unbekannte Handlung voraussagen zu können: »und so sieht man bei dieser heftigen und kindischen Gemütsart des Königs üblen Dingen entgegen.« (Ns 191) Heinrich unterliegt dabei also dem Irrtum, die experimentelle Wiederholbarkeit naturgesetzlicher Vorgänge lasse sich auf den Bereich des Menschlichen problemlos übertragen. Er negiert aus mangelnder literarischer und Lebenserfahrung die Einmaligkeit und Unwiederholbarkeit menschlicher und geschichtlicher Vorgänge. Indem die behauptete experimentelle Rekonstruktion des Menschlichen scheitert, zieht Heinrich erstmals die bloß naturwissenschaftliche Objektbeobachtung als einziges Mittel seines Bildungsstrebens in Zweifel.

Denn das nicht naturgesetzlich, sondern poetisch-menschlich ablaufende Drama schlägt Heinrich in der Identifikation mit der tragischen Figur des einsamen Lear in seinen Bann. Die Wirkung der Poesie durchbricht mit der Überwindung der leidenschaftslosen Objektbeobachtung auch Heinrichs bisherige Wirklichkeitssicht. Charakteristisch werden nun Kategorien in Heinrichs Denken und Fühlen, die nichts mehr mit den Analysebegriffen eines distanzierten Naturforschers zu tun haben (Ns 191: »unheimlich«, »herzzerreißend«). Die erste ästhetische Erfahrung des Theaterstücks und die neu erlebte Wirklichkeit des Menschlichen fallen für Heinrich zusammen: »so flossen mir die Tränen über die Wangen herab, ich vergaß die Menschen herum und glaubte die Handlung als eben geschehend.« (Ns 192) Die jetzt als gegenwärtig erlebte Bühnenhandlung (Präsens!) erhebt den geschichtlichen Stoff des *Lear* zum Muster des allgemein Menschlichen; der wahnsinnige Lear ist für den Helden nun »wirklich toll« geworden (Ns 193). Die Wirklichkeit wird jetzt nicht mehr als naturwissenschaftlicher Vorgang begriffen, sondern als poetische und menschliche Wirklichkeit um so heftiger erlebt: »Das hatte ich nicht geahnt, von einem Schauspiele war schon längst keine Rede mehr, das war die wirklichste Wirklichkeit vor mir.« (Ns 193) Der »günstige Ausgang« des Stücks wirkt für Heinrich aufgesetzt, die Kehrtwendung des Dramas auf Gesetze menschlichen Handelns erscheint jetzt ihm unglaubhaft. Der poetische Eindruck der Theaterkunst löscht die naturkundliche Denkweise soweit aus, daß dem Helden beinahe jede kontrollierte Wahrnehmung seiner Umwelt verloren geht: »ich wußte beinahe nicht mehr, was vor mir und um mich vorging« (Ns 193).

Die Auswirkungen dieses Schlüsselerlebnisses für den Bildungsprozeß des Protagonisten sind eindeutig. Zur Korrektur seines nunmehr erschütterten naturwissenschaftlichen Weltbilds benutzt Heinrich jetzt einen Begriff von Wirklichkeit, in den bildungsästhetische wie menschliche Erfahrungen eingebracht werden können. Erst zu diesem Zeitpunkt und »in starrer Erregung« nimmt Heinrich Natalie wahr, mit der ihn die gemeinsame Empfindung des Bühnengeschehens verbindet. Zum erstenmal aufgefallen war Natalie Heinrich ja ebenfalls als ästhetisches Erlebnis unter dem Stichwort »schön«, nicht zufällig in einer scheinbar unbeteiligten Formulierung des Erzählers, die den unsicheren, nicht haftenden Eindruck bei Heinrich sehr genau kennzeichnet: »Ich dachte mir, da der Wagen immer tiefer über den Berg hinabging, ob denn nicht eigentlich das menschliche Angesicht der schönste Gegenstand zum Zeichnen wäre.« (Ns 174) In der Verarbeitung seines Theatererlebnisses fällt von nun an bei Heinrich das Interesse am Menschlichen mit dem Interesse am Ästhetischen zusammen. Genauso wie Natalie betrachtet Heinrich auch die Marmorstatue in Risachs Haus als ästhetisches Objekt, das er anthromorphisiert und als Grundstein für die Herausbildung seines sich entwickelnden Kunstverständnisses benutzt: »Die Mädchengestalt stand in so schöner Bildung« und: »daß eine menschliche Stirne so schön ist« wird alles von der Statue gesagt! (Ns 368f.)

Daß es sich bei Heinrichs Theatererlebnis um eine Bildungseinsicht handelt, die ein neues, umfassend verändertes Wirklichkeitsverständnis zur Folge hat, belegt die Semantik der Episode. Eine neue Sehweise gegenüber Kunstobjekten und Menschen ist nicht zufällig auch sprachlich so ausdrücklich thematisiert. Denn schon am nächsten Morgen beginnt ein neuer Abschnitt in Heinrichs Bildungsgeschichte, in der nicht mehr nur die Naturwissenschaft, sondern erstmalig Kunst und Menschenbeobachtung im Mittelpunkt stehen: Heinrich entleiht »die Werke Shakespeares« (Ns 195) und beginnt damit, Mädchenköpfe zu zeichnen. Sein »unbestimmtes dunkles Bild von Schönheit« (Ns 197) entwickelt sich sowohl im Umgang mit den Kunstwerken wie auch an der menschlichen Gestalt der geliebten Natalie, der Verkörperung der Schönheit. Die neue Erfahrung wird sofort übertragen: So wie Natalie dem Helden im Theater »unbeschreiblich schön« vorkommt (Ns 193), so erscheint sie ihm auch bei ihrer nächsten Begegnung als »unermeßlich schön« (Ns 235) – die bisher geltenden Beschreibungskategorien und Maßstäbe haben ihre Fähigkeit verloren, die erfahrene Wirklichkeit abzubilden.

Für den *Nachsommer* als Bildungsroman bleibt festzuhalten, daß auch am Schlüsselerlebnis des Theaterbesuchs kein abrupter Bruch im Bildungsgang des Helden zu beobachten ist. Vielmehr werden vom Erzähler kommentarlos registrierte Erfahrungen des Protagonisten addiert und einem allmählich fortschreitenden Bildungsprozeß eingefügt. Alte Ansichten des Helden werden nicht über Bord geworfen, sondern um neue vermehrt und ergänzt. Diese hierarchische Struktur der Bildungsgeschichte spiegelt dadurch einen Lebenslauf vor, der gleichsam störungslos, typisiert und von jeder spontanen Veränderbarkeit unabhängig verlaufen kann. Der Bildungsheld ist damit letztlich auswechselbar, seine Bildungsgeschichte subjektunabhängig.

Die Beschreibung von Heinrichs Heimweg nach dem Theaterbesuch zeigt die geringe Personalität des Helden noch deutlicher. Die Stationen des Herwegs werden pedantisch und ritualisiert wiederholt. Heinrichs Sicht im Unterschied zum Herweg läßt nur in Hinblick auf die Wirkungen des Theaters ein verändertes Erleben erahnen. Weder werden die Ursachen des Wandels reflektiert noch gerät Heinrich in eine Bildungskrise. Der Erzähler läßt kaum durchschimmern, daß die eingangs so gelobte häusliche Isolation den Helden nun stört und der Rückweg in das gesellschaftsferne Leben der Vorstadt nicht mehr positiv erfahren wird (Ns 194: »den vereinsamteren Weg«, »neben den düsteren Laternen vorbei«). Heinrich versucht sogar zu verbergen, »daß ich noch zu sehr mit dem Schauspiele beschäftigt sei« (Ns 195). denn Heinrichs Kunst- und Menschenbild weitet durch das Theatererlebnis die antiquarische Welt der Gegenstände und der scheinobjektiven Realienbildung der Naturwissenschaften nur äußerst vorsichtig durch den Schritt ins Gesellschaftliche, den Heinrichs Bildungsgang und seine Reisen bisher ausgespart hatten. Diese »Veränderung« (Ns 183) während des winterlichen Stadtlebens, also das Theatererlebnis und das Zusammentreffen mit Natalie, setzen der Bildungsgeschichte des Helden keine neuen Zielvorgaben, sondern weiten die schon verfestigte Bildungskonzeption nur allmählich aus. Noch gelingt es Heinrich, seine Isolation zur »Sonderlichkeit« (Ns 184) aufzubrechen und die Erstarrung seiner Bildungsgeschichte zum Leben in dauerndem Ritual zu verhindern.

Merkwürdig berührt indes, wie kommentarlos der Erzähler des *Nachsommer* die Bildungsfortschritte seines Helden registriert. Die Forschung zu Stifters Bildungsroman hat oftmals die Brüchigkeit und Fragwürdigkeit der Schlußlösung kritisiert, die Gesellschaftsferne oder Utopie der Romankonzeption konstatiert oder den Idealcharakter des Stifterschen Bildungsmodells betont. Der didaktischen Strategie des Erzählers ist erst in jüngster Zeit vermehrte Aufmerksamkeit gewidmet worden. Hier ist, vom Titel ausgehend, auf die Gegen- und Vorbildgeschichte Risachs und Mathildes hinzuweisen, auf die die Bezeichnung Nachsommer eigentlich besser zutrifft als auf Heinrich Drendorfs Bildungsgeschichte. Als Folie und Korrekturmodell, in dem die Fehlentwicklungen eines Bildungshelden vorweggenommen, abgebogen und gleichsam unschädlich gemacht sind, pfropft der Erzähler der Jugendgeschichte einen Spätzeit- und Alterskult auf, der mit Stifters didaktischen Ambitionen und seinen pädagogischen Erfahrungen als Schulrat nicht aufzugehen scheint. Hier offenbart sich der überzeitliche Anspruch von Bildungsgeschichte und Erzählkunst in der Darstellung einer vorbildhaften Lebensführung, die nicht auf eine Generation beschränkt bleibt. Stifters Bildungsgeschichte als »pädagogische Vorbilderzählung« (Sengle III, 995) erklärt in der auch erzähltechnisch vorbildhaft gemeinten Erzählung, wieso der Erzähler ohne Kommentare, Einsprachen und Deutungen auskommen kann. Die oftmals konstatierte Außensicht des *Nachsommer* auf seinen Helden ist möglich, weil die Intention des Erzählens über die individuelle Bildungsgeschichte Heinrichs hinausgeht, weil keine Individualität entwickelt, sondern ein typisches, repräsentatives Verhalten gezeigt werden soll. Die Wiederholungen des immer Gleichen in Handlungen und Redeformen bis hin zu zeremoniösen Umgangsformen und Ritualen haben ihre Funktion als pädagogische Einübung. Der Eintönigkeit des Lebenswegs des Helden entspricht die Abwesenheit von Schicksals- oder Zufallsbestimmungen des Bildungsgangs. Der gärtnerische Umgang des Helden mit der Natur hat genauso sein Pendant im Umgang des Erzählers mit dem Helden und dem Leser. Im ungebrochenen Vertrauen auf die abzuwartende, ordnungsgemäße Entfaltung der Heldenpersönlichkeit liegt auch die Ursache für das fehlende Interesse des Erzählers am individualpsychologischen Entwicklungsprozeß des Helden. Vielmehr konzentriert sich der Erzähler auf die Auseinandersetzung mit der Dingwelt, der Wirklichkeit der Gegenstände. Der Vergleich mit der Erzählhaltung in Kellers *grünem Heinrich* – auch dort handelt es sich ja, wenigstens in der 2. Fassung, um einen Ich-Roman – macht dies offenkundig. Auf die Spannung zwischen erlebendem und erzählendem Ich, die in Kellers Roman geradezu zum Grundprinzip des Erzählens der Bildungsgeschichte und des Heldenbewußtseins wird, ist bei Stifter verzichtet. Der Erzähler des *Nachsommer* übernimmt vielmehr kritik- und reflexionslos die Perspektive des erlebenden Ichs. Das objektive, d. h. auf Sachverhalte und Gegenstände gerichtete Erzählen erreicht Stifter dadurch, daß er den Objekten Vieldeutigkeit unterlegt, die Kellersche Erzählposition also genau umkehrt! Dieser Ich-Erzähler des *Nachsommer*, der jederzeit gegen einen Er-Erzähler ersetzbar wäre, gerät damit ins Extrem. Hier muß m. E. die Stiftersche Erzählweise viel deutlicher als bisher aus der Ecke des stilisiert Altfränkischen geholt und im Verzicht auf die erzählerische Allwissenheit und seine Objektgebundenheit in die Nähe des modernen personalen Erzählers gerückt werden. Für den Bildungsroman *Nachsommer* bedeutet dies: Der Erzähler verbirgt die Brüchigkeit seiner Bildungskonzeption vor dem Helden und vor dem Leser, er offenbart es in den Dingen, denen sein Erzählinteresse gilt. So wird das vorbildlich gemeinte Erzählen einer vorbildhaften Bildungsgeschichte selber zum Bildungsprozeß, dem der Leser ausgesetzt ist.

6.3 Wilhelm Raabes Romane

Fast alle Romane Raabes ziehen die Linie des Bildungsromans nach, indem sie auf Erziehungsprinzipien bürgerlicher Anpassung, auf scheinbar bruchlos verlaufende Lebenskurven oder auf die gegen manche Widerstände doch noch geglückte gesellschaftliche Integration sonderlingshafter Existenzen zusteuern. Doch in allen Fällen werden entweder die Struktur des Bildungsromans destruiert oder dessen zentrale Erzählprinzipien außer Kraft gesetzt. Aus der Vielzahl der Raabeschen Romane, in denen Bildungsgeschichten angelegt sind, können nur Beispiele ausgewählt werden.

6.3.1 Wilhelm Raabe: »Der Hungerpastor« (1864)

Held und Erzähler von Raabes *Hungerpastor* treten im Geist eines problemlos zu durchlaufenden Bildungsganges an. Doch die Einpassung Hans Unwirrschs in die (gut)bürgerliche Gesellschaft scheitert, nachdem der soziale Aufstieg aus kleinbürgerlichen Verhältnissen fast wider Erwarten gelungen ist. Der Bildungsweg des Helden vollzieht sich wie in Kellers *Grünem Heinrich* in der Anbindung des Vaterlosen an einen Lebensgrund, der sowohl familiengeschichtlich wie menschheitlich fundiert ist: »und unlöslich verknüpfte sich allmählich in des Sohnes Geist das Bild des Vaters mit dem Schein dieser Kugel« (RH 18). Doch Bildung auf dem Weg eines konventionellen Erziehungsganges funktioniert nicht mehr, auch wenn der Held »seine Lehrjahre nicht nutzlos« absolviert (RH 333). Hans Unwirrsch erlebt sich, im Bild des lebenslangen Hungers, als ziellos Strebender, als neuer Hans im Glück, dem es darum geht, am Ende seines Lebens dieses Glück zu erreichen und seine Ideale erfüllt zu sehen (RH 390). In der Gegenfigur des Juden Moses Freudenstein scheint das wirksame Vorbild des Veitel Itzig aus Freytags *Soll und Haben* auf. Doch im Unterschied zu diesem interpretiert Raabe die Fehlentwicklung des zur höchsten, daher fragwürdigen Bildung aufgestiegenen Juden nicht wie Freytag als Typus, sondern als Charakter, nicht durch rassischen Antisemitismus, sondern als bildungsmäßigen. Freudenstein parodiert das klassisch-romantische Entwicklungsmodell durch konfliktlose Normenerfüllung (z.B. RH 113: »Metamorphose«). Der Held dagegen verharrt in Zweifeln. Nur ansatzweise erklimmt er die Bewußtseinshöhe des Erzählers in seinen Selbstreflexionen und in seinem unvollendet bleibenden autobiographischen, metaliterarischen »Buch vom Hunger« (RH 294). Dort erkennt er, daß seine Lebensbahn von der offenen Linie in die regressive Kreisbewegung eingeschwungen ist, der er Vorzüge abgewinnen möchte: »aber wenn sich auch sein Leben im ›engsten Ringe‹ zusammengezogen hatte, so war es doch kein enges Leben.« (H 389) Der Held ist längst keine identifikationsstiftende Figur mehr, er ist zum Sonderling geworden. Der Rückzug in die äußerste Provinz gestaltet das Happyend des Romans in der Randzonen-Idylle nicht allein als privatistische Glückslösung, sondern als Teil einer das Individuum übergreifenden »Weltentwicklung« (RH 7) im Zeichen des Hungers als Kategorie der Bewahrung des Romantischen und Subjektiven in der bürgerlichen Welt. Für sie ist die über die Generationen weitergereichte Schusterkugel das Sinnbild. In ihr spiegelt sich, für den Helden wie für seinen Erzähler, in Brechung und Verklärung Raabes Realismusprinzip.

In *Abu Telfan* (1867) verabschiedet Raabe, nach der Auflösung der individuellen Bildungsgeschichte im *Hungerpastor*, die Möglichkeit eines glücklichen Roman- und Bildungsendes. In den Erfahrungen des aus dem Tumurkieland nach Bumsdorf heimkehrenden Helden Leonard Hagebucher kontrastieren extremste Lebenswelten. Die traditionelle Bildungsreise kippt ins Gegenteil des Erwarteten um: sie erweitert die Weltsicht des Helden so sehr, daß ein versöhnlicher Ausgang in der muffigen Provinz nicht mehr möglich ist.

Im *Schüdderump* (1869/70), dem dritten der zur sog. Stuttgarter Trilogie gehörigen Romane, geraten sämtliche strukturelle und erzählerische Vorgaben des Bildungsromans ins Wanken. Eine einheitliche Heldenfigur fehlt; vielmehr wechselt die Intensität der Darstellung von Lebensläufen durch den Erzähler dergestalt, daß mehrere Figuren abwechseln und sich überschneidend als (z.T. negative) Bildungshelden angesehen werden können (Hennig, Antonie, Häußler, Chevalier). Statt dessen avanciert, da nie klar ist, wer denn nun der »eigentliche Held« ist (RS 34) und »kein Unterschied der Personen und Sachen mehr gilt« (RS 12), der titelgebende Leichenkarren »zum Angelpunkt eines ganzen, tief und weit ausgebildeten philosophischen Systems« (RS 12). Mit diesem Karren steigt das Bild des sich unbeeinflußbar und unberechenbar drehenden Rades (so im Vorwort zur 2. Aufl. 1894: »Diese Räder lassen sich nicht aufhalten«), dem die Unmöglichkeit eines eigenverantwortlichen Bildungsweges entgegensteht (z.B. RS 253: »Seine Erziehung hatte ihn nicht fähig gemacht, einer Welt, wie sie ihm jetzt entgegenstand, mit Aussicht auf Erfolg den Kampf anzubieten«), zum unterschwelligen Steuerungsmechanismus der präsentierten Lebensläufe auf. An dieser extremen Desillusionierung aller denkbaren Bildungshoffnungen gleitet sogar der Erzähler in den absoluten Skeptizismus ab, so daß er nur noch im Irrealis und durch die Brille einer äußerst ironisch geschilderten Kontrastfigur (des Kandidaten Baumann) und nach dem Tod der Identifikationsfigur »unerforschliche Wege« registrieren kann: »Wie wäre das geworden, wenn sich mein Herr Vater ihrer Erziehung angenommen hätte – wie glücklich hätte dann ihr Leben sein können –« (RS 333). Aber selbst dieser immanente Hilferuf nach dem Gelingen eines Bildungsromans fruchtet nichts mehr; die beiden programmatischen Erzieher regredieren am Ende des Romans hinter den Bewußtseinszustand ihrer Zöglinge (RS 332: »zwei alte, alte Kinder, für die das Erdenleben kaum noch einen klaren Sinn hatte«). Dann wird Wilhelm Meisters Spiegelbild, der glücksuchende Saul, aufgerufen, aber zu einem genau gegenteiligen Ausgang geführt:

»Es sind schon manche junge Leute ausgezogen wie Saul, der Sohn Kis', um ihres Vaters Eselinnen zu suchen, und haben statt derselben ein Königreich gefunden. Allein bei weitem die meisten dieser Günstlinge der Götter erkannten im gegebenen Fall den Wert dessen, was ihnen in die Hände fiel, durchaus nicht; oder wenn ihnen vielleicht eine dumpfe Ahnung darüber aufging, so wußten sie sicherlich nichts damit anzufangen.« (RS 300f.)

Im Altersroman *Stopfkuchen* führt Raabe die Linie des bitteren parodistischen Spiels mit den überkommenen Bildungskonzepten zu einem Ende, an dessen Ausgangspunkt Jean Pauls *Titan* und Hoffmanns *Kater Murr* gestanden hatten. Der Anfang des Romans stellt die Erzählerfigur Eduard als einen »Gebildeten« (St 377) vor, der deutsche Professorengelehrtheit mit missionarischem Eifer gepaart und in Afrika erfolgreich angewandt hat, »um ein Vermögen zu machen« (St 377). Dieser Einsatz ist, wie auch der Untertitel, »eine See- und Mordgeschichte«, eine Falle für den Leser. Denn der Roman gebraucht die zu erwartenden trivialen Erzählelemente gar nicht; er hebelt statt dessen mit den solchermaßen fehlgeleiteten Erwartungshaltungen auch gleich die traditionelle Bildungsgeschichte aus.

– Die Reisestruktur des Bildungsromans wird konterkariert, indem der Bildungsheld Schaumann auf jede Bewegung im Raum verzichtet und statt dessen seine Seßhaftigkeit zum Programm kultiviert. Er sitzt einfach aus, was die herkömmlichen Bildungshelden in der Auseinandersetzung mit ihrer Außenwelt abarbeiten. An seiner Stelle erscheint der Besucher Eduard, der zwischen der alten Bildungswelt Deutschland und dem im Roman verblassenden Ideal am »Kap der Guten Hoffnung« hin- und herreist.

– Das klassische Bildungsheldentum wird, aus der Sicht des realistischen Helden Baumann, demontiert: »Wieviel mehr Heroentum unter Umständen in mir als in euch steckte« (St 444); der Erfolg gibt ihm recht.

– Die traditionellen Bildungswerte, v.a. die Schulbildung, fallen allesamt »völliger Verachtung« (St 393) anheim und werden mit Hohn übergossen: »eine höhere Klasse edelster deutscher Menschenbildung« (St 411). Die Bildung Schaumanns, die er für sich beansprucht (St 419: »Bildung steckt an, und ich bin immer ein sehr gebildeter Mensch gewesen«), ist als Auswuchs seiner Leibesfülle definiert; Schaumann hat seine »Körperveranlagung im Laufe der Jahre zur höchsten Potenz ausgebildet« (St 418). Stopfkuchens Schwäche ist seine Stärke, wenn er die Wachstumsmetaphorik des gewohnten Bildungsdenkens um 90 Grad verkehrt:

>»Wenn der Mensch mit seinen höheren Zwecken, nach dem Dichterwort, in die Höhe wachsen soll, so sollte er von Rechts wegen mit seinem zwecklosen guten Gewissen sich unangegrinst in ebendem Verhältnis ruhig in die Breite ausdehnen dürfen.« (St 434)

Stopfkuchen vermeidet, lebensgeschichtlich wie geographisch, den

Gang »ins Weite« (St 496) und geht statt dessen »ins Phantastische und Breite« (St 440). In dieser Dimension seiner Entwicklung läßt sich Fortschritt an der Ausdehnung ablesen. Der Erzähler wie der Beobachter folgen dem nicht. Für sie ist das Ende des Romans als Abschluß einer Entwicklungsgeschichte schon längst gleichgültig (St 54: »im Grunde läuft es doch auf ein und dasselbe hinaus, ob man unter der Hecke liegenbleibt und das Abenteuer der Welt an sich herankommen läßt oder ob man sich [...] hinausschicken läßt, um es draußen auf den Wassern und in den Wüsten aufzusuchen!«), das Bewußtsein *geschichtlichen* Abstands zu den alten Bildungsgeschichten ist zu stark geworden. Statt dessen reitet Stopfkuchen sein Wissenschaftsteckenpferd Paläontologie, er betreibt Urgeschichte, bei der die Entwicklung in der Zeit nach ihrem Ablauf stillgestellt ist. Die ausgegrabenen toten Knochen der Mammute und Riesenfaultiere liefern Identifikationsobjekte nur mehr durch ihre rekonstruierbare Größe, auf eine Lebensgeschichte beziehen sie sich nicht. Mit dieser desillusionierenden Sicht auf die Selbstverwirklichung des individuellen Helden hat Raabe am modernen Erzählbewußtsein teil.

7. Der Bildungsroman im 20. Jahrhundert

7.1 Zwischen Ideologie und Parodie

Während im letzten Drittel des 19. Jahrhunderts der Bildungsroman außer im trivialen Unterhaltungsroman keine Fortsetzung mehr findet, läßt sich mit dem Beginn des 20. Jahrhunderts eine merkwürdige Renaissance der Gattung beobachten. Kein Zufall scheint es dabei zu sein, daß sich zur gleichen Zeit die Durchsetzung des Bildungsroman-Begriffs in der Literaturwissenschaft durch Wilhelm Dilthey abzeichnet. Dieser Zusammenhang verweist sogleich auf die Ursachen, die um und kurz nach 1900 dem Bildungsroman zur Wiederauferstehung verhelfen:

»Aber das tiefergehende Interesse weiter Kreise an der poetischen oder schlicht biographischen Darstellung charakterlicher und seelischer Entwicklungen, der warme Anteil und der verheißungsvolle Ernst, mit dem die besten Männer und Frauen unseres Volkes die plötzlich wieder in den Vordergrund gerückten Erziehungsfragen erörtern und zu beantworten suchen, das sind frohe Anzeichen, denen bereits in unserer allerneuesten Romanliteratur manche künstlerische Tat entspricht.« (H. A. Krüger, Der neuere deutsche Bildungsroman, 1906, 271)

Die konservative Reaktion auf den Naturalismus, insbesondere und erst recht gegen die Dominanz des Zeitromans sind hier deutlich zu spüren. Das populäre Bewußtsein (»Interesse weiter Kreise«) rebelliert gegen die Vermassung, die sozialen Nivellierungstendenzen der expandierenden Industriegesellschaft und besetzt mit dem Hochhalten des Individuums tradierte, nun gefährdete Werte des Bürgertums neu. Es versteht sich, daß revolutionär gesinnte, fortschrittliche oder bloß nicht affirmative Literaturpositionen mit dem Bildungsroman nichts im Sinn haben. Die Individualitätsgläubigkeit, ja -ideologie knüpft nicht von ungefähr an die Humanitäts- und Bildungskonzeptionen des 18. Jahrhunderts angeblich nahtlos an. Nicht die problematisch gewordene Spannung des Individuums in der Wirklichkeit und des Helden im Bildungsroman, wie es dem 19. Jahrhundert namentlich seit Hegel ein permanenter Konflikt war, wird ausgetragen. Der neue Bildungsroman orientiert sich vielmehr an einem verwässerten und zugleich verkürzten *Wilhelm Meister*-Schema, bei dem Goethes Bildungsroman auf sozialen Aufstieg, privates Glück und höchstens noch ökonomischen Erfolg reduziert ist. Das dahinter verborgene Harmoniebedürfnis des Individualromans muß sich auf die Suche nach noch unverdorbenen Werten begeben, die spätestens hier zur Ideologie einer problemlos in die Gegenwart versetzbaren Vergangenheit werden und mit denen die heutige Ideologiekritik leichtes Spiel hat.

Diese Renaissance des Bildungsromans zu Beginn des Jahrhunderts reagiert auf die Herausforderungen der Moderne in doppelter Weise. Zum einen sind die Antworten restaurativ, weil sie die Bewahrung eigentlich schon verlorener Werte in einer gewandelten Zeit suchen; zum anderen sind sie kämpferisch reaktionär, indem sie aus dem Bewußtsein ihrer Überlebtheit Energien zum Widerstand gegen Vermassung und vermeintlichen Kulturverfall freisetzen. Die Stichworte heißen Einzelgängertum und verstärkte Ich-Isolierung, Zivilisationsfeindlichkeit und Geschichtsmystik. Romane wie Cäsar Flaischlens *Jost Seyfried* (1904), Gustav Frenssens *Hilligenlei* (1905) und *Jörn Uhl* (1901), Wilhelm von Polenz' *Wurzellocker* (1902), Otto Ernsts Romantrilogie um den Helden Semper Asmus (1904ff.), deren 2. Band im Untertitel ausdrücklich »ein Bildungsroman« heißt, oder Carl Hauptmanns *Einhart der Lächler* (1907), um nur die damals erfolgreichsten zu nennen, stehen am Anfang einer Traditionskette, die Zivilisationsschelte und Großstadtfeindlichkeit in die Mythen des unverdorbenen Landlebens, in Heimatkitsch und süßliche Künstlerreligiosität überführt und manchmal nahtlos in die Blut-und-Boden-Ideologie völkischer Gesinnung übergeht. Ein vernichtendes Urteil über solche Produkte ist heute schnell gefällt. Doch im Substrat solcher Literatur wurzeln auch Romane wie diejenigen Jakob Wassermanns oder Hermann Hesses, dessen *Peter Camenzind* (1904) sich noch dazu ausdrücklich in der Nachfolge des *Grünen Heinrich* ansiedelt. Schließlich gehören bedeutende Texte wie Robert Musils *Die Verwirrungen des Zöglings Törleß* (1906) und Rainer Maria Rilkes *Die Aufzeichnungen des Malte Laurids Brigge* (1910) nicht nur in dieselbe Epoche, sie beziehen sich auch wie jene minderrangigen Produkte auf die Gattung des Bildungsromans zurück, ohne freilich in ihr aufzugehen.

Während etwa Otto Julius Bierbaums *Stilpe. Ein Roman aus der Froschperspektive* (1897) sich auf die Parodie des Bildungsromans beschränkt, geht die wirkliche Moderne andere Wege. Die sog. Krise des Romans ist sprichwörtlich geworden, die Grundlagen hierzu, die Auflösung des Ich und das Ende des gewohnten Erzählenkönnens, sind bekannt. Sind nach Freuds Aufdeckung psychischer Steuerungsmechanismen selbstbestimmte Bildungsgeschichten in naivem Vertrauen auf eine Persönlichkeitsentwicklung im Zeitverlauf und eine eigenverantwortliche Lebensbewältigung noch schreibbar, wenn das Schicksal jedes einzelnen schon durch frühkindliche Traumata besiegelt ist? Zerfallen, nach Hofmannsthals bekanntem *Chandos*-Brief, nach der Diagnose der Sprachkrise, mit den Begriffen nicht auch alle gewohnten Darstellungsmöglichkeiten? Die Lust der Moderne, immer wieder erneut Bildungsgeschichten zu erzählen, wird durch solches Bewußtsein nicht getrübt, im Gegenteil. Die geschärfte Wahrnehmung der permanenten Gefährdung des Ich ermöglicht neue Formen des Individualromans, in denen Bildungsgeschichten aufscheinen. Als Gegenentwurf zur Wirklichkeit, als Geschichte der Seele, die auszieht, sich kennenzulernen, findet der moderne Roman zur Gattungsgeschichte des Bildungsromans zurück.

7.2 Thomas Mann

In den meisten Romanen Thomas Manns, so in *Königliche Hoheit* (1909), im *Felix Krull* (1911/1954), vor allem im *Zauberberg* (1924) und im *Dr. Faustus* (1947), ja mit einigem Recht sogar in der Tetralogie *Joseph und seine Brüder* (1933–43) spielen die Erzählmuster des Bildungsromans eine entscheidende Rolle. Am offensichtlichsten gilt dies wohl für *Felix Krull*. Der Titelheld des Romans durchläuft zwar einen ausdrücklichen Entwicklungsgang und scheint sich dadurch den gewöhnlichen Bildungsromanhelden zuzuordnen. Doch gewinnt Krull durch diesen Prozeß keine feste Identität, wie es das Anliegen einer Bildungsgeschichte ist, sondern erwirbt die genau gegensätzliche Fähigkeit, eine Vielzahl austauschbarer Rollen jeweils bis zur Identifikation zu verkörpern. Seine rückhaltlose Ausfüllung aller Bildungsromannormen bringt keinen vollkommenen Bildungshelden hervor, sondern einen Hochstapler!

Ausgehend von seinem *Krull* läßt sich Thomas Manns wechselnde Einstellung zum Bildungsroman an seinem sich wandelnden Verhältnis zur Thematik des Nationalen ablesen; beides geht in die Entstehungsgeschichte des *Zauberberg* ein. 1916 gilt Thomas Mann »der autobiographisch erfüllte Bildungs- und Entwicklungsroman« ganz im Sinne der Bildungsroman-Renaissance nach der Jahrhundertwende und im Geist seiner deutschnationalen Kriegsbegeisterung als »deutsch, typisch-deutsch, legitim-national«, als eine »Spielart« des Romans, der als solcher eigentlich »keine sehr deutsche Gattung« sei (Der autobiographische Roman, zuerst 1916, zit. nach: Das essayistische Werk VIII, Frankfurt 1986, 46). Noch ganz auf der

Linie seiner *Betrachtungen eines Unpolitischen* konzentriert sich Mann auf dieses Doppelgesicht des Romans, in zweifacher Weise »Gradmesser« gesellschaftlicher Entwicklungen zu sein. Auf der einen Seite steht der (für den Verfasser der *Betrachtungen* abzulehnende) Gesellschaftsroman für »Demokratie« und »Fortschritt«, »auf der anderen Seite« die »Zersetzung« des Bildungsromans als die zeitgemäße Art (seines) deutsch-konservativen Umgangs mit der Gattung. Thomas Mann fährt fort:

»Welches war denn aber von jeher das Mittel und Werkzeug aller Zersetzung? Es war der Intellekt. Und welches war immer die Kunstform, in die der Instinktwille zu intellektualistischer Zersetzung sich mit Vorliebe, ja mit Notwendigkeit kleidet? Es war immer die Parodie. Der deutsche Bildungs- und Entwicklungsroman, parodiert und der Schadenfreude des Fortschritts ausgesetzt als Autobiographie eines Hochstaplers und Hoteldiebes –, das wäre dann also der melancholisch-politische Zusammenhang, in den ich dies Buch zu stellen hätte?« (ebd. 46f.)

Obwohl diese Äußerung vorerst nur zum Verständnis des *Felix Krull* formuliert worden war, zieht sie sich doch als unsichtbarer Faden in die Entstehungsgeschichte des *Zauberberg* hinüber. Im Verlauf dieser Arbeit und parallel zur Wandlung seiner politischen Einstellung erlebt Thomas Mann, daß diese seine reaktionäre Zersetzungsvariante der Romanform ihm selbst »nicht mehr zeitgemäß« erscheint (Tagebuch vom 14.1.1919). Erst indem er »das Ganze als ›Geschichte aus der alten Zeit‹«, als »veraltet« und »historisch, lange bevor sie fertig« empfindet (Tagebuch vom 12.4.1919), kann er auch seinen von den Zeitläuften eingeholten Roman in der Tradition des Bildungsromans lesen, bei dem der Held am Ende alle Stationen und »Komponenten« »erziehlich durchkostet« habe (Tagebuch vom 17.4.1919). Nach der ersten Phase, dem Versuch der »Zersetzung« der Gattungstradition durch die »Parodie«, gelangt Mann also in eine zweite, bei der es ihm, nicht ohne Beihilfe der allmählich beginnenden Selbststilisierung am Vorbild Goethes, gelingt, den *Zauberberg* als Bildungsroman zu verstehen – man beachte allerdings die Einschränkung (»auf seine parodistische Art«):

»Abends bei der Lektüre von Bielschowsky's Kapitel über Goethe als Naturforscher wurden mir Sinn und Idee des Zgb recht klar. Er ist, wie der Hochst., auf seine parodistische Art ein humanistisch-goethescher Bildungsroman, und H. C. besitzt sogar Züge von W. Meister, wie mein Verhältnis zu ihm dem Goethe's zu seinem Helden ähnelt, den er mit zärtlicher Rührung einen ›armen Hund‹ nennt.« (Tagebuch vom 19.6.1921)

Die dritte Phase im Umgang mit dem Bildungsroman ist schließlich durch den Princeton-Vortrag von 1939 bezeichnet, in dem Thomas

Mann seinen *Zauberberg* nachträglich zum vollgültigen Bildungsroman uminterpretiert und mit ihm eine Erneuerung der gesamten Gattung proklamiert. Mehrere markante Umdeutungen sind jedoch dabei zu berücksichtigen:

– Wie schon 1916 arbeitet Thomas Mann mit einer eigenwilligen Begrifflichkeit. Er definiert die Gattung nicht durch den Begriff der Entwicklung, sondern den der »Steigerung«, so daß Bildungsroman und »Zeitroman«, dieser sogar »in doppeltem Sinn« als historischer Roman wie als Metaroman über das Romanschreiben (»Das Buch ist selbst das, wovon es erzählt«), zusammenfallen können (zit. nach: Das essayistische Werk II, 334). So vertritt Manns Begriff des Bildungsromans eine historisch offene Romanform:

»Und was ist denn wirklich der deutsche Bildungsroman, zu dessen Typ der ›Wilhelm Meister‹ sowohl wie der ›Zauberberg‹ gehören, anderes als die Sublimierung und Vergeistigung des Abenteuerromans?« (ebd. 337)

– Der Bildungsheld erhält, wie im »Vorsatz« des Romans angedeutet, eine veränderte Stellung innerhalb der Sinnstruktur. Er wird noch mehr als die traditionellen Bildungsromanhelden zur Vehikelfigur mit einer auffallenden Charakterblässe. Hans Castorp ist »ein simpler Held«; er »erfährt« als »Stoff« den Prozeß der Steigerung (ebd. 334), statt daß er einen selbstverantworteten und beeinflußbaren Entwicklungsgang durchlebt. Im Princeton-Vortrag macht Mann wiederholt darauf aufmerksam, inwiefern der Held nur eine Funktion für die Darstellung übergreifender Prozesse abgibt: »Seine Geschichte ist die Geschichte einer Steigerung, aber sie ist Steigerung auch in sich selbst, als Geschichte und Erzählung.« (ebd.) Eigenwert und Eigendynamik des Romans über den Helden hinaus und gegen ihn – »jenes Höchste, wonach nicht nur der tumbe Held, sondern das Buch selbst auf der Suche ist« (ebd. 338) – finden ihre Entsprechung in der bekannten Forderung des Autors, seinen Roman »zweimal« zu lesen (ebd. 333).

– Thomas Mann hat die »Zersetzung« durch »Parodie« bis an die Grenze der Zurücknahme modifiziert, daher muß die ironische Reserve seiner Äußerungen beachtet werden. Zum einen verwendet er alle Termini im Umfeld des Bildungsromans mit Distanz, etwa durch die Benutzung von Anführungszeichen (ebd. 337: »Hans Castorp, der ›Bildungsreisende‹«), oder relativiert sie durch den ausdrücklichen Hinweis, daß die Deutung des *Zauberberg* als Bildungsroman gar nicht von ihm stamme, sondern von einem »jungen Gelehrten der Harvard University« (ebd. 336). Auch wenn Mann mit dessen Deutung sympathisiert (ebd. 337: »ein sehr hübscher und gescheiter Kommentar«), so nicht ganz ohne spielerischen Vorbehalt: »erklärt der Verfasser – und erklärt er es nicht mir Recht?« Deshalb darf man auch die von Mann selbst als Bildungseinsicht des Helden ausgestreute »Lösung« des »Schnee«-Kapitels *nicht* so einfach als Endziel des Romans betrachten, sondern nur als »Idee«, als »Traumgedicht«, wenn man den *Zauberberg* wie gefordert »unter diesem Gesichtspunkt« liest (ebd. 338)!

– Thomas Mann betont 1939 die Historizität der Gattung stärker als 1916. Damals hatte er versucht, durch »Parodie« und »Zersetzung« die veraltete Gattung modernisieren und für die Gegenwart retten zu können. Jetzt erkennt er, v.a. durch die Auseinandersetzung mit dem Begriff der Zeit, daß nicht nur die beschriebene Romanwelt, sondern auch die Gattung selbst ein überholtes Phänomen der »kapitalistischen Wirtschaftsform« ist: »Der *Zauberberg* ist zum Schwanengesang dieser Existenzform geworden« (ebd. 329).

Der Roman selbst verifiziert diese theoretischen Positionen.

1. Der »Vorsatz« thematisiert nicht nur die Problematik des modernen Erzählens, sondern definiert auch den Helden durch seine »Geschichte«. Diese ist »in hohem Grade erzählenswert«; an den Helden muß umgekehrt »erinnert werden«, daß dies seine Geschichte ist (Z 5). Dem am herkömmlichen Roman orientierten Begriff der »Geschichte« und deshalb ihrer »hochgradigen Verflossenheit« steht ein neuer Begriff des Erzählens gegenüber, wie er im 7. Kapitel ausgefaltet wird, der Versuch, ohne eine Geschichte zu erzählen: »Kann man die Zeit erzählen, diese selbst, als solche, an und für sich? (Z 570) – »das könnte gesunden Sinnes wohl niemand eine Erzählung nennen« (ebd.), um dann sogleich »zu gestehen, daß wir mit laufender Geschichte wirklich dergleichen vorhaben.« (Z 571)

2. Am Ende des »Schnee«-Kapitels (Z 523) scheint der *Zauberberg* eine Bildungseinsicht des Helden zu präsentieren, als Lebensmaxime und Quintessenz des Romans sogar graphisch hervorgehoben und als Sentenz formuliert, noch dazu von Thomas Mann in seinem Princenton-Vortrag ausdrücklich bestätigt. Doch sind etliche Vorbehalte angebracht. Zum einen ist zu bedenken, daß der Held das Schnee-Erlebnis in einem Zustand hat, bei dem sein Bewußtsein deutlich herabgesetzt ist. Sowohl die Erschöpfung der ungewohnten Anstrengung, die ihn in eine »Mischung aus Müdigkeit und Aufregung«, von »Trunkenheit und Exzitation« (Z 510) fallen läßt, als auch das wiederholte Trinken von Portwein (Z 514) sorgen für einen tranceartigen Zustand. Zum zweiten bleiben Hans Castorps Einsichten durchweg auf der Ebene des Traums. Dieser Traum wird durch die verdrehte Schräglage des Schutzsuchenden nicht nur ausgelöst; diese Position, »schräg angelehnt« zu stehen (Z 513), bestimmt auch die Trauminhalte der südlichen Szenerie, was im

Detail zu zeigen wäre (vgl. Z 518: »Sie lagen bäuchlings«; »in schrägem Sitz«; »Man lehnte in Felsennischen« usw.). Gleiches gilt für die umfängliche Sonnenmetaphorik bei der Schilderung der »Sonnenleute« (Z 519), die ihre Vorprägung im auffälligen Lichterlebnis des Schneeabenteuers hat (Z 504). Drittens ist der Wechsel vom Bilder- zum Gedankentraum (»nicht mehr in Bildern, sondern gedankenweise«) zu erwähnen, vom Erzähler übrigens als beidemale »gewagt und kraus« charakterisiert (Z 521), beides vom Helden als »Traumgedicht« bezeichnet (Z 523). Viertens bestehen Castorps Einsichten, auch die kursiv gedruckte Universalerkenntnis gehört dazu, durchweg aus Wunschvorstellungen oder Vorsätzen (Z 523: »ich will«). Zuletzt relativiert das Ende des Kapitels die Wirkung solcher angeblicher Einsichten bis zu ihrer Nichtigkeit: »Was er geträumt, war im Verbleichen begriffen. Was er gedacht, verstand er schon diesen Abend nicht mehr so recht.« (Z 525) Die Einsichten des »Schnee«-Kapitels lassen sich daher keineswegs als Essenz des *Zauberberg* oder gar als ein formuliertes Bildungsziel des Helden verstehen, sondern allerhöchstens als einen Wendepunkt auf diesem Weg. Und in der Tat kehrt sich der Roman in seiner Struktur (mit den Erzählintentionen des folgenden »Siebenten Kapitels«) und in seiner Handlung von der Redepädagogik der beiden Erzieher ab und wendet sich dem Auftritt der »Persönlichkeit« Peeperkorn zu.

3. Am Ende des Romans überholt die Wirklichkeit des Weltkriegs den Helden und jedes denkbare Bildungsziel. Der Held geht dem Erzähler verloren, was diesen »ziemlich unbekümmert« läßt (Z 757); die Geschichte dominiert über ihn: »Wir haben sie erzählt um ihretwillen, nicht deinethalben«. Die Person des Helden, deren biologische Auslöschung ansteht, wird auf Eigenschaften reduziert, die gesteigert werden konnten. So erfüllt der *Zauberberg* in mehrfacher Weise seinen programmatischen Anspruch, einen Bildungsroman erzählen zu können, bei dem die Bildungsgeschichte des Helden nicht im Mittelpunkt steht.

7.3 Robert Musil

In dieser Tendenz, die Bildungsgeschichte eines Helden zugunsten anderer Bildungsdiskurse des Romans zurückzustellen, mithin eher am Bildungsprozeß des Lesers interessiert zu sein, berührt sich *Der Zauberberg* am stärksten mit Robert Musils Monumentalroman *Der Mann ohne Eigenschaften* (1930/33). In seinen nachgelassenen Aphorismen hat Musil den historischen Formen des Bildungsromans, namentlich Goethes *Wilhelm Meister* normbildende Kraft und der im Roman darzustellenden Bildung einen weiten Umfang gegeben: »In diesem Sinne ist jeder namhafte Roman ein Bildungsroman.« (Gesammelte Werke VII. Hrsg. v. Adolf Frisé. Reinbek 1978, 830). Und er fährt fort, mit Bezug auf Mißverständnisse um seinen *Törleß*: »Der Bildungsroman einer Person, das ist ein Typus des Romans. Der Bildungsroman einer Idee, das ist der Roman schlechtweg.« (ebd. 831)

Als ein solcher Bildungsroman einer Idee kann der *Mann ohne Eigenschaften* insofern angesehen werden, als er schon im Titel den herkömmlichen Individualroman wie auch die Lesererwartungen hinsichtlich einer vollständig charakterisierten und charakterisierbaren Heldenfigur ins Leere laufen läßt. Der Anfang des Romans ist oftmals als Muster modernen Erzählbewußtseins und einer relativierenden Wirklichkeitsperspektive interpretiert worden. Hier haben Bildungsvorstellungen traditioneller Art keinen Ort. Im *Mann ohne Eigenschaften* erscheint der Begriff der Bildung in Zuschreibungen von »Besitz und Bildung«, identisch mit »wahrer Vornehmheit«, »Kultur« oder »ein Amt im Staate« (ME 101), jedoch immer aus der Perspektive von Figuren, deren Einsichtstiefe mehr als fraglich ist. In Verbindung mit dem Besitz gilt Bildung dem politisch dominierenden deutschen Element Kakaniens als Garant für eine traditionsorientierte Rangordnung: »Das ist der sogenannte Takt, dazu gehört ein bevorzugter Stand, zu dem die Bildung aufblickt, ein Bildungsvorbild, kurz, wenn ich so sagen darf, ein Adel.« (ME 846) Noch schlimmer fallen die Verdikte über das »Genie« aus (ME 1259: »Das ist nicht nur einer, der großen Erfolg hat, sondern er muß seine Sache gewissermaßen auch verkehrt anfangen!«). Ein »geniales Rennpferd« (ME 44) erfüllt die populären Erwartungen viel besser.

Als Verkörperung solcher Bildungsvorstellungen im Roman tritt nicht etwa der Protagonist auf, sondern die imponierende Gestalt Arnheims, »ein Mann großen Formats« (ME 190), der alle idealen Eigenschaften in sich vereinigt. Doch entblättert der Roman Arnheim als eine Art Konzentration des Zeitgeists und letztlich als die Karikatur einer Bildungsfigur. Ulrich hingegen, der Mann ohne Eigenschaften, erstrebt keinen herkömmlichen Bildungsweg mehr; doch er unternimmt (drei) Versuche, »ein bedeutender Mann zu werden« (ME 35ff.). Was Ulrich an der Verwirklichung hindert, sind zum einen fehlende verbindliche Zielvorgaben, »daß er weder wußte, wie man einer wird, noch was ein bedeutender Mensch ist« (ME 35), zum anderen das Bewußtsein von der Auflösung des Persönlichkeitsbegriffs (»Man ist früher mit besserem Gewissen Person gewesen als heute«), wodurch »die Verantwortung ihren

Schwerpunkt nicht im Menschen, sondern in den Sachzusammenhängen« habe (ME 150). Am deutlichsten kristallisiert sich Ulrichs Menschenbild, das seinen Bildungsbegriff umschließt, in einer »Geschichte«, die er selbst erzählt und die nicht zufällig Clarisse verbreitet:

»Wenn man das Wesen von tausend Menschen zerlegt, so stößt man auf zwei Dutzend Eigenschaften, Empfindungen, Ablaufarten, Aufbauformen und so weiter, aus denen sie alle bestehn. Und wenn man unseren Leib zerlegt, so findet man nur Wasser und einige Dutzend Stöffhäufchen, die darauf herumschwimmen. Das Wasser steigt in uns genau so wie in die Bäume, und es bildet die Tierleiber, wie es die Wolken bildet. Ich finde das hübsch. Man weiß dann bloß nicht recht, was man zu sich sagen soll. Und was man tun soll.« (ME 66)

In seinen einleitenden Reflexionen hatte der Erzähler das Problem Ulrichs, »den Aufbau seiner Persönlichkeit« gestalten zu wollen (ME 20), dabei jedoch an sich zu erfahren, »daß er sich eines Tages als ein Mann ohne Eigenschaften vorkommt« (ME 18), als »keineswegs eine sehr eindeutige Angelegenheit« (ME 17) aus der Selbstbildungsperspektive des Helden herausgeschnitten. Ulrichs Versuch seiner Zimmergestaltung wird als Modellfall ironisiert und verfremdet. Dabei ist es kennzeichnend, wie Ulrich mit seiner »schöpferischen Anlage« (ME 16) bei seinem »Sinn für die mögliche Wirklichkeit« mit einer solchen Gestaltung (ME 17) umgeht. Er bedenkt seine »bekannte Zusammenhanglosigkeit der Einfälle und ihre Ausbreitung ohne Mittelpunkt« nach dem ererbten Motto: »Wer sich erfüllen kann, was er mag, weiß bald nicht mehr, was er wünschen soll« und erfährt sich »in seinen Möglichkeiten, Plänen und Gefühlen« »eingeengt« (ME 20); die tatsächliche Entscheidung trifft dann ein praktisches »Genie«:

»Nun, der Mann ohne Eigenschaften, der in seine Heimat zurückgekehrt war, tat auch den zweiten Schritt, um sich von außen, durch die Lebensumstände bilden zu lassen, er überließ an diesem Punkt seiner Überlegungen die Einrichtung seines Hauses einfach dem Genie seiner Lieferanten.« (ME 21)

Ulrich fragt kopfschüttelnd: »dies ist also das Leben, das meines werden soll?« (ME 21)

Dieser »Möglichkeitssinn« seines Helden (ME 16), der diesen zur Tatenlosigkeit verurteilt, während der Erzähler ihn zum Ausgangspunkt von dessen besonderer Eigenschaftslosigkeit erhebt, definiert auch den Bruch des *Mann ohne Eigenschaften* mit dem traditionellen Bildungsroman. Über den reflektierten Bedeutungsverlust des Individuums hinausgehend thematisiert der Roman Bildungsdiskurse, die nicht mehr an die Bildungsgeschichte einer Person gebunden sein müssen. In seinem Spiel-, Reflexions-, Diskussions- und Theoriecharakter ist der *Mann ohne Eigenschaften* tatsächlich der »Bildungsroman einer Idee«, der Gegenroman zum Bildungsroman, dessen Strukturtyp er aufgreift, und mit einem Sinn für »wirkliche Möglichkeiten« verwandelt: »Er will gleichsam den Wald, und der andere die Bäume; und Wald, das ist etwas schwer Ausdrückbares, wogegen Bäume soundsoviel Festmeter bestimmter Qualität bedeuten.« (ME 17)

7.4 Der sozialistische Bildungsroman

Der Begriff des sozialistischen Bildungsromans ist eine begriffliche Mogelpackung, weil dem Terminus ein bürgerlicher Bildungsbegriff zugrundeliegt, der nach sozialistischen Vorstellungen als längst überwunden angesehen werden muß; als Romantyp beschreibt er einen späten, jedoch zum Absterben verurteilten Ast am Baum der Gattungsgeschichte. In den Romanen dieses Typs, von Arnold Zweigs *Erziehung vor Verdun* (1935) bis etwa Erwin Strittmatters *Ole Bienkopp* (1963), ist das Bildungsziel, die Einordnung des Einzelnen in die Gesellschaft, normativ vorgegeben und kaum problematisierbar. Selbst der Weg dieser Einpassung in die entwickelte sozialistische Gesellschaft oder die Vorbereitung einer solchen folgt erzählerischen Strukturen, die auf die Darstellung eines optimistischen Menschenbilds zielen. (Daß die jüngste Bildungsroman-Monographie Mayers den sozialistischen Bildungsroman so ausführlich und als Abschlußkapitel behandelt, hängt mit dessen Bildungsroman-Begriff zusammen, den der sozialistische Bildungsroman ziemlich genau erfüllt.)

Den Anfang dieser Linie bildet Johann R. Bechers 1940 im Moskauer Exil veröffentlichter Roman *Abschied*, die autobiographische Abrechnung mit seiner bürgerlichen Herkunft. Bechers Roman kann auch stellvertretend für die gesamte Serie stehen, weil er für die Gattung das bedeutet, was *Wilhelm Meister* für die Gattungsgeschichte des 19. Jahrhunderts darstellt: Maßstab und unerreichbares Vorbild zugleich, nicht zum wenigsten legitimiert durch die repräsentative Gestalt seines Autors. Doch liegt die fraglose Qualität von Bechers bis heute unterschätztem Roman auch darin begründet, daß der Erzähler sich auf kaum verhüllte autobiographische Erlebnisse stützt, damit real durchsättigte, aber eben innerlich abgeworfene Vergangenheit und keine drögen Zukunftsvisionen darstellt. Der Held Hans Gastl wächst in nach außen hin gutbürgerlichen Lebensverhältnissen auf. Für sich erlebt er jedoch seine Jugend zwischen Jahrhundertwende und Erstem Weltkrieg als rigide Erziehungsdiktatur von Familie, Staat und Schule. Letztere soll die gewalttätig-autoritäre Sozialisation unterstützen, die den Helden in eine von anderen vorgeschriebene Bildungslaufbahn zwingen soll:

»Das Wilhelms-Gymnasium galt, da es von den königlichen Pagen besucht wurde, als das vornehmste Gymnasiums Münchens. Der Vater entschied sich, mich in dieses Gymnasium zu tun, ja: »tun« sagte er, damit ich mir die schlechten Manieren abgewöhne und lerne, mich beizeiten in guter Gesellschaft zu bewegen.« (Ab 140)

Daneben und in ausdrücklichem Gegensatz dazu durchläuft Gastl eine andere Art von Bildungsgeschichte, die von Kräften und Instanzen einer Gegenkultur gespeist wird: Vertreter der Dienstboten, der Unterschichten und des Proletariats, soziale und religiöse Außenseiter, erste erotische Erfahrungen. An diesen verbotenen Erlebnissen – auch die Erfahrung des Todes und des Selbstmord gehört dazu – bildet sich Hans Gastl zum Dichter, der nicht nur Lyrik produziert, sondern seine Lebensgeschichte als ein anderer »Hans im Glück« in die Utopie der Verweigerung und des Widerstands gegen erwartete Erziehungsziele umschreibt, so daß eine neue Form einer Bildungsgeschichte entsteht:

»Hans im Glück, aus bester Familie stammend, wurde durch ›eine erstklassige Erziehung‹ dazu angehalten, sein Glück zu machen. Das Glück bestand darin, ein nützliches Glied der menschlichen Gesellschaft zu werden, indem man die dazu notwendigen Prüfungen bestand und eine geachtete und gesicherte Staatsstellung erreichte, mit Pensionsberechtigung. Hans im Glück aber sträubte sich hartnäckig, diesen Glücksweg einzuschlagen. [...] Das wahre Glück aber lag für Hans im Glück in einer ganz anderen Richtung als in der, wohin ihn die staatlichen Glücksbeamten wiesen. Heimlich zog Hans im Glück, ›das Glückskind‹, aus, verfolgt von den Glückshütern, die er auf alle mögliche Weise irreführte, und auf abenteuerlichen Fluchten wußte er den Glücksräubern stets zu entkommen.« (Ab 20)

Doch diese phantasierte Selbstfindung des Helden bleibt ihm und dem Roman »zu unbestimmt«, auf »Fortsetzung folgt« angelegt (Ab 220); das zur Realität hin offene Ende enthebt den Roman der Einlösung seiner im Grunde nur aus der Negation des Bestehenden konzipierten Leitlinie für die Zukunft. Es bleibt fixiert auf das den Roman betitelnde »Abschiednehmen« (Ab 5) und der nicht eingehaltenen guten Vorsätze des Anderswerdens (Ab 12). So zeigt *Abschied* die Entwicklung eines sich der Sozialisation des späten Kaiserreichs verweigernden Bürgersöhnchens zum hoffnungsfrohen avantgardistischen Schriftsteller, dessen weiterer Lebensweg am

Ende des Romans offen bleibt (und dadurch, auch wegen der stark autobiographischen Bindung, an Moritz' *Anton Reiser* erinnert, daß nämlich die Weiterführung der Bildungsgeschichte im realen Leben des Autors stattfindet).

Die Fortsetzer des sozialistischen Bildungsromans haben sich bemüßigt gefühlt, solche gegenbürgerlichen Bildungsgeschichten bis in die Zeit des real existierenden Sozialismus fortzuführen und damit den Bildungsroman der Gesellschaftskonzeption der DDR mehr oder minder kritisch anzupassen. So ist es für Dieter Nolls Romantrilogie *Die Abenteuer des Werner Holt* (1960–64), die Bechers Spuren am ehesten ausfüllen konnte, symptomatisch, daß der dritte Band, der die Integration des Helden in die sich aufbauende DDR zeigen sollte, nie erschienen ist. Spätere Vertreter dieses Romangenres suchten genau dieses Leben sozialistischer Persönlichkeiten darzustellen, man denke an Hermann Kants *Die Aula* (1964) und *Der Aufenthalt* (1979) oder Brigitte Reimanns unvollendet gebliebenen, postum erschienenen Roman *Franziska Linkerhand* (1974).

7.5 Spuren des Bildungsromans in der Gegenwart

Einen nicht-sozialistischen deutschen Bildungsroman der Gegenwart gibt es nicht, weder im Anspruch eines Autors, einen solchen zu verfassen, noch in einer sinnvollen Zuschreibung durch die Gattungsgeschichte. Längst ist der überlieferte Bildungsbegriff als Ideologie entlarvt, lächerlich oder peinlich geworden, als daß sich ein heutiger Roman ernsthaft seiner mehr bedienen dürfte.

»Der Bildungsroman dagegen weicht von der Grundstruktur des Romans in gar keiner Weise ab. Indem er den gesellschaftlichen Lebensprozeß in der Entwicklung einer Person integriert, läßt er den ihn bestimmenden Ordnungen die denkbar brüchigste Rechtfertigung angedeihen. Ihre Legitimierung steht windschief zu ihrer Wirklichkeit. Das Unzulängliche wird gerade im Bildungsroman Ereignis.« (Walter Benjamin 1936, in: W. B.: Illuminationen. Frankfurt 1961 [= Ausgewählte Schriften 1], 409–436).

Walter Benjamin, der 1936 den Bildungsroman so beschrieb, aber erst in den 60er Jahren von der Literaturwissenschaft systematisch rezipiert wurde, betonte bei der seit Hegel herausgestellten Spannung zwischen Umwelt und Heldensubjekt die Verinnerlichung gesellschaftlicher Legitimationsprozesse und ihre brüchige Abwicklung innerhalb der erzählten Heldenfiguren. Der Bildungsroman, so verstanden, machte dann gerade das Windschiefe seines Verhältnisses zur Realität und das »Unzulängliche« seiner Existenz zu seinem zentralen Thema. Tatsächlich ist damit eine brauchbare Erfassungsmarke für diejenigen Romane der Gegenwart gegeben, die sinnvoll auch aus der Tradition des Bildungsromans gelesen werden können. Solche Auseinandersetzungen vollziehen sich z.T. in doppelter Brechung, indem man die zentralen Gegenstände des Bildungsromans bis zur Identitätssuche ausweitete und damit auch Texte wie Max Frischs *Stiller* (1954) oder Peter Weiss' *Abschied von den Eltern* (1961) für die Gattung reklamieren konnte, weil in ihnen, zumeist nur punktuell, die verwischten Spuren einer erzählten Bildungsgeschichte aufscheinen.

7.5.1 Günter Grass: »Die Blechtrommel« (1959)

Seit Hans Magnus Enzensberger *Die Blechtrommel* als »Wilhelm Meister, auf Blech getrommelt« bezeichnet und den Roman damit für die Verlängerung der Gattungsgeschichte bis in die Gegenwart reklamiert hatte, wird Günter Grass' Erfolgsroman als Bildungsroman gelesen, wie übrigens auch seine *Hundejahre* (1963), die schon im Titel *Wilhelm Meisters Lehrjahre* parodistisch zitieren. *Die Blechtrommel* läßt sich wegen ihrer zweifellosen, jedoch verzerrenden Bezugnahmen auf das Gattungsmodell weniger als »Antibildungsroman« (so Mayer 330ff.) denn als Travestie des Bildungsromans lesen. Durch diese Verzerrungen der Heldenfigur und aller Strukturen des Bildungsromans entsteht eine groteske Bildungsgeschichte, die eigentlich keine sein will, und ein Held, den es eigentlich gar nicht mehr gibt (B 9: »Es gibt keine Romanhelden mehr«), den es aber dann sogar doppelt gibt (»Wir beide sind Helden«), weil diese zweite Figur als Fädenknüpfer mit seiner »Nacherzählung« (B 516) wie ein zweiter Erzähler an der Struktur des Romans mitarbeitet. Daraus erwächst eine Erzählsituation von äußerster Fragwürdigkeit hinsichtlich eines erfolgreichen Lebenslaufes, wenn der Ich-Erzähler gleich zu Beginn bekennt: »Zugegeben: ich bin Insasse einer Heil- und Pflegeanstalt« (B 6). Aber auch mit anderen Mustern der Gattung wird gespielt, etwa mit der traditionellen Allwissenheit des Erzählers, hier durch die Figur des Hospitalisierten noch gesteigert, der dem verblüfften Zuhörer mehrere, gleichrangige und gleichzeitig relativierende Fabelschlüsse (B 34: »alles ist Unsinn«) auftischen kann.

Insofern kann es kaum erstaunen, daß der auf der körperlichen Entwicklungsstufe eines Dreijährigen stehengebliebene Oskar Mazerath die Parodie eines Bildungsgangs durchläuft, allerdings eines, bei dem die »geistige Entwicklung schon bei der Geburt abgeschlossen ist und sich fortan nur noch bestätigen muß« (B 46). Der übliche Bildungsweg über die Schule scheitert dagegen; statt dessen ›bildet‹ sich Oskar als Autodidakt jenseits der eingefahrenen Wege zum »schlauen Unwissenden« (B 300) mit überkritischem Selbstbewußtsein, als habe er einen Bildungsprozeß erfolgreich durchlaufen (B 376: »ich bildete mich selbst und kam zu eigenem Urteil«; »In welch begrenzter Welt mußte sich der junge Mensch heranbilden!«). Er absolviert sogar eine Art Bildungsreise, wenn man die Truppenbetreuung in Frankreich als eine solche ansehen will. Anschließend zelebriert er für die »Gebildeten« unter seinen Lesern ein Spiel mit den Mythen: bei seiner »Heimkehr« inszeniert sich der Held als »modernen Odysseus« und als »der biblische verlorene Sohn« (B 425). Seinen Auftritt bei den Artisten in »Zirkusluft« (B 131) mag man als Parodie der Theatererlebnisse Wilhelms Meisters lesen, desgleichen wenn ein »Abgesandter« seines theatralischen Lehrmeisters auftaucht (B 137). Eine Vielzahl von Anspielungen verweisen auf das travestierte Vorbild der *Lehrjahre*: statt des Sohnes Felix und Mignons jetzt »die Akrobaten Felix und Kitty« (B 399); der Wunsch, Arzt zu werden und einen »Dr. Werner« [!] in der Gunst einer Krankenschwester auszustechen (B 599); oder am Vorabend der Währungsreform zwischen den Alternativen zu schwanken, »einen guten Bürger« abzugeben oder sich »der Kunst anheim« zu stellen (B 566). Wilhelm Meisters sprichwörtlich gewordene »Wallfahrt nach dem Adelsdiplom« endet als prosaische Kontrafaktur des Goetheschen Lehrbriefübergabe in einem »Arbeitsvertrag« (B 686) des Schlagzeugers Oskar, der sein Blechtrommeln »in das pure, klingende Gold der Nachkriegszeit zu verwandeln« hat (B 681). Am Ende eines solchen Bildungswegs ist der Held »inzwischen reifer, älter geworden« (B 726) und reflektiert, freilich aus dem Blickwinkel eines Anstaltsinsassen, »all die Möglichkeiten, die sich heutzutage einem Dreißigjährigen bieten« (B 729).

Des überdeutlichen Hinweises des Erzähler-Ichs auf die eng geführte Parallele zur Bildungstradition bedürfte es nicht: »Mir ging ein Satzgebilde durch den Kopf, das ich bei Goethe gelesen hatte« (B 486). Denn gleichsam leitmotivisch durchzieht den Roman ein Bildungserlebnis, im »Doppelgriff« »zuerst den Rasputin und dann den Goethe«, den »Gesundbeter« und den »Alleswisser« sich einzuverleiben und zu literarischen Leitfiguren seines Lebens zu machen (B 102). Als ein zweiter Kater Murr zerlegt Oskar die Bände *Rasputin und die Frauen* und Goethes *Wahlverwandtschaften* und mischt sie zur unkonventionellen Bildungslektüre, zu seinem Leib- und Magenbuch zusammen (B 105f.). Daß Mazeraths Leben und sein Werk »also ein zerstörerisches« (B 146) sei und sein müsse, daß »Rasputin und Goethe in einem Band« (B 396), vom Helden als das Kernstück seines »Bildungsgutes« (B 399) erkannt, nicht harmonieren können, beweist der Roman. Dieses Spannungsverhältnis (B 508: »Die Extremisten um Rasputin, die Kräfte der Ordnung um Goethe«) bestimmt freilich nicht nur den Lebensweg des Helden. Auch der Wärter Bruno, zweite Instanz der Erzählstrategie als Knotenknüpfer, scheitert noch nachträglich an der Zusammenbindung der Extreme:

»ich denke da besonders an jenen Auftrag, den mir mein Patient vor Monaten gab, der da hieß, ich möchte aus schlichtem Bindfaden den russischen Gesundbeter Rasputin und den deutschen Dichterfürsten Goethe zu einer einzigen Person knüpfen, die dann, auf Verlangen meines Patienten, eine übersteigerte Ähnlichkeit mit ihm, dem Auftraggeber haben sollte.« (B 522)

Aber die *Blechtrommel* folgt neben dieser parodistischen Linie des Bildungsromans noch anderen Modellen zur Sinngebung seiner Heldengeschichte. So definiert der Gegensatz des »verwachsenen« Oskar, der ein »erwachsenes Leben« zu führen gedenkt (B 529) über das Sprachspiel hinaus die verzerrte Selbststeuerung des Individuums und seine freie Willensentscheidung. Denn gerade die körperliche, willentlich unterdrückte Entwicklung erlaubt die Travestie einer am herkömmlichen Bildungsgang angelegten Lebenslinie. Ähnliches gilt für die durch Verweigerung und Negation gekennzeichneten Äußerungsformen des Helden, etwa seine »Fähigkeit, mittels einer Kinderblechtrommel zwischen mir und den Erwachsenen eine notwendige Distanz ertrommeln zu können« (B 68) oder sein Zersingen von Glas als die extremisierte Perversion einer Kunstäußerung. Daher richtet sich dieser Held auch nicht wie andere Bildungsromanprotagonisten an der Märchenfigur des »Hans im Glück« aus; Oskar wählte sinniger- und »verständlicherweise« ein anderes Identifikationsmuster: »das Märchen vom Däumling« (B 125).

So erscheint es denn symptomatisch, daß für die Struktur der *Blechtrommel* in ihrer Bezüglichkeit auf den Bildungsroman nicht allein die episch-erzählerische Chronologie eines Bildungs*gangs* die Leitlinie abgibt. In präzisem, jedoch anders konturiertem Verweis auf die Bildungsproblematik liefert die Metaphorik des *Bildes* ein alternatives Ordnungs- und Erzählmodell. In seiner ersten Selbstbeschreibung beginnt Oskar mit Säuglingsschnappschüssen; diese »bilden insgesamt nur die Vorstufe zu jenem ganzfigürlichem Portrait« (B 63), um das es eigentlich geht. Dieser »ersten fotografischen

Abbildung«, den Helden als »Dotter versinnbildlichend« (B 61), entspricht die zukünftige Entwicklung Oskars genau gegenläufig, nämlich äußerlich »so zu verbleiben«, während »etwas im Wachsen sei«, daß er »innerlich und äußerlich vollkommen fertig war, während jene noch bis ins Greisenalter von Entwicklung faseln mußten«! (B 64). Hier erscheint ein anderer Bildungsprozeß des Helden rekonstruierbar, nämlich in der Denkfigur des Fotoalbums, vom Helden ausdrücklich als »Bildungsbuch« (B 543) bezeichnet und nicht nur seinem Leben parallel gesetzt, sondern auch dem Erzählvorgang unterlegt: »welcher Roman hätte die epische Breite eines Fotoalbums?« (B 50) Die Parallelen zwischen erzählter Lebensgeschichte und Bild sind offensichtlich, beide müssen »entwickelt« werden (Bl 51). Doch als *Bilderfolge* kann das Fotoalbum eine Leitlinie vorgeben, in der die traditionelle erzählerische Chronologie mit der Simultaneität der einzelnen Bildeindrücke verknüpft sind. Im Fotoalbum gelingt, was dem linearen Bindfadenknüpfer versagt ist.

Grass' *Blechtrommel* als strukturkonservierende, wenn auch travertierte Anknüpfung an den Bildungsroman ist in der neueren Literatur ohne Nachfolge geblieben. Hingegen fand das lebengeschichtlich angelegte Sturkturmodell des Bildungsromans seine Fortführung, wenn es galt, gesellschaftliche Erscheinungen in einem Einzelschicksal sich brechen zu lassen. Hermann Kinders *Der Schleiftrog* (1977) war im ursprünglichen Untertitel als »Bildungsroman« ausgewiesen; der Roman erzählt, wie der Titel schon ankündigt, die zur Verformung führenden Orientierungsversuche seines Protagonisten. Noch enger schloß sich Leonie Ossowkis *Wilhelm Meisters Abschied* (1982) dem Vorbild der Goetheschen *Lehrjahre* an. Namen und Figuren der Vorlage wurden ganz unmittelbar übernommen, so daß gelegentlich Verfremdungseffekte im Kontrast zum modernen Jargon der Akteure und der zeitgenössischen Problemstellung entstehen. Freilich unterwirft sich der Roman damit auch einer Außensteuerung durch die Sachzwänge und Konstellation der *Lehrjahre* und wird zur bloß noch artistischen Kontrafaktur. Der Versuch, Goethes unpräzisierte Bildungsutopie in die reale Gegenwart zu übersetzen, geht auf Kosten von Aussage wie literarischer Qualität und führt zur Banalisierung der Botschaft: Der Mauerlehrling Meister gerät in die Kreise des Straßentheaters und der Friedensbewegung.

7.5.2 Handke: »Der kurze Brief zum langen Abschied« (1972)

Peter Handke hat trotz seiner Neigung zu stilistischen und thematischen Anleihen in der Literaturgeschichte des 18. und 19. Jahrhunderts noch keinen Bildungsroman geschrieben, doch er hat mit den Identifikationsmöglichkeiten um Bildungsromanhelden und ihren erstrebten und verweigerten Zielsetzungen experimentiert. In *Der kurze Brief zum langen Abschied* greifen nicht nur die Reisestruktur und das (beschränkt) glückliche Ende der Erzählung das Muster des Bildungsromans auf. Die Zitat-Motti aus Moritz' *Anton Reiser* deuten die im Text durchlaufenen Ortswechsel als Methaphern für Wahrnehmungsveränderungen einer Ich-Perspektive. Und in der Tat bildet die problematisch gewordene und dauernd hinterfragte Wahrnehmungs- und Beschreibensfähigkeit den Springpunkt in der Entwicklung des Ich-Erzählers. Dessen Suche nach seiner Frau Judith, die zugleich eine Flucht vor ihrer Verfolgung ist, spiegelt sich neben zahllosen Film- und Literaturanspielungen vor allem an der während der Reise aufgenommenen Lektüre von Kellers *Grünem Heinrich*. Im Verfremdungs- und Vergrößerungsglas der Kellerschen Erzählkunst findet der Ich-Erzähler Handkes zu verbesserten Wahrnehmungsformen. So registriert dieser Ich-Erzähler mit Verwunderung den Kontrast zur Freiheitserfahrung des grünen Heinrich in der Natur: »Ich war auf dem Land aufgewachsen und konnte schwer verstehen, wie einen die Natur von etwas befreien sollte« (BA 50). Zugleich reflektiert er aber auch die Gründe dafür: »Weil das Kind sofort in die Natur gezwungen wurde, um darin zu arbeiten, entwickelte es auch nie einen Blick dafür« (BA 51). An der Lektüre von Heinrichs ersten (gescheiterten) Zeichenversuchen bestätigt sich der Erzähler sein eigenes Defizit in dieser Richtung: »Mir fiel wieder ein, daß auch ich lange Zeit nur einen verschrobenen Sinn für die Umwelt gehabt hatte« (BA 65).

Erst in einem Gespräch über den *Grünen Heinrich* mit Claire gelingt es dem Erzähler, zwischen »Erlebnis« und »Erfahrung« zu differenzieren und den Vorwürfen, die zugleich treffende Beschreibungen seiner Eigenart sind (BA 97: »Du läßt dir Erfahrungen vorführen, statt dich hineinzuverwickeln«), durch Erkenntnis zu entgegnen:

> »Es stimmt«, sagte ich, wieder sorglos, unbeteiligt wie in einem Spiel: »Wenn ich etwas sehe und anfange, es zu erleben, denke ich sofort: ›Ja, das ist es! Das ist die Erfahrung, die mir noch fehlt!‹ und hake sie gleichsam ab. Kaum verstricke ich mich in etwas, sofort formuliere ich es mir und trete daraus zurück, erlebe es nicht zu Ende, sondern lasse es an mir vorüberziehen. (BA 98)

Erst hier »ist das Märchen vom Grünen Heinrich zuende« (BA 99): Indem der Erzähler Kellers Roman zum »Märchen« erklärt und die unmittelbare Spiegelung darin beendet, kann er aus der Kontrastierung (BA 142: »Ich weiß, daß man nicht mehr so nach und nach leben kann wie der Grüne Heinrich«) zu einer neuen Form identifikatorischer Anverwandlung gelangen. Es geht für ihn jetzt nicht mehr darum, Heinrichs »Abenteuer nachholen« zu wollen oder »mit einer Figur aus einer anderen Zeit diese Zeit wiederholen zu können«, sondern – in Analogie zu Kellers Vorstellungen vom Poetischen Realismus – um Überprüfung der eigenen Lebensgeschichte an der Wirklichkeit:

»so empfinde auch ich bei seiner Geschichte das Vergnügen an den Vorstellungen einer anderen Zeit, in der man noch glaubte, daß aus einem nach und nach ein andrer werden müsse und daß jedem einzelnen die Welt offenstehe. Im übrigen kommt es mir seit ein paar Tagen vor, daß mir die Welt wirklich offensteht und daß ich mit jedem Blick etwas Neues erlebe. Und solange ich dieses Vergnügen eines meinetwegen vergangenen Jahrhunderts empfinde, möchte ich es auch ernstnehmen und überprüfen.« (BA 142)

Vor diesem Wandel der eigenen Wirklichkeitsvorstellung am Bildungsromanmodell, den man auch als literaturgeschichtlich präfigurierten Bildungsprozeß ansehen kann, muß auch der Schluß, das Gespräch mit dem Regisseur John Ford verstanden werden. Der nur beobachtende Ich-Erzähler referiert Fords Vorstellungen erlebter oder filmisch erzählter »Geschichten« (BA 187). Diese Geschichten tragen ihre Bedeutung im Entstehungsprozeß ihrer Zeit (BA 187: »seine Meinungen waren nicht neu, aber er erzählte die Geschichten dazu und zeigte, wie es zu diesen Meinungen gekommen war«), relativieren die Selbstbespiegelung des Protagonisten (BA 188: »Ich-Geschichten gibt es nur dort, wo einer für alle anderen steht. Wir gehen mit unserem Ich nicht so feierlich um wie ihr.«) und haben ihre eigene Ästhetik (BA 192: »Es sind schöne Geschichten darunter, einfach und klar.«) Dies öffnet die Schleuse für die schließliche Erzählung der eigentlichen, eigenen Geschichte (»Erzählt nun eure Geschichte!«), bei der »nichts erfunden« und »alles passiert« ist und die das halbwegs glückliche Ende erhoffen läßt, »friedlich auseinanderzugehen« (BA 195).

Strauß' *Der junge Mann* gilt als Bildungsroman der Postmoderne, insofern er über den gesamten Fundus der Versatzstücke der Gattung verfügt. Die Neuchoreographie der Figuren vor dem Hintergrund der Bildungsroman-Tradition will nun freilich nicht eine abgestorbene Gattung zu neuem Leben erwecken, sondern tritt mit dem Anspruch einer eigenen Form auf. Der Ich-Erzähler verknüpft von Anfang an die bekannten Zeit-Reflexionen des *Zauberberg* mit den gewandelten Bildungsvorstellungen der gegenwärtigen »Epoche« von freier Individualität:

»In einer Epoche, in der uns ein Erkenntnisreichtum ohnegleichen offenbart wird und in der jedermann Zugang haben könnte zu einer in tausend Richtungen interessanten Welt, werden wir immer noch einseitig dazu erzogen, die sozialen Belange des Menschen, die Gesellschaft in den Mittelpunkt des Interesses zu stellen. [...] Ein solches Denken, wie es allgegenwärtig ist, macht uns nicht mutiger und beraubt uns womöglich der letzten Fähigkeiten, Gesellschaft gerade eben noch bilden zu können.« (J 11f.)

Dabei orientiert er sich innerhalb der Romantradition, wenn es die Frage zu beantworten gilt, in welcher Form den erzählt werden soll: »Allegorien. Initiationsgeschichten. RomantischerReflexionsRoman. Ein wenig hergebracht, ein wenig fortgetragen.« (J 15)

Dieses Programm legt seine literaturgeschichtlichen Wurzeln gleich im 1. Kapitel offen. Dort tritt der Titelheld wie zu Wilhelm Meisters Zeiten in die Theaterwelt ein: »Am Abend dann, ganz zufällig und doch unvermeidlich, fand ich mich in der Nähe des Theaters ein.« (J 19) Auch dieser postmoderne Wilhelm Meister sucht das Theater als Ort der Selbstfindung und als Gegenwelt zur Abwehr eines übermächtigen Vaters und dessen Versuche zur »Lenkung und Bildung« (J 21) und einer wenig durchsetzungsfähigen Mutter (J 24: »Sie fürchtete um meine selbständige Fortentwicklung«). Erste Regieerfahrungen zeigen dem Helden seine »Unzulänglichkeit« und wecken sein Mißtrauen gegen die Versuche anderer, die ihn »mit allen fairen und unfairen Mitteln dazu erziehen« wollen, »ihnen gewachsen zu sein« (J 45). In den Diskussionen um die Bedeutung der Schauspieler als »die letzten Zeugen eines machtvollen Menschseins« (J 52) scheinen Wilhelm Meisters Reflexionen um das Wesen von gesellschaftlichem Schein und Sein, um den Gegensatz von Adel und Bürgertum, wieder auf. Wie dort ist auch hier der Höhepunkt der Theaterlaufbahn (J 59: »von nun an gingen die Dinge leicht«) zugleich der Wendepunkt, der die »nächste Verwandlung«, »Krise und Klärung« und die Abkehr vom Theater vorhersehbar macht: »Aber ich sah doch schon, daß ich nicht bleiben würde. Das Theater konnte mich nicht festhalten. Es war mir nur als ein Übergang von Nutzen.« (J 60)

Mit dieser Wendung bricht jedoch die unmittelbare Anverwandlung der *Lehrjahre* ab. Der Einschub »Der Wald«, die Geschichte der »Kauffrau«, mit einem erzählerischen Perspektivenwechsel einhergehend, verläuft in einer Welt zwischen Traum und Märchen unter Aufhebung von Zeit- und Raumkontinuum und erinnert daran, daß *Der junge Mann* keine bloße Übersetzung des *Wilhelm Meister* in die Gegenwart sein will, sondern in einem umfassenderen Sinn mit allen möglichen Romanformen spielt. Strauß' Titelwahl enthält ja eine weitere, wenn auch gebrochene Bezugnahme auf den Bildungsroman, wenn er auf James Joyces *The portrait of the artist as a young man* (1916) anspielt. Aber auch Novalis' *Heinrich von Ofterdingen* ist ebenso aufgegriffen wie die Science-Fiction-Erzählmuster für die Darstellung der utopischen Welt der »Gesellschaftslosen«, der »Synkreas«. Dort wird Bildung thematisiert, diesmal aus einer gleichsam ethnologischen Beobachterperspektive mit der Erzählhaltung des überlegenen Andersseins auf deren »Rückbildung« (J 119). Der Beobachter referiert das dortige Bildungssystem genau so wie die »Bekleidungssitten« (J 133): »Erziehung zur Teilhabe stand auch im Mittelpunkt der zärtlichen Pädagogik« (J 136; aber auch J 138: »dafür gab es nicht einmal Bildbegriffe« oder J 139: »sie besaßen keine naturwissenschaftliche Ausbildung«). Zweifellos geht es um den Kontrast zur eigenen Wirklichkeit; was hier imaginiert wird, sieht wie eine neuzeitliche Version der Pädagogischen Provinz aus.

In den Gesprächen um den Ich-Erzähler in dessen »Geheimgesellschaft, sich selber geheim« (J 190), tauchen Gestalten auf, die ganz offensichtlich den *Lehrjahren* entstammen: Yossica, »die Briefsortiererin« (J 182) und »Liedermacherin« (317) vertritt wie ein »Rätsel der Sphinx« und mit ihren Liedern (J 293: »Komm o Freund, und suche mich. / Geh in die Irre, so wirst du mich finden.«) ganz offenkundig Mignon; Hanswerner, »Pressesprecher einer Kaufhaus-Kette« (J 182), »der Moderne« (J 201), verficht in den Gesprächen durch seine »nüchternen Einwände« (248) die Position von Wilhelm Meisters Schwager; schließlich findet sich in Almut, die ihr »Leben als einen einzigen Bußgang« stilisiert, ein »Heilig-Krankes« (J 219), eine »Kunstverletzte« (J 250) und »schöne Niedergeschlagene« (J 292), die Parodie der Schönen Seele aus den *Lehrjahren*, die ihre »muffigen Bekenntnisse« »nur von einem einzigen traurigen und unabänderlich traurigen Standpunkt aus« vorträgt (J 292). Reppenfries, ein ins Postmoderne gewendete Abbé, ergeht sich in endlosen Monologen über sein Weltbild, eine Mixtur aus Elektronikjargon und konservativer Kulturkritik (Nietzsche und Thomas Mann *Betrachtungen* werden ausdrücklich genannt), die vor Endzeitbewußtsein strotzt: »Wir sind unserem Wesen nach vom Ende her aufgezäumt.« (J 210) Doch ist selbst ihm das Bewußtsein eigen, »daß auch meine Bekundungen nur flüchtige Partikel der allgemeinen Auflösung sind« (J 212).

Durch ihre dialogischen Gegensätze relativieren sich die Figuren selbst, keinesfalls enthalten ihre Einlassungen eine deutbare Lehre des Romans. Sowohl der Roman als auch die Figuren machen aus dieser Uneigentlichkeit ihrer diskursiven Positionen ein Prinzip. Reppenfries, der bewußteste unter ihnen, erzählt, zur vorsätzlichen Verunklärung wie zur Bedeutungssteigerung, eine Geschichte nach »einem höheren Muster«, »zu einem bedeutungsvollen und weiterweisenden Merkmal zusammengelegt« (J 218):

> »An dieser Stelle aber möchte ich mit einer leichten Fabel abschließen, die Ihnen, wie ich hoffe, besser gefallen wird als die spröde und bleiche Figur meiner Gedanken, die sich wie eine blaustrümpfige Naturanbeterin in den dünnen Morgen hingestreckt hat.« (J 241)

So funktioniert der gesamte Roman nach dem Prinzip der Demontage traditioneller Erzählmuster im Zuge ihrer Benutzung. Selbst Ossia, »Lehrer« und bewundertes Vorbild des Protagonisten (J 331), zerfällt nach genauerer Betrachtung in sich selbst. Er, der »noch einmal eine Gestalt, ein Original« war, »ein pedantischer Träumer, ein preußischer Taugenichts«, »eine Kreuzung zwischen Parzival und Paracelsus«, ist längst »eine komische Figur ganz aus deutschem Gewissen zu bilden« geworden (J 332). Doch auch dies erscheint keinesfalls als eindeutig. Denn Ossia spielt diese wechselnden Rollen nur im Film, »stur und inbrünstig« in der Identifikation mit seinen Rollen, was der Beobachter schnell als »kraftvollen Irrtum« (J 333) durchschaut. Zudem hat Ossia seine Filmkarriere aufgegeben und ist in ein »fettleibiges Monster« (J 345) mutiert, das den »Luxus-Turm« (J 338) nicht mehr verläßt, vielmehr dort eine pervertierte Kontrafaktur zu *Wilhelm Meisters* Turmgesellschaft einrichtet:

> »Eine Art Howard Hughes des Pläne-Reichtums, verborgen und abgeschirmt in seiner geheimen Machtzentrale, gebietend über ein geisterhaftes Imperium von Ideen und Entwürfen, Treatments, Gags und Storyboards; ein Reich, das jedoch ständig bedroht wurde durch eine gewaltige Entschlußlosigkeit, durch die Krankheit der offenen Wahl und der Inkonsequenz. Nichts schien ihm mehr notwendig zu werden.« (J 351)

Zugleich präsentiert er sich als neuer Mynheer Peeperkorn, ein »Genußberg«, abgesunken »in die Betrunkenheit« und »sehr rührselig« (J 386). Aber selbst in dieser Demontage einer Vorbildfigur findet der Roman ebenso wenig eine Lösung wie der Schluß, der mit seiner Freiheit des Entkommens ein offenes Ende als ein glückliches ausgibt: »Ich war einfach nur glücklich, daß ich dem trügerischen Licht und der schalen Kühle des Turms entkommen war.« (J 388) Vielmehr zeigt *Der junge Mann* seine Welt im Verweigern von Festlegungen. Der Roman intendiert Vielschichtigkeit, erzeugt aber auch Vielgesichtigkeit, deren Bedeutungsebenen zwar vernetzt sind, sich jedoch hinter die verfremdende Sinnbildlichkeit von Träumen, Fabeln, Allegorien und Skizzenbüchern verstecken, wo sie nach Deutung heischen, diese zugleich aber verweigern.

Zur Auflösung »dieser einladenden Verschlossenheit« (J 324) empfiehlt es sich vielleicht, die traditionellen Begriffe der Erzähltheorie zugunsten der Ausdrucksmöglichkeiten des modernen Films aufzugeben. Eine solche Analogie bietet sich umso eher an, als der Roman »die Gesetze des Kinos« (J 360) zu seinen eigenen macht, selbst gelegentlich den »Kamera-Blick« thematisiert und mit den Techniken von Überblendung und Mischung, Schnitt und Verlangsamung, Schwenk und Zoom arbeitet: »Die träge Schau, die Zeit-Lupe bildeten hier die ortseigene Form der Wahrnehmung.« (J 341) Überhaupt ist vieles selbst-referentiell zu lesen, etwa eine Reflexion des Erzählers:

»Auf einmal hatte ihn der Ehrgeiz gepackt, etwas völlig Neues auszuprobieren – kaum noch erkennbare Handlungsmuster zu benutzen und in zersplitterter Schnittfolge zu erzählen –, ohne selbst zu bemerken, daß er damit auf die ziemlich ausgetretenen Pfade eines sterilen Modernismus geraten war.« (J 336)

An anderer Stelle setzt sich der Erzähler kritisch und romanbezüglich mit seinem ehemaligen Vorbild Ossia auseinander. Was er über diesen sagt, »daß er seine eigenen Werke subversiv unterwandert und in Stücke sprengt«, ist vielleicht auch von *Der junge Mann* zu sagen. Die Furcht des Erzählers gilt dem eigenen Roman:

»daß spätere Menschen überhaupt keine Großformen mehr erkennen können. Sie besitzen dann womöglich weder das Zeit- noch das Interessen-Raster, um das Ganze eines Romans, einer Filmerzählung zu erfassen.« (J 360)

Für *Der junge Mann* wie für Strauß' Auseinandersetzung mit der Gattung Bildungsroman mag die Schlußeinsicht seines Protagonisten gelten, bei der sein Gesprächspartner Ossia »zurückgezuckt« war, weil es sich gegen sein »Wundertüten-Prinzip« richtet; als Erkenntnis hinsichtlich der Bezugnahme des modernen Romans auf die Bildungsromantradition wirkt sie ziemlich restaurativ:

Literatur

(Die Literaturhinweise sind – im Vergleich zur 1. Auflage – ergänzt, aber auch um einige ältere Arbeiten bereinigt)

1. *Bildungsbegriff:*

Hans Weil: Die Entstehung des deutschen Bildungsprinzips. Bonn 1930. (= Schriften zur Philosophie und Soziologie 4).

Ernst Lichtenstein: Bildung, in: Historisches Wörterbuch der Philosophie. Hrsg. von Joachim Ritter. Band I. 1971. Sp. 921–937.

Rudolf Vierhaus: Bildung, in: Geschichtliche Grundbegriffe. Historisches Lexikon zur politisch-sozialen Sprache in Deutschland. Hrsg. von Otto Brunner, Werner Conze, Reinhart Koselleck, Band I. Stuttgart 1972. S. 508–551.

Ralph Fiedler: Die klassische deutsche Bildungsidee. Ihre soziologischen Wurzeln und pädagogischen Folgen. Weinheim 1972. (= Studien zur Soziologie des Bildungswesens 7).

Walter H. Bruford: The German Tradition of Self-Cultivation. Bildung from Humboldt to Thomas Mann. Cambridge 1975.

Handbuch der deutschen Bildungsgeschichte vom 15. Jahrhundert bis zur Gegenwart. 6 Bände. München 1986ff.

Ulrich Engelhardt: Bildungsbürgertum. Begriffs- und Dogmengeschichte eines Etiketts. Stuttgart 1986.

Bildungsbürgertum im 19. Jahrhundert. Teil 1: Bildungssystem und Professionalisierung in internationalen Vergleichen. Hrsg. von Werner Conze und Jürgen Kocka. Stuttgart 1986. Teil 2: Bildungsgüter und Bildungswissen. Hrsg. von Reinhart Koselleck. Stuttgart 1990. Teil 3: Lebensführung und ständische Vergesellschaftung. Hrsg. von M. Rainer Lepsius. Stuttgart 1990. Teil 4: Politischer Einfluß und gesellschaftliche Formation. Hrsg. von Jürgen Kocka. Stuttgart 1989.

Wilhelm Voßkamp: Utopian Thinking and the Concept of *Bildung,* in: Klaus L. Berghahn/Reinhold Grimm (Hrsg.): Utopian Vision, Technological Innovation und Poetic Imagination. Heidelberg 1990. (= Reihe Siegen 91). S. 63–74.

Aleida Assmann: Arbeit am nationalen Gedächtnis. Eine kurze Geschichte der deutschen Bildungsidee. Frankfurt, New York 1993. (= Edition Pandora 14).

2. Begriff Bildungsroman
2.1 Blanckenburg, Morgenstern, Hegel

Friedrich von Blanckenburg: Versuch über den Roman. Faksimiledruck der Originalausgabe von 1774. Mit einem Nachwort von Eberhard Lämmert. Stuttgart 1965 (= Sammlung Metzler 39).

Kurt Wölfel: Friedrich von Blanckenburgs »Versuch über den Roman«, in: Deutsche Romantheorien. Hrsg. von Reinhold Grimm. Band 1. Frankfurt 1974. S. 29–60.

Wilhelm Voßkamp: Romantheorie in Deutschland. Von Martin Opitz bis Friedrich von Blanckenburg. Stuttgart 1973.

Karl Morgenstern: Bruchstück einer den 12./24. Dec. 1810 in Dorpat im Hauptsaal der Kaiserl. Universität öffentlich gehaltenen Vorlesung über den Geist und Zusammenhang einer Reihe philosophischer Romane, in: Dörptische Beyträge für Freunde der Philosophie, Litteratur und Kunst. Hrsg. v. Karl Morgenstern. III. Band. Jahrgang 1816, Erste Hälfte. Dorpat und Leipzig 1817. S. 180–195.

ders.: Ueber das Wesen des Bildungsromans. Vortrag, gehalten den 12. December 1819, in: Inländisches Museum. Hrsg. v. Carl Eduard Raupach. Dorpat 1820. 1. Teil: I. Band, 1. Heft, S. 46–61; 2. Teil: I. Band, 3. Heft, S. 13–27.

ders.: Zur Geschichte des Bildungsromans. Vortrag, gehalten den 12. Dec. 1820, in: Neues Museum der teutschen Provinzen Rußlands. Hrsg. v. Carl Eduard Raupach. 1. Band, 1. Heft. Dorpat 1824. S. 1–46.

(Alle drei Aufsätze Morgensterns jetzt im WdF-Band »Zur Geschichte des deutschen Bildungsromans«.)

Fritz Martini: Der Bildungsroman. Zur Geschichte des Wortes und der Theorie, in: DVjs 35 (1961), S. 44–63. Wiederabgedruckt in: F. M., Literarische Form und Geschichte. Aufsätze zur Gattungstheorie und Gattungsgeschichte von Sturm und Drang bis zum Erzählen heute. Stuttgart 1984.

Georg Friedrich Wilhelm Hegel: [Vorlesungen über die] Ästhetik. Hrsg. von Friedrich Bassenge. Berlin 1955. (= Klassisches Erbe aus Philosophie und Geschichte)

Franz Rhöse: Konflikt und Versöhnung. Untersuchungen zur Theorie des Romans von Hegel bis zum Naturalismus. Stuttgart 1978.

2.2 Literaturwissenschaftliche Diskussion

Wilhelm Dilthey: Leben Schleiermachers. I. Band. Berlin 1870. S. 282.

ders.: Das Erlebnis und die Dichtung. Lessing, Goethe, Novalis, Hölderlin. Vier Aufsätze. Leipzig 1906. S. 327–329. Jetzt auch in: WdF-Band »Zur Geschichte des deutschen Bildungsromans«).

Herm. Anders Krüger: Der neuere deutsche Bildungsroman, in: Westermanns Monatshefte, 51. Jahrgang, 101. Band, 1. Teil (1906). S. 257–272.

Max Wundt: Goethes Wilhelm Meister und die Entwicklung des modernen Lebensideals. Berlin und Leipzig 1913.

Melitta Gerhard: Der deutsche Entwicklungsroman bis zu Goethes »Wilhelm Meister«. Halle 1926 (= Buchreihe der DVjs 9). 2., unv. Aufl. Bern und München 1968.

Ernst Ludwig Stahl: Die religiöse und die humanitätsphilosophische Bildungsidee und die Entstehung des deutschen Bildungsromans im 18. Jh. Bern 1934 (= Sprache und Dichtung. Forschungen zur Sprach- und Literaturwissenschaft 56).(Jetzt auch in: WdF »Zur Geschichte des deutschen Bildungsromans«).

»Bildungsroman«, in: Reallexikon der deutschen Literaturgeschichte. 1. Aufl. 1924/25 (Verf.: Christine Touaillon) S. 141–145. 2. Aufl. 1958 (Verf.: Hans Heinrich Borcherdt) I. Band. S. 175–178.

Hans Heinrich Borcherdt: Der deutsche Bildungsroman, in: Von deutscher Art in Sprache und Dichtung V. Stuttgart und Berlin 1941. S. 3–55. (Jetzt auch in: WdF-Band »Zur Geschichte des deutschen Bildungsromans«).

Herbert Seidler: Wandlungen des deutschen Bildungsromans im 19. Jahrhundert, in: Wirkendes Wort 11 (1961). S. 148–162.

Fritz Martini: Der Bildungsroman. Zur Geschichte des Wortes und der Theorie, in: DVjs 35 (1961). S. 44–63. (Jetzt auch im WdF-Band »Zur Geschichte des deutschen Bildungsromans«).

Lothar Köhn: Entwicklungs- und Bildungsroman. Ein Forschungsbericht. Mit einem Nachtrag. Stuttgart 1969. (Jetzt auch im WdF-Band »Zur Geschichte des deutschen Bildungsromans«).

Jürgen Jacobs: Wilhelm Meister und seine Brüder. Untersuchungen zum deutschen Bildungsroman. München 1972. ²1983.

Mineo Osawa: Ich und Welt. Ein Versuch über den deutschen »Bildungsroman«, in: Doitsu Bungako 18 (1957). S. 49–57.

François Jost: La Tradition du »Bildungsroman«, in: Comparative Literature 21 (1969). S. 97–115.

Susan L. Cocalis: The Early German »Bildungsroman« and the Historical Concept of »Bildung«. Phil. Diss. Princeton 1974.

David H. Miles: The Picaro's Journey to the Confessional: The Changing Image of the Hero in the German Bildungsroman, in: PMLA 89 (1974). S. 980–992.

Marianne Hirsch: The Novel of Formation as Genre. Between Great Expectations and Lost Illusions, in: Genre 12 (1979). S. 293–311.

Mariolina Bertini u.a. (Hrsg.): Autocoscienza et autoinganno. Saggi sul romanzo di formazione. Napoli 1985. (= strumenti).

Beate Hansel: Die Liebesbeziehungen des Helden im deutschen Bildungsroman und ihr Zusammenhang mit der bürgerlichen Konzeption von Individualität. Frankfurt, Bern, New York 1986. (= Europäische Hochschulschriften Reihe I, Band 901).

Franco Moretti: Il romanzo di formazione. Goethe e Stendhal, Puskin e Balzac, Dickens e Flaubert. La gioventù comme forma simbolica della modernità nella narrativa europea. (Milan) 1986.

ders.: The way of the world. The ›Bildungsroman‹ in European Culture. London 1987.

Frederick Amrine (Hrsg.): Michigan Germanic Studies 13 (1987). [Special Issue on the ›Bildungsroman‹].

James Hardin (Hrsg.): Reflection and action. Essays on the Bildungsroman. Columbia, South Carolina 1991.

Todd, Kontje: The German Bildungsroman. History of a National Genre. Columbia, South Carolina, 1993.

2.3   Die neuere Forschung

Gerda Röder: Glück und glückliches Ende im deutschen Bildungsroman. München 1968 (= Münchner Germanistische Beiträge 2).

Monika Schrader: Mimesis und Poiesis. Studien zum Bildungsroman. Berlin und New York 1975 (= Quellen und Forschungen zur Sprach- und Kulturgeschichte der germanischen Völker N. F. 65).

Martin Swales: Unverwirklichte Totalität. Bemerkungen zum deutschen Bildungsroman, in: Der deutsche Roman und seine historischen und politischen Bedingungen. Hrsg. v. Wolfgang Paulsen. Berlin und München 1977. S. 90–106. (Jetzt auch in: WdF-Band »Zur Geschichte des deutschen Bildungsromans«).

ders.: The German Bildungsroman from Wieland to Hesse. Princeton 1978 (= Princeton essays in literature).

ders.: Der deutsche Bildungsroman in komparatistischer Sicht, in: Akten des VI. Internationalen Germanisten-Kongresses Basel 1980. Teil 3. Hrsg. v. Heinz Rupp und Hans-Gert Roloff. Bern, Frankfurt, Las Vegas 1980. (= Jahrbuch für Internationale Germanistik. Reihe A: Kongreßberichte. Band 8). S. 117–124.

Michael Beddow: The Fiction of Humanity. Studies in the Bildungsroman from Wieland to Thomas Mann. Cambridge 1982. (= Anglia germanica series 2).

Reiner Wild: Literatur im Prozeß der Zivilisation. Entwurf einer theoretischen Grundlegung der Literaturwissenschaft. Stuttgart 1982. S. 75–78.

Jochen Hörisch: Gott, Geld und Glück. Zur Logik der Liebe in den Bildungsromanen Goethes, Kellers und Thomas Manns. Frankfurt 1983. (= edition suhrkamp 1180).

Klaus-Dieter Sorg: Gebrochene Teleologie. Studien zum Bildungsroman von Goethe bis Thomas Mann. Heidelberg 1983. (= Beiträge zur neueren Literaturgeschichte 64).

Wilhelm Voßkamp: Der Bildungsroman als literarisch-soziale Institution. Begriffs- und funktionsgeschichtliche Überlegungen zum deutschen Bildungsroman des 18. und Beginn des 19. Jahrhunderts, in: Christian Wagenknecht (Hrsg.): Zur Terminologie der Literaturwissenschaft. Akten des IX. Germanistischen Symposions der Deutschen Forschungsgemeinschaft Würzburg 1986. Stuttgart 1988. (= Germanistische-Symposien-Berichtsbände 9). S. 337–352.

Georg Stanitzek: Das Bildungsroman-Paradigma – am Beispiel von Karl Traugott Thiemes »Erdmann, eine Bildungsgeschichte«, in: Schiller-Jahrbuch 34 (1990) S. 171–194.

ders.: Bildungs- und Entwicklungsroman, in: Literatur Lexikon Band 13 (1992). S. 117–122.

Hans-Jürgen Schings: Agathon – Anton Reiser – Wilhelm Meister. Zur Pathogenese des modernen Subjekts im Bildungsroman, in: Wolfgang Wittkowski (Hrsg.): Goethe im Kontext. Kunst und Humanität, Naturwissenschaft und Politik von der Aufklärung bis zur Restauration. Tübingen 1984. S. 42–68.

ders.: Der anthropologische Roman. Seine Entstehung und Krise im Zeitalter der Spätaufklärung, in: Studien zum 18. Jahrhundert 3 (1980). S. 247–276.

Hartmut Steinecke: »Wilhelm Meister« und die Folgen. Goethes Roman und die Entwicklung der Gattung im 19. Jahrhundert, in: ebd. S. 89–111.

ders.: Romanpoetik von Goethe bis Thomas Mann. Entwicklungen und Probleme der »demokratischen Kunstform« in Deutschland. München 1987. (= UTB 1435).

Norbert Ratz: Der Identitätsroman. Eine Strukturanalyse. Tübingen 1988. (= Untersuchungen zur deutschen Literaturgeschichte 44). [Diss. TU Braunschweig 1986]

Jürgen Jacobs/Markus Krause: Der deutsche Bildungsroman. Gattungsgeschichte vom 18. bis zum 20. Jahrhundert. München 1989. (= Arbeitsbücher zur Literaturgeschichte).

Gerhart Mayer: Der deutsche Bildungsroman. Von der Aufklärung bis zur Gegenwart. Stuttgart 1992.

Manfred Engel: Der Roman der Goethezeit. Band 1. Anfänge in Klassik und Frühromantik: Transzendentale Geschichten. Stuttgart und Weimar 1993.

3. Gattungsbestimmung

Hugo Kuhn: Gattungsprobleme der mittelhochdeutschen Literatur in: H. K.: Dichtung und Welt im Mittelalter. Stuttgart 1959. S. 41–61.

Klaus W. Hempfer: Gattungstheorie. Information und Synthese. München 1973 (= Information und Synthese 1).

Erich Köhler: Gattungssystem und Gesellschaftssystem, in: Romanistische Zeitschrift für Literaturgeschichte 1 (1977). S. 7–22.

Wilhelm Voßkamp: Gattungen als literarisch-soziale Institutionen, in: Walter Hinck (Hrsg.): Textsortenlehre – Gattungsgeschichte. Heidelberg 1977 (= medium Literatur 4). S. 27–44.

Edgar Marsch: Gattungssystem und Gattungswandel. Die Gattungsfrage zwischen Strukturalismus und Literaturgeschichte, in: Probleme der Literaturgeschichtsschreibung. Hrsg. von Wolfgang Haubrichs. Göttingen 1979 (= Zeitschrift für Literaturwissenschaft und Linguistik. Beiheft 10). S. 104–123.

Claudia Bickmann: Der Gattungsbegriff im Spannungsfeld zwischen historischer Betrachtung und Systementwurf. Frankfurt u.a. 1984. (= Marburger germanistische Studien 2).

Hartmut Laufhütte: »Entwicklungs- und Bildungsroman« in der deutschen Literaturwissenschaft. Die Geschichte einer fehlerhaften Modellbildung und ein Gegenentwurf, in: Michael Titzmann (Hrsg.): Modelle des literarischen Strukturwandels. Tübingen 1991. (= Studien und Texte zur Sozialgeschichte der Literatur 3). S. 299–313.

Michael Neumann: Altes und Neues vom Bildungsroman, in: Literaturwissenschaftliches Jahrbuch 33 (1992). S. 385–397.

4.   Entstehung des Bildungsromans
4.1   Bildungsgeschichten

Peter Michelsen: Laurence Sterne und der deutsche Roman des 18. Jahrhunderts. Göttingen 1962. 2., durchges. Aufl. 1972 (= Palaestra 232).

Hans Joachim Piechotta (Hrsg.): Reise und Utopie. Zur Literatur der Spätaufklärung. Frankfurt 1976 (= edition suhrkamp 766).

Eva D. Becker: Der deutsche Roman um 1780. Stuttgart 1964 (= Germanistische Abhandlungen 5).

Norbert Miller: Der empfindsame Erzähler. Untersuchungen an Romananfängen des 18. Jahrhunderts. München 1968.

Peter Uwe Hohendahl: Der europäische Roman der Empfindsamkeit. Wiesbaden 1977 (= Athenaion. Studientexte 1).

Peter Brenner: Die Krise der Selbstbehauptung. Subjekt und Wirklichkeit im Roman der Aufklärung. Tübingen 1981.

Dieter Arendt: Der Schelm als Widerspruch und als Selbstkritik des Bürgertums. Vorarbeiten zu einer soziologischen Analyse der Schelmenliteratur. Stuttgart 1974.

Erich Kleinschmidt: Fiktion und Identifikation. Zur Ästhetik der Leserrolle im deutschen Roman zwischen 1750 und 1780, in: DVjs 53 (1979). S. 49–73.

Rolf Selbmann: Theater im Roman. Studien zum Strukturwandel des deutschen Bildungsromans. München 1981. (= Münchner Universitäts-Schriften 23).

Gerhart Hoffmeister: Der deutsche Schelmenroman im europäischen Kontext. Amsterdam 1987. (= Chloe. Beihefte zum Daphnis 5).

Hans-Christoph Koller: Arbeit und Bildung in deutschen Romanen von 1770–1790, in: IASL 17 (1992). Heft 2. S. 17–60.

Matthias Bauer: Im Fuchsbau der Geschichten. Anatomie des Schelmenromans. Stuttgart und Weimar 1993.

4.1.5   Autobiographie

Ralph-Rainer Wuthenow: Das erinnerte Ich. Europäische Autobiographie und Selbstdarstellung im 18. Jahrhundert. München 1974.

Klaus-Detlef Müller: Autobiographie und Roman. Studien zur literarischen

Autobiographie der Goethezeit. Tübingen 1976 (= Studien zur deutschen Literatur 46).

Günter Niggl: Geschichte der deutschen Autobiographie im 18. Jahrhundert. Stuttgart 1977.

Heidi J. Stull: The evolution of the autobiography from 1770–1850). A comparative study and analysis. New York u.a. 1984.

Helmut Pfotenhauer: Literarische Anthropologie. Selbstbiographien und ihre Geschichte – am Leitfaden des Leibes. Stuttgart 1987. (= Germanistische Abhandlungen 62).

Jürgen Lehmann: Bekennen – Erzählen – Berichten. Studien zu Theorie und Geschichte der Autobiographie. Tübingen 1988. (= Studien zur deutschen Literatur 98).

4.2.1 Wieland

Wolfram Buddecke: Wielands Entwicklungsbegriff und die Geschichte des Agathon. Göttingen 1966 (= Palaestra 235).

Gerhart Mayer: Die Begründung des Bildungsromans durch Wieland. Die Wandlung der ›Geschichte des Agathon‹, in: Jahrbuch der Raabe-Gesellschaft 1970. S. 7–36.

Gerd Hemmerich: Christoph Martin Wielands ›Geschichte des Agathon‹. Eine kritische Werkinterpretation. Nürnberg 1979.

Gerald Gillespie: Wielands ›Agathon‹ als Bildungsroman zwischen Barock und Romantik, in: Akten des VI. Internationalen Germanisten-Kongresses Basel 1980. Teil 3. Hrsg. v. Heinz Rupp und Hans-Gert Roloff. Bern, Frankfurt, Las Vegas 1980. (= Jahrbuch für Internationale Germanistik. Reihe A: Kongreßberichte. Band 8). S. 344–352.

Jürgen Jacobs: Wieland und der Entwicklungsroman des 18. Jahrhunderts, in: Helmut Koopmann (Hrsg.): Handbuch des deutschen Romans. Düsseldorf 1983. S. 170–183.

4.2.2 Moritz

Eckehard Catholy: Karl Philipp Moritz und die Ursprünge der deutschen Theaterleidenschaft. Tübingen 1962.

Josef Fürnkäs: Der Ursprung des psychologischen Romans. Karl Philipp Moritz' ›Anton Reiser‹. Stuttgart 1977.

Hans Joachim Schrimpf: Karl Philipp Moritz. Stuttgart 1980 (= Sammlung Metzler 195). [mit ausführlichen Literaturangaben].

Peter Rau: Identitätserinnerungen und ästhetische Rekonstruktion. Studien zum Werk von Karl Philipp Moritz. Frankfurt 1983 (= Literatur und Kommunikation 1).

Lothar Müller: Die kranke Seele und das Licht der Erkenntnis. Karl Philipp Moritz' »Anton Reiser«. Frankfurt 1987.

5. »Wilhelm Meisters Lehrjahre«
5.1 Goethes Bildungsroman

Max Wundt: Goethes Wilhelm Meister und die Entwicklung des modernen Lebensideals. Berlin und Leipzig 1913.

Otto Friedrich Bollnow: Vorbetrachtungen zum Verständnis der Bildungsidee in Goethes »Wilhelm Meister«, in: Die Sammlung 10 (1955). S. 445–463.

Joachim Müller: Phasen der Bildungsidee im »Wilhelm Meister«, in: Goethe-Jahrbuch 24 (1962). S. 58–80.

Klaus F. Gille: »Wilhelm Meister« im Urteil der Zeitgenossen. Assen (1971).

Stefan Blessin: Die radikal-liberale Konzeption von »Wilhelm Meisters Lehrjahren«, in: DVjs 49 (1975). Sonderheft 18. Jahrhundert. S.190–225.

Klaus F. Gille: Goethes Wilhelm Meister. Zur Rezeptionsgeschichte der Lehr- und Wanderjahre. Königstein 1979 (= Texte zur deutschen Literatur in wirkungsgeschichtlichen Zeugnissen. Hrsg. v. Karl Robert Mandelkow. Band 3).

Ivar Sagmo: Bildungsroman und Geschichtsphilosophie. Eine Studie zu Goethes Roman »Wilhelm Meisters Lehrjahre«. Bonn 1982 (= Abhandlungen zur Kunst-, Musik- und Literaturwissenschaft Band 318).

Hans-Egon Hass: Johann Wolfgang Goethe: »Wilhelm Meisters Lehrjahre«, in: Benno von Wiese (Hrsg.): Der deutsche Roman vom Barock bis zur Gegenwart. Struktur und Geschichte. Düsseldorf 1963. Band I. S. 132–210.

Kurt May: »Wilhelm Meisters Lehrjahre«, ein Bildungsroman? In: DVjs 31 (1957). S. 1–37.

Hans Eichner: Zur Deutung von »Wilhelm Meisters Lehrjahren«, in: Jahrbuch des Freien Deutschen Hochstifts 1966. S. 165–196.

Thomas P. Saine: Über Wilhelm Meisters »Bildung«, in: Lebendige Form. Interpretationen zur deutschen Literatur. Festschrift für Heinrich E. K. Henel. Hrsg. v. Jeffrey L. Sammons und Ernst Schürer. München 1970. S. 63–81.

Gontier-Louis Fink: Die Bildung des Bürgers zum »Bürger«. Individuum und Gesellschaft in »Wilhelm Meisters Lehrjahren«, in: Recherches Germaniques 2 (1972). S. 3–37.

Albert Berger: Ästhetik und Bildungsroman. Goethes »Wilhelm Meisters Lehrjahre«. Wien 1977. (= Wiener Arbeiten zur deutschen Literatur 7).

Dieter Borchmeyer: Höfische Gesellschaft und französische Revolution bei Goethe. Adliges und bürgerliches Wertsystem im Urteil der Weimarer Klassik. Königstein 1977.

Friedrich A. Kittler: Über die Sozialisation Wilhelm Meisters, in: Gerhard Kaiser/Friedrich A. Kittler (Hrsg.): Dichtung als Sozialisationsspiel. Studien zu Goethe und Gottfried Keller. Göttingen 1978. S. 13–124.

Hans Rudolf Vaget: Liebe und Grundeigentum in ‚»Wilhelm Meisters Lehrjahren«. Zur Physiognomie des Adels bei Goethe, in: Legitimationskrisen des deutschen Adels 1200–1900. Hrsg. v. Peter Uwe Hohendahl und Paul Michael Lützeler. Stuttgart 1979 (= Literaturwissenschaft und Sozialwissenschaften 11). S. 137–157.

Hannelore Schlaffer: Wilhelm Meister. Das Ende der Kunst und die Wiederkehr des Mythos. Stuttgart 1980.

Hans-Jürgen Schings: Wilhelm Meisters Geselle Laertes, in: Euphorion 77 (1983). S. 417–437.

ders.: Wilhelm Meisters schöne Amazone, in: Schiller-Jahrbuch 29 (1985). S. 141–206.

Ulrich Schödlbauer: Kunsterfahrung als Weltverstehen. Die ästhetische Form von »Wilhelm Meisters Lehrjahre«. Heidelberg 1984. (= Beiträge zur neueren Literaturgeschichte Folge 3 Band 65).

Karl Schlechta: Goethes »Wilhelm Meister« (zuerst 1953). Mit einer Einleitung von Heinz Schlaffer. Frankfurt 1985. (= edition suhrkamp 1179).

Karlheinz Gradl: Säkularisierung und Bildung. Eine Studie von Goethes Roman »Wilhelm Meisters Lehrjahre«. Frankfurt und Bern 1985. (= Europäische Hochschulschriften Reihe 1, 857).

Friederike Eigler: Wer hat »Wilhelm Schüler« zum »Wilhelm Meister« gebildet? »Wilhelm Meisters Lehrjahre« und die Aussparungen einer hermeneutischen Verstehens- und Bildungspraxis, in: Goethe-Yearbook 3 (1986). S. 93–119.

Monika Fick: Das Scheitern des Genius. Mignon und die Symbolik der Liebesgeschichten in »Wilhelm Meisters Lehrjahre«. Würzburg 1987. (= Epistemata Reihe Literaturwissenschaft 20).

Benjamin C. Sax: Images of identity. Goethe and the problem of self-conception in the 19th century. New York u.a. 1987. (= American Studies. Ser. 1, Germanic Languages and Literatures 57).

Wilhelm Voßkamp: Kommentar, in: Johann Wolfgang Goethe: Sämtliche Werke, Briefe, Tagebücher und Gespräche. Abt. I, Band 9 hrsg. von Wilhelm Voßkamp/Herbert Jaumann. Frankfurt 1992. (= Bibliothek deutscher Klassiker 82). S. 1226–1502.

5.2   Gegenmodelle:

5.2.1   Hölderlin

Lawrence Ryan: Hölderlins »Hyperion«. Exzentrische Bahn und Dichterberuf. Stuttgart 1965.

ders.: Hölderlins »Hyperion«: Ein »romantischer« Roman?, in: Jochen Schmidt (Hrsg.): Über Hölderlin. Frankfurt 1970. S. 175–212.

Friedrich Aspetsberger: Welteinheit und epische Gestaltung. Studien zur Ichform von Hölderlins Roman »Hyperion«. München 1971. (= Zur Erkenntnis der Dichtung 10).

Gerhart Mayer: Hölderlins »Hyperion« – ein frühromantischer Bildungsroman, in: Hölderlin-Jahrbuch 19/20 (1975–1977). S. 244–257.

Dieter Kimpel: Friedrich Hölderlin, »Hyperion«, in: Paul Michael Lützeler (Hrsg.): Romane und Erzählungen der deutschen Romantik. Neue Interpretationen. Stuttgart 1981. S. 75–97. Überarbeitet in: Romane des

19. Jahrhunderts. Interpretationen. Stuttgart 1992. (= Reclams Universalbibliothek 8418). S. 36–87.

5.2.2 Jean Paul

Richard Rohde: Jeans Pauls Titan. Untersuchungen über Entstehung, Ideengehalt und Form des Romans. Berlin 1920 (= Palaestra 105). Reprint New York 1967.

G. Berger: Die Romane Jean Pauls als Bildungsromane. Diss. Leipzig 1923.

Walter Rehm: Roquairol. Eine Studie zur Geschichte des Bösen, in: ders.: Begegnungen und Probleme. Studien zur deutschen Literaturgeschichte. Bern. 1957. S. 155–242.

Wolfgang Harich: Jean Pauls Revolutionsdichtung. Versuch einer neuen Deutung seiner heroischen Romane. Reinbek 1974 (= das neue Buch 41).

Heinz Schlaffer: Epos und Roman. Tat und Bewußtsein. Jean Pauls »Titan«, in: ders.: Der Bürger als Held. Frankfurt 1973. (= edition suhrkamp 624). S. 15ff.

Hartmut Retzlaff: Die Rücknahme des Leitbilds. Der Hohe Mensch in Jean Pauls »Titan«, in. AION. Studi tedeschi 27 (1984). S. 31ff.

5.2.3 Novalis

Hans-Joachim Mähl: Novalis' Wilhelm-Meister-Studien des Jahres 1797, in: Neophilologus 47 (1963). S. 286–305.

Richard Samuel: Novalis: »Heinrich von Ofterdingen«, in: Benno von Wiese (Hrsg.): Der deutsche Roman vom Barock bis zur Gegenwart. Struktur und Geschichte. Düsseldorf 1963. Band I. S. 252–300.

Johannes Mahr: Übergang zum Endlichen. Der Weg des Dichters in Novalis' »Heinrich von Ofterdingen«. München 1970.

Hans-Joachim Beck: Friedrich Hardenbergs »Oeconomie des Styls«. Die »Wilhelm Meister«-Rezeption im »Heinrich von Ofterdingen«. Bonn 1976. (= Abhandlungen zur Kunst-, Musik- und Literaturwissenschaft 204).

Friedrich A. Kittler: Die Irrwege des Eros und die »absolute Familie«. Psychoanalytischer und diskursanalytischer Kommentar zu Klingsohrs Märchen in Novalis' »Heinrich von Ofterdingen«, in: ders.: Dichter, Mutter, Kind. München 1991. S. 149–195.

Herbert Uerlings: Friedrich von Hardenberg, genannt Novalis. Werk und Forschung. Stuttgart 1991. S. 398–519.

Gerhard Schulz: Novalis »Heinrich von Ofterdingen«, in: Romane des 19. Jahrhunderts. Interpretationen. Stuttgart 1992. (= Reclams Universalbibliothek 8418). S. 109–143.

5.2.4 Eichendorff

Paul Requadt: Eichendorffs »Ahnung und Gegenwart«, in: Der Deutschunterricht 7 (1955). S. 79–92.

Walter Killy: Der Roman als romantisches Buch. Über Eichendorffs »Ahnung und Gegenwart«, in: Interpretationen III. Deutsche Romane von Grimmelshausen bis Musil. Hrsg. v. Jost Schillemeit. Frankfurt 1966. S. 136–154.

Dieter Kafitz: Wirklichkeit und Dichtertum in Eichendorffs »Ahnung und Gegenwart«, in: DVjs 45 (1971). S. 350–374.

Heide-Lore Schaefer: Joseph von Eichendorffs »Ahnung und Gegenwart«. Untersuchungen zum christlich-romantischen Gesinnungsroman. Diss. Freiburg 1972.

H. Jürgen Meyer-Wendt: Eichendorffs »Ahnung und Gegenwart«: »Ein getreues Bild jener gewitterschwülen Zeit«? in: Der Deutsche Roman und seine historischen und politischen Bedingungen. Hrsg. v. Wolfgang Paulsen. Bern und München 1977. S. 158–174.

Detlev W. Schumann: Rätsel um Eichendorffs »Ahnung und Gegenwart«, in: Literaturwissenschaftliches Jahrbuch 18 (1977). S. 173–202.

Egon Schwarz: Joseph von Eichendorff: »Ahnung und Gegenwart«, in: Romane des 19. Jahrhunderts. Interpretationen. Stuttgart 1992. (= Reclams Universalbibliothek 8418). S. 174–202.

5.2.5 E. T. A. Hoffmann

Hermann Meyer: E. T. A. Hoffmanns »Lebensansichten des Kater Murr«, in: ders.: Das Zitat in der Erzählkunst. Zur Geschichte und Poetik des europäischen Romans. Stuttgart 1961. S. 114–134.

Herbert Singer: Hoffmann: Kater Murr, in: Der deutsche Roman. Vom Barock bis zur Gegenwart. Hrsg. v. Benno von Wiese. Band I. Frankfurt 1963. S. 301–328.

Robert S. Rosen: E.T.A. Hoffmanns »Kater Murr«. Aufbauformen und Erzählsituationen. Bonn 1970.

Ute Späth: Gebrochene Identität. Stilistische Untersuchungen zum Parallelismus in E. T. A. Hoffmanns »Lebens-Ansichten des Kater Murr«. Göppingen 1970.

Sarah Kofman: Schreiben wie eine Katze. Zu E. T. A. Hoffmanns »Lebens-Ansichten des Kater Murr«. Graz und Wien 1985. (= Edition Passagen 5).

Wolfgang Nehring: E. T. A. Hoffmanns »Lebens-Ansichten des Kater Murr« in: Brigitte Feldges/Ulrich Stadler: E. T. A. Hoffmann. Epoche – Werk – Wirkung. München 1986. (= Beck'sche Elementarbücher).

Horst S. Daemmrich: E. T. A. Hoffmann: »Kater Murr«, in: Romane des 19. Jahrhunderts. Interpretationen. Stuttgart 1992. (= Reclams Universalbibliothek 8418). S. 203–249.

Jürgen Kolbe: Goethes »Wahlverwandtschaften« und der Roman des 19. Jahrhunderts. Stuttgart 1968. (= Studien zur Poetik und Geschichte der Literatur 7).

Edward McInnes: Zwischen »Wilhelm Meister« und »Die Ritter vom Geist«. Zur Auseinandersetzung zwischen Bildungsroman und Sozialroman im 19. Jahrhundert, in: DVjs 43 (1969). S. 487–514.

Joachim Worthmann: Probleme des Zeitromans. Studien zur Geschichte des deutschen Romans im 19. Jahrhundert. Heidelberg 1974. (= Probleme der Dichtung 13).

Hartmut Steinecke: Romantheorie und Romankritik in Deutschland. Die Entwicklung des Gattungsverständnisses von der Scott-Rezeption bis zum programmatischen Realismus. 2 Bände. Stuttgart 1975f.

6.1.1 Mörike

Heinrich Reinhardt: Mörike und sein Roman »Maler Nolten«. Zürich und Leipzig 1930.

Wolfgang Taraba: Die Rolle der »Zeit« und des »Schicksals« in Eduard Mörikes »Maler Nolten«, in: Euphorion 50 (1956). S. 405–427.

Siegbert S. Prawer: Mignons Genugtuung. Eine Studie über Mörikes »Maler Nolten«, in: Interpretationen III. Deutsche Romane von Grimmelshausen bis Musil. Hrsg. von Jost Schillemeit. Frankfurt 1966. S. 164–181.

Heide Eilert: Eduard Mörike: »Maler Nolten«, in: Romane des 19. Jahrhunderts. Interpretationen. Stuttgart 1992. (= Reclams Universalbibliothek 8418). S. 250–279.

6.1.2 Tieck

Hans Mörtl: Dämonie und Theater in der Novelle »Der junge Tischlermeister«. Zum Shakespeare-Erlebnis Ludwig Tiecks, in: Shakespeare-Jahrbuch 66 (1930). S. 145–159.

Friedrich Sengle: Biedermeierzeit. Deutsche Literatur im Spannungsfeld zwischen Restauration und Revolution 1815–1848. Band II. Stuttgart 1972 [mehrfach, s. Register].

Johannes P. Kern: Ludwig Tieck. Dichter einer Krise. Heidelberg 1977. (= Poesie und Wirklichkeit 18).

Ernst Ribbat: Ludwig Tieck. Kronberg/Ts. 1978.

William J. Lillyman: Reality's Dark Dream. The narrative Fiction of Ludwig Tieck. Berlin 1979.

6.1.3 Immermann

Emil Grütter: Immermanns »Epigonen«. Ein Beitrag zur Geschichte des deutschen Romans. Diss. Zürich 1951.

Hans Mayer: Karl Immermanns »Epigonen«, in: ders.: Studien zur deut-

schen Literaturgeschichte. Berlin 1954 (= Neue Beiträge zur Literaturwissenschaft 2) S. 123–142.

Manfred Windfuhr: Immermanns erzählerisches Werk. Zur Situation des
Romans in der Restaurationszeit. Gießen 1957 (= Gießener Beiträge zur
deutschen Philologie N. F. Band 14).

Fritz Rumler: Realistische Elemente in Immermanns »Epigonen«. Diss.
München 1964.

Benno von Wiese: Karl Immermann. Sein Werk und sein Leben. Bad
Homburg 1969.

Günther J. Holst: Das Bild des Menschen in den Romanen Karl Immermanns. Meisenheim am Glan 1976 (= Deutsche Studien 29).

Friedrich Sengle: Biedermeierzeit III. S. 863–874.

Peter Hasubek: Karl Immermann: »Die Epigonen« (1836), in: Roman und
Erzählungen zwischen Romantik und Realismus. Neue Interpretationen. Hrsg. v. Paul Michael Lützeler. Stuttgart 1983. S. 202–230.

6.2.1 Freytag

Peter Heinz Hubrich: Gustav Freytags »Deutsche Ideologie« in »Soll und
Haben«. Kronberg 1974.

Michael Kienzle: Der Erfolgsroman. Zur Kritik seiner poetischen Ökonomie bei Gustav Freytag und E. Marlitt. Stuttgart 1975.

Hartmut Steinecke: Gustav Freytag: »Soll und haben«. Weltbild und
Wirkung eines Bestsellers, in: Horst Denkler (Hrsg.): Romane und
Erzählungen des Bürgerlichen Realismus. Neue Interpretationen. Stutt-
gart 1980. S. 138–152.

Ludwig Stockinger: Realpolitik, Realismus und das Ende des bürgerlichen
Wahrheitsanspruchs. Überlegungen zur Funktion des programmati-
schen Realismus am Beispiel von Gustav Freytags »Soll und Haben«, in:
Klaus-Detlev Müller (Hrsg.): Bürgerlicher Realismus. Grundlagen und
Interpretationen. Königstein/Tr. 1981. S. 174–202.

6.2.2 Keller

Käthe Heesch: Gottfried Kellers »Grüner Heinrich« als Bildungsroman des
deutschen Realismus. Diss. Hamburg 1939 (= Dichtung, Wort und
Sprache. Literatur- und Sprachwissenschaftl. Beiträge 4).

Wolfgang Preisendanz: Keller, Der grüne Heinrich, in: Der deutsche
Roman. Vom Barock bis zur Gegenwart. Hrsg. v. Benno von Wiese.
Band 2. Düsseldorf 1963. S. 76–127.

Hartmut Laufhütte: Wirklichkeit und Kunst in Gottfried Kellers Roman
»Der grüne Heinrich«. Bonn 1969 (= Literatur und Wirklichkeit 6).

Lucie Karcic: Light and Darkness in Gottfried Kellers »Der grüne Heinrich«. Bonn 1976.

Hans Meier: Gottfried Kellers »Grüner Heinrich«. Betrachtungen zum
Roman des poetischen Realismus. Zürich und München 1977.

Bernhard Spies: Behauptete Synthesis. Gottfried Kellers Roman »Der grüne
Heinrich«. Bonn 1978.

Gert Sautermeister: Gottfried Keller, Der grüne Heinrich. Gesellschaftsroman, Seelendrama, Romankunst, in: Romane und Erzählungen des Bürgerlichen Realismus. Neue Interpretationen. Hrsg. v. Horst Denkler. Stuttgart 1980. S. 80–123.

Gerhard Kaiser: Gottfried Keller. Das gedichtete Leben. Frankfurt 1981. S. 12–249.

Hans-Dietrich Irmscher: Keller, Stifter und der Bildungsroman des 19. Jahrhunderts, in: Handbuch des deutschen Romans. Hrsg. v. Helmut Koopmann. Düsseldorf 1983. S. 370–394.

Hartmut Laufhütte: Gottfried Keller: »Der grüne Heinrich«. Zur Problematik literaturwissenschaftlicher Aktualisierung, in: Hartmut Steinecke (Hrsg.): Zu Gottfried Keller. Stuttgart 1984. S. 18–39.

Christine Träger: Gottfried Kellers »Der grüne Heinrich«. Das Modell des Bildungsromans in der geschichtlichen Entscheidung, in: Weimarer Beiträge 31 (1985). S. 2008–2024.

Rosemarie Adamczyk: Die realitätsbezogene Konstruktion des Entwicklungsromans bei Gottfried Keller. Frankfurt u.a. 1988 (= Europäische Hochschulschriften Reihe 1, 1063).

Gert Sautermeister: Gottfried Keller: »Der grüne Heinrich«, in: Romane des 19. Jahrhunderts. Interpretationen. Stuttgart 1992. (= Reclams Universalbibliothek 8418). S. 280–320.

Wolfgang Rohe: Roman aus Diskursen. Gottfried Keller »Der grüne Heinrich«. (Diss. Münster 1990) München 1993.

6.2.3 Stifter

Ludwig Arnold: Stifters »Nachsommer« als Bildungsroman. Gießen 1938. (= Gießener Beiträge zur deutschen Philologie 65).

Otto Friedrich Bollnow: Der »Nachsommer« und der Bildungsgedanke des Biedermeier, in: Beiträge zur Einheit von Bildung und Sprache im geistigen Sein. Festschrift für Ernst Otto. Berlin 1957. S. 14–33.

Franz Betram: Ist der »Nachsommer« Adalbert Stifters eine Gestaltung der Humboldtschen Bildungsideen? Diss. Frankfurt 1957.

Kurt Gerhard Fischer: Bildungsprobleme, dem »Nachsommer« nachgesagt, in: VASILO 8 (1959), S. 54–94.

ders.: Entwicklung und Bildung. Deutungsversuche anläßlich der Dichtung Adalbert Stifters, in: Beiträge zur Bildung der Person. Alfred Petzelt zum 75. Geburtstag. Freiburg (1961). S. 151–171.

Ulrich Schöndorfer: Stifters Synthese humanistischer und realistischer Bildung, in: VASILO 17 (1968). S. 13–18.

Klaus-Detlef Müller: Utopie und Bildungsroman. Strukturuntersuchungen zu Stifters »Nachsommer«, in: ZfdPh 90 (1971). S. 199–228.

Marie-Ursula Lindau: Stifters »Nachsommer«. Bern 1974.

Klaus Amann: Adalbert Stifters »Nachsommer«. Studie zur didaktischen Struktur des Romans. Wien 1977.

Herbert Kaiser: »Der Nachsommer«. Dialektik der ästhetischen Bildung, in:

ders.: Studien zum deutschen Roman nach 1848. Duisburg 1977.
S. 107–164.

Marianne Schuller: Das Gewitter findet nicht statt oder die Abdankung der
Kunst. Zu Adalbert Stifters Roman »Der Nachsommer«, in: Poetica 10
(1978). S. 25–52.

Dieter Borchmeyer: Stifters »Nachsommer« – eine restaurative Utopie? In:
Poetica 12 (1980). S. 59–87.

Sengle: Biedermeierzeit III. S. 991–998.

Sven Erik Halse: Bildung als Bewältigung der Gegensätze. Zur Historizität
der Bildungsideale in Adalbert Stifters »Der Nachsommer«, in: Orbis
litterarum 36 (1981). S. 281–301.

Uwe-K. Ketelsen: Adalbert Stifter: »Der Nachsommer«. Die Vernichtung
der historischen Realität in der Ästhetisierung des bürgerlichen Alltags,
in: Romane des 19. Jahrhunderts. Interpretationen. Stuttgart 1992. (=
Reclams Universalbibliothek 8418). S. 321–349

6.3   Raabe

Hermann Helmers: Die bildenden Mächte in den Romanen Wilhelm
Raabes. Weinheim 1960.

Gerhart Mayer: Wilhelm Raabe und die Tradition des Bildungsromans, in:
Jahrbuch der Raabe-Gesellschaft 1980. S. 97–124.

Hans Kolbe: Wilhelm Raabe. Vom Entwicklungs- zum Desillusionierungs-
roman. Berlin 1981.

Helmuth Mojem/Peter Sprengel: Wilhelm Raabe: »Stopfkuchen« – Lebens-
kampf und Leibesfülle, in: Romane des 19. Jahrhunderts. Interpretationen. Stuttgart 1992. (= Reclams Universalbibliothek 8418). S. 352–386.

7.   Der Bildungsroman im 20. Jahrhundert
7.1   Zwischen Ideologie und Parodie

Herm. Anders Krüger: Der neuere deutsche Bildungsroman, in: Westermanns Monatshefte 51. Jahrgang, 101. Band, 1. Teil, 1906. S. 257–272.

Berta Berger: Der moderne deutsche Bildungsroman. Bern und Leipzig
1942 (= Sprache und Dichtung. Forschungen zur Sprach- und Literaturwissenschaft. Heft 69).

Barbara Walter: Der moderne deutsche Bildungsroman. Diss. masch. Berlin
1948.

Alfred Schötz: Gehalt und Form des Bildungsromans im 20. Jahrhundert.
Diss. Erlangen 1950.

Herbert Tiefenbacher: Textstrukturen des Entwicklungs- und Bildungsromans. Zur Handlungs- und Erzählstruktur ausgewählter Romane zwischen Naturalismus und Erstem Weltkrieg. Königstein 1982 (= Hochschulschriften Literaturwissenschaft 54).

Helga Esselborn-Krumbiegel: Der »Held« im Roman. Formen des deutschen Entwicklungsromans im frühen 20. Jahrhundert. Darmstadt
1983. (= Impulse der Forschung 39).

Roy L. Ackerman: »Bildung« and »Verbildung« in the prose fiction of Otto Julius Bierbaum. Bern u.a. 1974. (= Europäische Hochschulschriften Reihe 1, 101).

Susanne Ledanff: Bildungsroman versus Großstadtroman. Thesen zum Konflikt zweier Romanstrukturen, dargestellt am Beispiel von Döblins »Berlin Alexanderplatz«, Rilkes »Aufzeichnungen des Malte Laurids Brigge« und Musils »Mann ohne Eigenschaften«, in: Sprache im technischen Zeitalter 78 (1981). S. 81ff.

Astrid Gieseke: Die Vaterfiguren im deutschsprachigen Bildungsroman des frühen 20. Jahrhunderts. Diss. Köln 1986.

7.2   Thomas Mann

Wolfgang von Einsiedel: Thomas Manns »Zauberberg« – ein Bildungsroman? in: Zeitschrift für Deutschkunde 42 (1928). S. 241–253.

Günter Treffer: Studien zum Problem der Bildung in Thomas Manns Roman »Der Zauberberg«. Diss. masch. Wien 1956.

Jürgen Scharfschwerdt: Thomas Mann und der deutsche Bildungsroman. Eine Untersuchung zu den Problemen einer literarischen Tradition. Stuttgart 1967. (= Studien zur Poetik und Geschichte der Literatur 5).

Martin Swales: The Story and the Hero. A Study of Thomas Mann's »Der Zauberberg«, in: DVjs 46 (1972). S. 359–376.

Ulrich Thomet: Das Problem der Bildung im Werk Thomas Manns. Bern u.a. 1975. (= Europäische Hochschulschriften Reihe 1, 138).

Ludwig Fertig: Vor-Leben. Bekenntnis und Erziehung bei Thomas Mann. Darmstadt 1993.

7.3   Musil

Peter Nadermann: Schreiben als anderes Leben. Eine Untersuchung zu Robert Musils Roman »Der Mann ohne Eigenschaften«. Frankfurt u.a. 1990. (Bochumer Schriften zur deutschen Literatur 17).

Claus Erhart: Der ästhetische Mensch bei Robert Musil. Vom Ästhetizismus zur schöpferischen Moral. Innsbruck 1991. (= Innsbrucker Beiträge zur Kulturwissenschaft. Germanistische Reihe 43).

7.4   Sozialistischer Bildungsroman

Frank Trommler: Von Stalin zu Hölderlin. Über den Entwicklungsroman in der DDR, in: Basis 2 (1971). S. 141ff.

Heinrich Küntzel: Von »Abschied« bis »Atemnot«. Über die Poetik des Romans, insbesondere des Bildungs- und Entwicklungsromans in der DDR, in: J. Hoogeveen/G. Laproisse (Hrsg.): DDR-Roman und Literaturgesellschaft. Amsterdamer Beiträge 11/12 (1981). S. 1ff.

Winfried Taschner: Tradition und Experiment. Erzählstrukturen und -funktionen des Bildungsromans in der DDR-Aufbauliteratur. Stuttgart 1981.

7.5   Gegenwart:

Wulf Köpke: Max Frischs »Stiller« als »Zauberberg«-Parodie, in: Wirkendes Wort 27 (1977). S. 159–170.

Reinhold Grimm/Jost Hermand (Hrsg.): Vom Anderen und vom Selbst. Beiträge zu Fragen der Biographie und Autobiographie. Königstein 1982.

Werner Brettschneider: »Kindheitsmuster«. Kindheit als Thema autobiographischer Dichtung. Berlin 1982.

Markus Krause: Zwischen Autonomie und Solidarität. Anmerkungen zum Bildungsroman der Studentenbewegung, in: Wirkendes Wort 40 (1990). S. 394–407.

7.5.1   Grass

Hans Magnus Enzensberger: Wilhelm Meister, auf Blech getrommelt, in: Gert Loschütz (Hrsg.): Von Buch zu Buch – Günter Grass in der Kritik. Eine Dokumentation. Neuwied und Berlin 1968. S. 8–12.

Norbert Schöll: Der pikarische Held. Wiederaufleben einer literarischen Tradition seit 1945, in: Tendenzen der deutschen Literatur seit 1945. Hrsg. v. Thomas Koebner. Stuttgart 1971 (= Kröners Taschenausgabe 405). S. 302–321.

David H. Miles: Kafka's Hapless Pilgrims and Grass' Scurrilous Dwarf: Notes on Representative Figures in the Anti-Bildungsroman, in: Monatshefte 65, Nr. 4 (1973). S. 341–350.

Dieter Arker: Nichts ist vorbei, alles kommt wieder. Untersuchungen zur Günter Grass' »Blechtrommel«. Heidelberg 1989. (= Beiträge zur neueren Literaturgeschichte. 3. Folge Band 97).

7.5.2   Handke

Jürgen Jacobs: Peter Handkes Weg zum Bildungsroman, in: Frankfurter Hefte 1973. S. 57ff.

Theo Elm: Die Fiktion des Entwicklungsromans. Zur Erzählstrategie in Peter Handkes Roman »Der kurze Brief zum langen Abschied«, in: Poetica 6 (1974). S. 353ff.

Manfred Durzak: Peter Handke und die deutsche Gegenwartsliteratur. Naziß auf Abwegen. Stuttgart u.a. 1982.

Strauß

Marieke Krajenbrink: »Romantiker der elektronischen Revolution«? Zur Verwendung romantischer Elemente in Botho Strauß' »Der junge Mann«, in: Erika Tunner (Hrsg.): Romantik – eine lebenskräftige Krankheit. Ihre literarischen Nachwirkungen in der Moderne. Amsterdam 1991. (= Amsterdamer Beiträge zur neueren Germanistik 34). S. 159–185.

Stig Olsen: Der Bildungsroman im postmodernen Gewand. Zu »Der junge Mann« von Botho Strauß, in: AUGIAS 41 (1991). S. 24–39.

Namen- und Titelregister

Kursiv gestellte Ziffern zeigen eine ausführlichere Behandlung an dieser Stelle an; Namen und Tiel des Literaturverzeichnisses sind nicht aufgenommen.

Angaben zum Autor

Rolf Selbmann, geb. 1951, Studium der Germanistik, Geschichte, Kunstgeschichte, Sozialwissenschaften in München; 1978 Promotion; Oberstudienrat für Deutsch, Geschichte und Sozialkunde in München; Lehraufträge an der Universität Würzburg; 1994 Habilitationsverfahren; bei J. B. Metzler ist erschienen: *Dichterdenkmäler in Deutschland. Literaturgeschichte in Erz und Stein.* 1988.

Sammlung Metzler

Einführungen, Methodenlehre

Printed in the United States
By Bookmasters